ミルチア・エリアーデとヨアン・ペトル・クリアーヌは戦後を代表する宗教学者とされる。
彼らは宗教学者として活動する一方で，イタリアやフランス，アメリカを拠点とするルーマニア人亡命者組織においても
言論を展開したが，その内実に関しては現在にいたるまで未解明の状況が継続している。
本書は亡命者組織における彼らの言論的特徴を整理し，宗教研究，文学創作との関連性を解明する。

Eliade's Thought and the Concept of Exile

北海道大学大学院文学研究科
研究叢書

エリアーデの思想と亡命

クリアーヌとの関係において

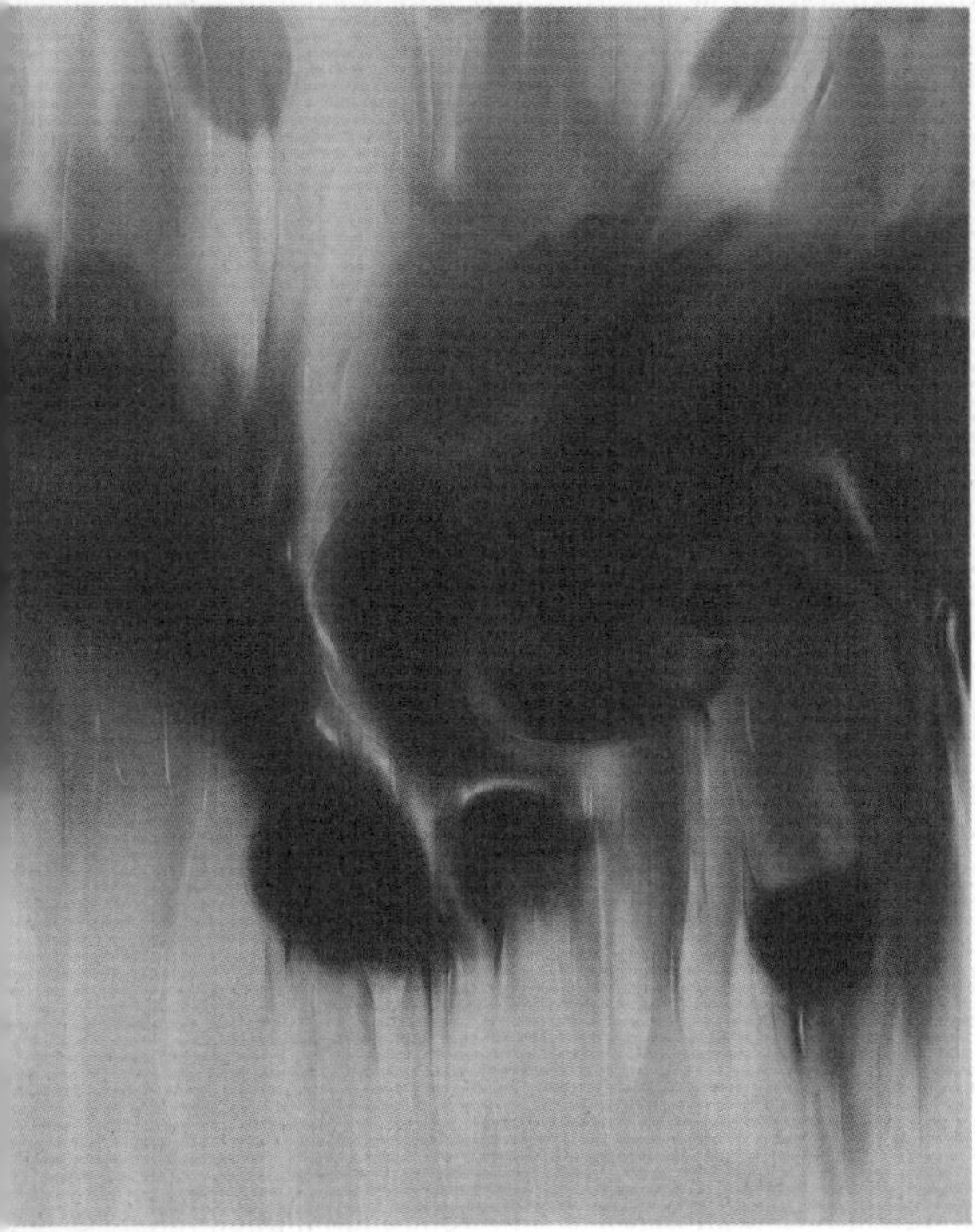

奥山史亮

北海道大学出版会

研究叢書刊行にあたって

北海道大学大学院文学研究科は、その組織の中でおこなわれている、極めて多岐にわたる研究の成果を、より広範囲に公表することを義務と判断し、ここに研究叢書を刊行することとした。

平成十四年三月

目次

緒言　各章の構成と意図

第一節　本研究の目的

ミルチア・エリアーデ（Mircea Eliade, 一九〇七―八六）に関する研究は、わが国においては一九七〇年代ころから急速な発展をみて、宗教学のなかでももっとも活発な領域のひとつとなった。しかし、もっぱら研究対象とされてきたのは、エリアーデの宗教理論に関するフランス語文献や英語文献であり、エリアーデがルーマニア語で執筆した資料に関しては、まったくといってよいほど研究がなされてこなかった。わが国においては皆無といっても過言ではない。本研究では、ルーマニア人亡命者組織の機関誌に掲載された論説、祖国に残した家族や同郷の亡命者たちと交わした書簡などを資料として用いる。そのことにより、エリアーデの宗教理論や文学作品を、亡命者としてのエリアーデの在り方との関連において解釈するあらたな見方を提示することが本研究の目的である。

周知のように、一九〇七年にルーマニアのブカレストで生まれたエリアーデは、一九四〇年に在ロンドンのルーマニア公使館の文化担当官に任命され、祖国をあとにした。そのあと、一九四五年にルーマニアが事実上ソヴィエトの支配下に入ると、旧政権の文化参事官を務めていたエリアーデは故国にもどることが不可能となり、エミール・シオラン

(Emil Cioran, 一九一一—九五)やジョルジュ・デュメジル(Georges Dumézil, 一八九八—一九八六)を頼ってパリに亡命した。この亡命先のパリでエリアーデは、『宗教学概論』(*Traité d'histoire des religions*, 1949)や『永遠回帰の神話』(*Le mythe de l'éternel retour*, 1949)、『シャーマニズム』(*Le Chamanisme et les techniques archaïques de l'extase*, 1951)、『ヨーガ』(*Le Yoga: Immortalité et liberté*, 1954)などの著書を刊行することにより、宗教学者としての地位を確立した。また同時に、ルーマニアで刊行されていた『マイトレーイ』(*Maitreyi*, 1933)のフランス語訳『ベンガルの夜』(*La nuit bengali*, 1950)、『妖精たちの夜』(*Noaptea de sînziene*)のフランス語訳『聖ヨハネ祭の夜』(*Forêt interdite*, 1955)といった小説を出版することで、小説家としての活動にも力をそそいだ。しかし、エリアーデがパリで宗教学者・小説家としての地位を確立しようと努めていたまさにその時期に、祖国ルーマニアではソヴィエトの傀儡である社会主義政権が成立し、エリアーデが生まれ育った環境や価値観が根底から覆されるにいたった。そのような故国に家族や友人、かつての恋人を残して、自分だけが経済的には困難であろうとも安全な地で生活しているという事実は、エリアーデの心に重くのしかかり、故国の人間に対する罪責意識を生じさせたと考えられる。またエリアーデは、故国がソヴィエトに統治されるようになることで、ルーマニアの宗教文化や自身の作品に対する弾圧が本格的に開始されるのではないかという危機感をもつようになった。本研究では、これらの危機感や罪責意識が宗教研究と文学創作に力をそそぐ原動力になったという仮説を提示し、その妥当性に検討を加える。

たしかにエリアーデの宗教学は、人類の宗教史の多様性を貫いて見出される形態的類似という普遍性を強く志向している。同じく彼の文学作品も、人類一般が共有できる主題を含んでおり、そのすべてを亡命者としての問題意識に還元できるわけではない。しかしたとえ問題関心が普遍的なものを志向しようとも、生身の人間の思索自体が具体的状況を欠いた真空から生ずるはずがない。エリアーデの普遍的な問題関心と理論は、いわば真空状態のなかからおのずと析出してきたのではなく、具体的な生の状態における特定の経験を核として、そのまわりに普遍性をもった理論として結晶化していったと考えられる。もちろん、エリアーデの宗教理論や文学作品における普遍性と特殊具体性との比率を確定したり、両者のあいだの境界線が明確に引けたりするわけではない。また、普遍的理論が特殊具体的状況から生み出されていった過程が(化合物の生成を反応速度論として数学的に確定できるように)確認できるわけもない。さらにいえば、アモルファスな状態で先在していた普遍的着想が亡命者としての具体的経験によって明確な理論のかたちをとるにいたったのか、あるいはそもそも後者は前者を無から生み出していったのか、といった決定的な問いについても、最終的な決着をつけることは難しい。とはいえ、エリアーデの宗教理論や文学作品も必ずや特有の「生の座」に根ざしており、生の特殊具体的な状況から普遍性をもった理論や主題が析出してくる過程が存在しなかったはずがない。本研究では、このプロセスにルーマニア人亡命者組織の機関誌に掲載された論説、家族や同郷の亡命者たちと交わした書簡、ポルトガル滞在期間に書かれた『ポルトガル日記』などのルーマニア語の資料を読解することで接近したい。これらの資料からは、亡命者としての自身の在り方に関するエリアーデの思索、ソヴィエトとルーマニア社会主義に対する危機感、祖国に残した人間に対する罪責意識、同郷の亡命者たちと問題意識を共有したいという願望などを読み取れると考えられるためである。

第二節　研究の方法

一　近年のエリアーデ研究の動向

なお論を進める前に、本研究の意図をより明確なものとするためにも、近年のエリアーデ研究の動向について概観しておく。エリアーデの宗教理論は、戦後のアメリカ合衆国やわが国の宗教学において広く受容されたといえる。そのため、エリアーデの生前から、その宗教理論に関する研究は数多く行なわれていた。とりわけ、ダグラス・アレン(Douglas Allen)やデイヴィッド・ケイヴ(David Cave)、ブライアン・レニー(Bryan S. Rennie)、マック・リンスコット・

リケッツ（Mac Linscots Ricketts）などエリアーデの指導を直接受けた研究者が中心となり、エリアーデの研究業績を肯定的に評価する研究や、その宗教理論を修正的に継承して応用しようとする研究を推し進めてきた。[1]その一方で、エリアーデの業績に対する批判的研究もエリアーデの生前から盛んに行なわれた。それらの批判的研究は、エリアーデが自説を展開するために用いた資料の妥当性を問うものから、[2]エリアーデのルーマニア時代にさかのぼる鉄衛団運動との関係や反ユダヤ主義との親和性を指摘するものまで多岐にわたる。[3]

また近年では、ポストコロニアルやポスト構造主義の影響を受けた宗教概念再考論の観点からエリアーデの宗教理論における規範性やイデオロギー性を批判する研究が盛んに行なわれた。それは、従来の宗教研究者が自明で価値中立なものとして使用してきた宗教概念が、ヨーロッパにおける特殊な政治的推進力を背景としてつくり出された概括用語であることを指摘することにより、そこに内在するキリスト教的偏向や西欧中心主義を批判する諸研究である。とくに、宗教概念に関するタラル・アサド（Talal Asad）の系譜学的研究を修正的に継承したラッセル・マッカチオン（Russell T. McCutcheon）によるエリアーデ批判は、学界にひときわ激しい議論をまきおこした。

マッカチオンは、還元不可能性を特徴とする「宗教」概念の分析的使用価値に懐疑を向けながら、ルドルフ・オットーやパウル・ティリッヒ、そしてエリアーデに代表される宗教現象学、哲学的神学を痛烈に批判した。マッカチオンによれば、普遍的で実存的、自律的であらねばならないという価値を付与された「宗教」を人間の内面という場に定位して展開される彼らの諸思想は、「宗教」を政治や歴史から切り離すことでそれに特権的な地位をあたえる。そのため彼らの宗教研究は、学術的な営為というよりは、それ自体が宗教的性質を有する信仰的思索なのである。マッカチオンは、『作りあげられた宗教』（*Manufacturing Religion*）において以下のように述べている。

「宗教そのもの」について論じること全般、あるいは、とりわけ個々の研究者たちが、現代の資本主義的な覇権の台頭とその維持というような出来事に一義的、または直接的に寄与していると主張することは、愚かであり、不当でまったくの誤りであろう。しかし、地政学的な文脈において検討したとき、ほかの多くの統制のメカニズムのうち〔非還元主義的な〕この方法によって宗教を排他的に構築することの効果は、人びとを複雑な社会政治的関係と歴史的関係から効果的に分断し、そのような分断を促進する文化的コンテクストを構築することに寄与すると主張することは不適切でも誇張しているのでもない。(4)

さらにマッカチオンは、エリアーデの非還元主義的方法論について以下の批判を展開した。すなわち、「宗教」を特権化することは、その研究にたずさわる「宗教学者」の立場をも特権化することに同義である。(5) エリアーデの非還元主義的な研究姿勢は、ケイヴやレニーといったエリアーデ派の研究者へ継承された。マッカチオンによれば、彼らエリアーデ派の研究者たちは、エリアーデの宗教理論がいかなる歴史的、政治的過程を経てつくり出されたのかという問題を考慮しない内在理解型のエリアーデ研究を展開した。(6) その結果、エリアーデがルーマニア時代に鉄衛団運動などの「ファシズム運動」と接触をもった事実を軽視するにいたったのである。ポスト・エリアーデ時代の研究者は、「宗教」や「宗教学」を政治的推進力から切り離すことで特権化して、その規範性の敷衍に寄与するのではなく、「宗教」を還元不可能な現象と論じる言葉がいかなる権力や政治的不均衡をつくり出すのかという問題の考察に取り組まなければならないとマッカチオンは結論する。(7)

わが国においては、日本の聖書学をリードしてきた田川建三が、一九八四年という早い時期から「宗教」概念批判に基づくエリアーデ批判を展開していた。田川は、その著書『宗教批判をめぐる――宗教とは何か〈上〉〔改訂増補版〕』の「近代の克服としての宗教」批判」と題する章において、個々の既成宗教について論じることを避けながら、「宗教そのもの」について論じようとする宗教学に対する批判を展開している。その内容は、後年のアサドやマッカチオンによる批判を先取りしたような先見性をもつものである。田川によれば、中世のキリスト教圏におけるように、本来宗教は知の体系の最高位に位置するものであった。しかし自然科学の台頭などにより最高位を追われた宗教は、個人的内面の奥底に存在する場を見出し、合理的知に依拠する自然科学の対極に位置する対抗文化としての役割をになうにいたった。したがって、多くの宗教学者や宗教解説者は「宗教」を近代的合理主義には欠ける精神性をおぎなうものと理解して、自然科学的思考に起因する現代の諸問題を解決するために「宗教」に着目するが、そのような発想自体が近代的思考の最たるものである。このような「宗教」理解に立つ田川は、神話や宗教的象徴を歴史や政治の動向から切り離して論じるエリアーデは、近代的な「宗教」概念を無批判に敷衍して、個々の既成宗教の固有性を捨象した安っぽい「手品師」と評する。(8) 宗教研究者は、個々の宗教現象を抽象的な「宗教」の一形態とみなして考察するのではなく、それらの事象をそれぞれのコンテクストのなかにもどして再分析することが必要であると田川は結論する。

本研究の試みをこれらのエリアーデ研究史の潮流に位置づけるならば、本研究はエリアーデの諸活動をひとつの思想として理解し、その現代的な意義を模索するものである。換言すれば、エリアーデ宗教学ではなく、エリアーデ思想についての再評価を目的とする研究である。規範的主張や特定の価値観への偏向がエリアーデの宗教理論に存在することは自明の前提と認めつつ、それらの偏向はいかなる価値規範との親和性を有しており、いかなる価値規範と対立するのか、さらにそれらの親和性や対立性は今日の宗教学においていかなる意味を有するのか。このような問題に取り組むための出発点として、本研究は、エリアーデの規範的な言論は同郷の亡命者に対してなされたものなのではないか、換言すれば、エリアーデの思想的偏向が大きな利益をもたらし得たのはルーマニア人亡命者たちとルーマニアの社会主義政権下に残された人間たちではなかったかという仮説を提示して、その妥当性に検討を加える。

二 「亡命」をめぐる議論と本研究の位置づけ

国や文化の境界を越えて移動する人間は、太古から存在した。しかし境界を越えて移動する人びとの存在が大きな社会的・政治的問題とみなされるようになったのは、国民国家が誕生し、そこに暮らす人間に市民権をはじめとする法的諸権利が付与されるようになった近現代になってからであろう。境界を越える人間といっても、彼・彼女らが移動する理由は、政治闘争に負けて国を追われたため、戦争により国を脱出したため、異国に経済的安定を求めるためなど千差万別である。彼・彼女らは、移動先の異国において、コミュニケーションの手段や法的権利、経済的安定性などに関して、厳しい状況におかれるのが一般的であり、受けいれ国が彼・彼女らにどこまで生活の安定を保障するかは諸国家・諸国民のあいだで結論をみていない今日的な課題となっている。この課題について考察することは、国民国家を構成する民族や文化、宗教、言語について再考することをせまり、国民国家の在り方を問いなおすことになるために、さまざまな領域の研究者によって取り組まれている(9)。

本研究の主題は、ルーマニアから亡命した人間による異国での文化創作活動に関するものであり、亡命者が国家や民族、宗教についていかに思索したのか、亡命者としての自身の役割をいかに理解したのか、異国や故国をいかに眺めたのかといった問題群を含む。これらの問題については、思想史や知識社会学などの分野においても研究の蓄積がある。たとえば、現象学的社会学者で自身もナチスのオーストリア占領により、フランスとアメリカへ亡命した経験をもつアルフレッド・シュッツ(Alfred Schütz, 一八九九―一九五九)は、論文「他所者――社会心理学的一考察」において、他所者が生来のものではない生活世界で直面する状況に分析を加えている(10)。シュッツのいう他所者とは、故郷集団を離れ、異なる生活世界を有する接近集団に永久的に加入しようとする、あるいはその集団に許容されようとする立場にいる人間をさす。そこには、閉鎖的なクラブへの加入者や結婚相手の女性の家族に受けいれられようとする花婿候補などさまざまな立場の人間が含まれるが、格好な例は移民であるという。

シュッツは、ある集団の内部で生まれ育った成員はだれでも、その集団に歴史的に伝えられてきた日常生活に対応するための知識の体系を、さまざまな状況に対するたしかな指針として有すると考える。その知識の体系をシュッツは「社会的世界を解釈し、どのような状況にあっても望ましくない結果を避けながら最小限の努力で最良の結果を得るように事物や人間をあつかうための、信頼するに足る処方箋(recipes)としての知識(11)」と説明する。この処方箋は、行為の規則＝表現図式(scheme of expression)の役割をはたすと同時に、解釈図式(scheme of interpretation)の役割もになう。集団の成員は、この処方箋にしたがって目的とする成果を得るために行為し、ほかの成員の行為を理解する。

シュッツはこの処方箋にしたがった行為・思索を「日常的思考」とよんだ。日常的思考はいくつかの基本仮説が有効性をもつかぎりで効力を維持するとシュッツは考える。その基本仮説とは以下の四つである。[12] (1)社会生活がこれまでどおりに今後も続いていき、これまでと同一の問題が生じて同一の解釈が必要となる、したがってこれまでの経験が未来の状況を処理するのに役立つだろうという仮説。(2)当集団の先駆者や伝統、習慣などにより伝えられた知識は、その起源や本来の意味がわからなくても効力を期待できるだろうという仮説。(3)当集団内で生じるさまざまな状況に対処するためには、生活世界で出会う出来事の一般的類型や一般的様式に関してある程度把握していれば十分だろうという仮説。(4)解釈および表現図式としての処方箋体系(systems of recipes)や上述した基本仮説が、私的な事柄ではなく集団の成員によって一様に受けいれられ利用されているものであるという仮説。

もし以上の仮説のうちひとつでも成立不可能ならば、日常的思考は立ち行かなくなるとシュッツは述べる。他所者は、上述の基本仮説を接近集団の成員と共有することができない。そのために他所者は以下のような状況におちいるとシュッツは考える。

あらたな環境の下で、物事が故郷で思い描いていたのとまったくかけ離れているという他所者の発見は、自分の習慣となっていた「日常的思考」の妥当性への信頼を揺るがす最初の衝撃となる。他所者が接近集団の文化的パターンについていだいていた見取り図だけでなく、故郷集団内で通用していた自明の解釈図式の全体までもが無効となってしまう。あたらしい社会状況の下では、方向づけ図式(scheme of orientation)としての使用に耐えなくなってしまうのである。接近集団の成員にとっては、自分たちの文化的パターンこそがそうした図式の機能をはたすものである。しかし接近してくる他所者は接近集団の文化的パターンをそのまま自分の図式として使うことができないばかりか、ふたつの文化的パターン間で一般的変換公式を立て、いわば、故郷集団の方向づけ図式の座標系を

そっくりそのまま接近集団の方向づけ図式に妥当な座標系へ変換することもできない――これはつぎのような理由による。(13)

シュッツが上記の理由としてあげるのは以下である。第一に、集団内で用いられる方向づけ図式は、それを使う成員が周囲の世界を自分を中心にすえて組織化して眺めるという前提を有する。この前提は、地図を使いこなすためには、最初に自分が立っている地点と、地図上の位置のふたつから自分の居場所を確認する必要があることにたとえられるとシュッツはいう。しかし他所者は、接近集団では成員としての地位を欠いているのみならず、集団内で用いられている方向づけ図式において外側に位置する境界事例そのものであることを自覚する。そのために、接近集団の方向づけ図式をすぐに使用することはできないとシュッツは述べる。第二に、他所者は接近集団の知識体系を故郷集団の文化パターンにそって翻訳する必要があるが、当集団固有の複雑な意味すべてを翻訳することは不可能であることがあげられている。(14)

シュッツによる現象学的社会学の分析の妥当性を問うことがここでの目的ではない。ただ、シュッツが他所者とよぶ人間が接近集団に身をおく際に直面する状況は、亡命者が異国に身をおく際の体験とみなすことも可能と思われる。すなわち生来の生活世界を離れ異国に身をおく者は、故郷集団で用いていた知識の体系と、接近集団で効力を発揮している知識の体系との衝突に直面し、その衝突の衝撃に対処することをせまられると考えられる。

異国で生きることから派生するこのような体験をどのように解釈するかは、解釈する人間が身をおく状況や時代によって異なる。エドワード・サイード(Edward W. Said, 一九三五―二〇〇三)は、特定の生活世界で効力を発揮する知識の体系を相対的なものとして眺めることのできる亡命者の視点を知識人の条件のひとつとみなした。

亡命者はいろいろなものを、あとに残してきたものと、現実にいまここにあるものという、ふたつの視点から眺めるため、そこに、ものごとを別個のものとしてみない二重のパースペクティヴが生まれる。あたらしい国の、いかなる場面、いかなる状況も、あとに残した古い国のそれとひきくらべられる。知的な問題としてみれば、これは、ある思想なり経験なりを、常に、いまひとつのそれと対置することであり、そこから、両者をあらたな思いもよらない角度から眺めることにつながる。この対置を行なうことで、たとえば人権問題について考える際にも、ある状況とべつの状況とを突き合わせることで、よりよい、より普遍的な考え方ができる(15)。

サイードはこの引用箇所に続き、物事を変更不可能で固定されたものとして眺めることのない亡命者の視点を知識人ももつべきであると強調する。

ブルガリア出身の思想家で一九六三年にフランスへ亡命したツヴェタン・トドロフ(Tzvetan Todorov, 一九三九―)は、異邦人としてフランスやアメリカの社会・文化を眺めた体験に基づき、モンテーニュ、モンテスキュー、ルソー、コンスタン、トクヴィルらの思想を参照しながら、二〇世紀の社会的現実に対してどのように応じられるかについて思索した。トドロフは、一九八一年にブルガリアで開催された学会に参加するためにフランス代表団の一員として一八年ぶりに故国へ帰国した際の体験について、異邦人として生きる過程におけるアイデンティティの変化に着目しながら以下のように記している。

旅立ってから一八年後のこの故国への帰還が与えた教訓は少しずつ私にはっきりとしてきた。ふたつの声が共存状態にある場合、それは社会的精神分裂に導くので、その共存は脅威となる。しかし、そのふたつが上下関係をもち、しかもその関係を律する原理が自由に選択されている場合には、人間は二重化の不安を乗り越えられるし、ふたつの声の共存はあらたな経験のための実り豊かな土壌となりうる。どのような上下関係でもいいわけではない。ソフィアのある出版社で、私はフランスの文学批評のアンソロジーに序文を書くように提案された。私は引き受けるのをためらい、いろいろ口実をつけて断った。だが私はフランスではこの序文を書くという役割を演じたことがあるのだ。このためらいの理由ははっきりとしていた。私の内部における言説間の上下関係は以前とは逆になっていたらしいのだ。私のブルガリアの声(外国の声だ!)をフランスの枠組みのなかに統合する術は知っているが、その逆はどうすればいいかわからなかったのだ。現在では私のアイデンティティのある場所はパリであり、ソフィアではないのだ。(16)

この引用箇所からは、亡命後の一八年間、フランスの生活世界に身をおいてきたトドロフがブルガリアの生活世界を異国のものとして眺めたことがみてとれる。このような経験は、生来の集団で自明とされてきたものから距離をとって物事を考え、また、あらたに入りこむ集団で自明とされている物事を異なる角度から眺める視点を得ることを可能にするとトドロフはいう。

一方、ルーマニア出身の思想家であり戦後パリで亡命生活を送ったエミール・シオランは、亡命した人間が手にする利点、亡命者の狡猾さについて、以下のように記している。

亡命者について、放棄するもの、隠れ、消え去ろうとするもの、悲惨と失墜の条件に服従しているものといったイメージをいだくのはまちがっている。亡命者をひとり観察してみればわかる。それは野心家で、攻撃的な失意者、征服者の裏をもった気むずかし屋なのだ。〔中略〕。このような者が小説を書いて、たちまち有名になる。彼はそこに自分の苦しみを物語る。同国人たちは外国でそれを羨望する。彼らだって苦しんだのだ。それもおそらくずっと多く。そうやって無国籍者は小説家になり——あるいはなろうと夢みる。〔中略〕。しばらくのあいだ、彼は小説を引き出しの奥にしまっておく。そして時期が来るのを待つ。世間をあっといわせる夢、束の間の名声の夢、彼はそれに期待し、それが彼を支えているのだ。彼は非現実のなかに生きる。しかしこの夢はきわめて強力で、たとえばどこかの工場で働いていても、ある日突然、考えられないような名声が彼をその工場から引きさらってゆくだろうという夢が、それを支えているのだ。(17)

シオランは、亡命者がみずからの体験を売り物にして名声を手にする一方で、亡命できなかった人間にはその名声が許されないということを皮肉をこめて描いたと考えられる。シオランが指摘するように、亡命者はしばしばみずからについて抑圧された者の代表として語り、また、彼・彼女らの文言を読む者もそのように理解することが一般的である。しかし、亡命する機会に恵まれなかった者、亡命するだけの資金や人脈をもたなかった者の方が圧倒的に多いということは、亡命者の文言を読解する上で忘れてはならない。考察対象とする亡命者が亡命できなかった人間の存在についてどのように思索したのかを明らかにすることは、その人物の思想理解にとって重要な作業となろう。

本書は、シュッツやサイード、トドロフ、シオランらの理論的枠組みを用いてエリアーデの言論を分析することを目的とするものではない。しかし、シュッツが指摘する故郷集団を離れ接近集団に入りこもうとする人間が直面する状況、サイードが指摘する亡命者だからこそになえる文化的役割、トドロフが指摘する故郷でのものの見方と異国でのものの見方の共存への対処方法、シオランが指摘する亡命できなかった人間の存在、などを念頭におきながらエリアーデの言論を読むことに努める。すなわち、エリアーデの言論の読解において、彼は異国から祖国ルーマニアをどのようにみたのか、亡命者としての自分の役割をどのように理解したのか、あらたな集団で生きる過程において故郷での経験をいかに位置づけたのか、亡命できなかった多くの同胞についてどのように記述したのか、といった問題群に取り組む。

これらの問題に取り組むために、本書はエリアーデのルーマニア語資料から故国や異国での生活、亡命などに関する記述を抽出しその特徴を明確化するほか、ヨアン・ペトル・クリアーヌ(Ioan Petru Culianu, 一九五〇―九一)との交遊に着目する方法をとる。亡命者としてのエリアーデの思索は、『日記断章』や『回想』などの英仏語資料からも読み取れる。それらの資料の読解から明らかになるのは、不特定多数の英仏語読者に対するルーマニア人亡命者エリアーデによる告白、反省と考えられる。『回想』はもちろん、ガリマール社から出版された『日記断章』も、エリアーデが生前、出版のために編集・修正を加えたものであるため、英仏語読者一般に読まれることを想定しているためである。

それに対して本書が取りあげるルーマニア語資料からは、家族・友人・同業者などの特定可能なルーマニア人に対しての自身の生き方に関するエリアーデの弁明・説明が読み取れる。さらにルーマニア語資料には、エリアーデの弁明に納得しない人間からの詰問、それに対するエリアーデのさらなる釈明など、ほかのルーマニア人と言葉を交換し、時には激しくぶつけ合う様子が記されている。一般に、自己のおかれた状況についての認識は、他者とそれに関する言葉、思索を交換することで一層明瞭なものとなる側面を有する。エリアーデが同郷の人間に自身の生き方や体験をどのように説明したのか、さらに同郷の人間からどのような評価を受けたのかをたどる作業は、英仏語の『日記断章』、『回想』のみを資料とする研究方法よりも一層明瞭に亡命者としてのエリアーデの言論的特徴を浮かびあがらせることを可能にすると考える。

本研究がエリアーデとクリアーヌの交遊に着目することも上記の理由に依る。後述するが、クリアーヌは宗教研究や文学創作をとおしてエリアーデと親密な関係をもっただけでなく、ルーマニアを亡命した人間としてもさまざまな事柄を議論しあう間柄にあった人物である。エリアーデは年若いルーマニアからの来訪者であるクリアーヌと、異国で行なう学問活動や文学創作、故国の政治動向、亡命者としての苦悩と役割についてどのような言葉を交わしたのか、クリアーヌとなにを共有しようとし、なにを共有できないとみなしたのか、クリアーヌはそれに対してどのように反応したのか。これらの点に着目してエリアーデとクリアーヌの交遊を明らかにすることは、ほかのルーマニア人亡命者との関係性のなかにエリアーデを位置づけることを可能にする。すなわち、ルーマニアやソヴィエト、民族、宗教、鉄衛団などをめぐるルーマニア人による諸見解のなかでエリアーデの見解が占めた位置を明らかにすることで、エリアーデの思想的特徴をより明確なものとして浮かびあがらせることができる。これは、『日記断章』や『回想』などの英仏語資料はもちろん、エリアーデが単独で著した資料のみを読解する研究方法では明示できない事柄である。

もちろん、エリアーデがクリアーヌに語った自己像、クリアーヌがエリアーデの言葉から読み取ったエリアーデ像は歴史的実証性に照らすと、ゆがみや偏りを有する。これらのゆがみや偏りに関して、学説史や歴史学的検証に基づき評価と批判をくだすことは重要な作業である。しかし本研究は、エリアーデがクリアーヌをはじめとする同郷の人間にみせようと欲した自己像、クリアーヌがエリアーデから読み取ろうと欲した亡命者像、宗教学者像に検討を加えることにより、彼らの亡命者、宗教学者としての理念を明らかにすることに力点をおく。

第三節　各章の構成と意図

本書は三部八章からなる。第I部はエリアーデの宗教理論を、第II部はエリアーデの文学作品を、第III部はクリアーヌとの関係に基づいたエリアーデ思想の再考を主題とする。各部・各章の構成と意図を示すと以下のとおりである。

第I部　亡命者エリアーデの思想活動とエリアーデ宗教学

エリアーデは、文化参事官として勤務したリスボンで、ルーマニアが枢軸国側で参戦して敗北し、ソヴィエトの統治下におかれるようになる様を目の当たりにした。そのあとフランスに亡命してからは、ニコラエ・ラデスク将軍(Nicolae Rădescu, 一八七四—一九五三)の参謀役であったブルトゥス・コステ(Brutus Coste, 一九一〇—八四)らと協力することで、ルーマニア人亡命者組織の設立と運営に尽力した。一方、ポルトガルとフランスに滞在したこの時期は、エリアーデが宗教研究と文学作品における主著の構想に取り組んだ時期でもあった。第I部においては、エリアーデの宗教理論を彼の亡命体験、亡命者としての言論活動と照らし合わせながら再考する。そのことにより「宗教学者エリアーデ」による学問的営為は、ソヴィエトとルーマニア社会主義に対する「亡命者エリアーデ」の危機感と、ルーマニア社会主義政権下で生活する人びとに対する罪責意識に突き動かされることでなされたという仮説を提示し、その妥当性を検討することにしたい。

第一章　ポルトガル滞在期におけるエリアーデの思想形成

本章の目的は、故国にもどることが不可能となり亡命せざるを得なくなった苦難について、エリアーデはいかに思索し、それを受容しようと試みたのかという問題に検討を加えることにある。既述のように、ルーマニアへの帰国が不可能であることをエリアーデが自覚した地はポルトガルであった。そのような現実はエリアーデに強い心理的打撃をあたえたが、彼は亡命者として生きる決意を固め、亡命者としてになうことのできる文化的役割について思索するようになった。その過程において、エリアーデは「歴史の恐怖」や現代世界における聖なるものの「残存」という概念に関する思索を深めていったと考えられる。本章では、ポルトガル滞在期にその草稿が執筆された『宗教学概論』と『永遠回帰の神話』における「歴史の恐怖」、聖なるものの「残存」といった概念を、亡命者としての自身の在り方に関する思索と照らし合わせることによって考察したい。とりわけ聖の「残存」は、ルーマニアにおける宗教文化の破壊に着手していた社会主義政権を批判する意図をも有したという仮説を提示し、その妥当性に検討を加える。資料としては、上記の二著のほかに、ポルトガル滞在期に書かれた『ポルトガル日記』(*Jurnalul portughez şi alte scrieri*, Bucureşti, Humanitas, 2006)を用いる。

第二章　ルーマニアに対するエリアーデの罪責意識と宗教理論の形成

本章では、エリアーデの思想における「精神」概念(spirit)に関して、故国ルーマニアに対するエリアーデの罪責意識という視点から再考する。エリアーデは、「ミオリッツァ」や「マノーレ親方伝説」に代表されるルーマニア・フォークロアのうちに、歴史的苦難に抗する「精神」の観念、すなわち死をあらたな形態を備えて宇宙的秩序のなかに再統合される契機とみなすことで喜びをもって受容するというルーマニア民族の「精神」を見出そうとした。エリアーデによれば、このようなルーマニア民族の「精神」は生を諦めたものではなく、不条理な歴史的苦難に対してなされたルーマニア民族固有の独創的な応答であった。しかし今日の宗教学において、ルーマニア民族の「精神」を重視するエリアーデの思想は、民族や祖国のために命を投げ出すことを賞讃するものであり、大戦間期ルーマニアの過激な民族主義運動（鉄衛団運動）にエリアーデが参与した証拠とみなされることで厳しい批判にさらされている。

本章ではこれらの批判に抗して、ルーマニア民族の「精神」を重視するエリアーデの思想は、不安定な情勢にあった故国に家族や友人などの愛する人間を残して自分ひとりだけが亡命した罪責意識を根底に有すると考える。すなわち本章は、「精神」概念の重要性を強調するエリアーデの思想を、鉄衛団運動との思想的共通性という視点ではなく、祖国での生活や愛する人間との結びつきを失った喪失感と家族や友人を残して亡命した罪責意識を緩和するためになされた営みとみなす視点に立って再考すること、さらに、エリアーデの宗教学もこの営みを核として展開されたという仮説に検討を加えることを目的とする。主たる資料としては、エリアーデがリスボンとパリに滞在した一九四〇年から一九四八年の期間にブカレストの家族へ宛てて送った書簡を用いる。

第三章　亡命者エリアーデの思想におけるエリアーデ宗教学

本章では、「宇宙的キリスト教」や「遊牧民的宗教」というエリアーデ宗教学における主要概念を、ルーマニア人亡命者組織の機関誌に掲載された論説の内容と照らし合わせながら考察する。第一章と第二章では、故国における社会主義政権の文化破壊に対する抵抗活動を展開するために、さまざまな政治的見解を有したルーマニア人亡命者たちにとって共有可能な文化価値として、「精神」や「残存」概念が提示された可能性を考察した。しかしエリアーデは同時に、ルーマニア人亡命者に連帯をよびかけるだけではなく、亡命者による連帯が偏狭な民族主義運動におちいることの危険性をも認識していたと考えられる。その危険性に対処するための議論を展開する過程において提示されたものが、「宇宙的キリスト教」や「遊牧民的宗教」といった宗教理論において用いられた概念であった。エリアーデは、政治的論説においてこれらの概念を用いることによって、ルーマニア民族が他民族と共有可能な「普遍的」文化の形態を同郷の亡命者たちに示すことを試みたと考えられる。本章では以上の事柄を確認するとともに、ルーマニア人亡命者組織におけるエリアーデの見解を把握していた人間を読み手として想定した場合に可能となるエリアーデ宗教学の解釈を提示することを試みたい。

第II部　亡命者エリアーデの思想活動とエリアーデ文学

第II部においては、エリアーデの文学作品が彼の亡命者としての思想活動と強い結びつきを有することを明らかにする。エリアーデの文学作品の多くは、亡命者組織の機関誌や文学サークルにおいて発表されたものであり、同郷の亡命者を読み手として想定している。それゆえに、亡命者としての活動に着目してエリアーデの思想を考案する場合に、彼の文学作品は重要な資料となる。具体的には、エリアーデは自身の文学作品がルーマニア人亡命者の共同体においてどのような文化的役割をになうことが可能であると考えたのか、また、ほかのルーマニア人亡命者はエリアーデの文学作品をいかに解釈したのかといった問題に検討を加える。

第四章　エリアーデ文学をめぐるエリアーデとクリアーヌの対話

今日、エリアーデの文学作品は一般読者のあいだでも親しまれるようになってきている。しかし宗教学の研究領域においては、エリアーデの小説家としての側面を主題とした研究はこれまでそれほど行なわれてこなかった。とくに、エリアーデはシカゴに移住してから発表した後期の文学作品の草稿を、弟子であると同時にルーマニア人亡命者としての同志でもあったクリアーヌに送り意見を交換していたが、そのような側面は先行研究では看過されてきた。本章では、エリアーデ文学に関するクリアーヌの見解を手引きとしながら、エリアーデの文学作品が同郷の亡命者によってどのように受容され得たのかという問題について考えてみたい。とりわけクリアーヌが、エリアーデの文学作品と、第一章で取りあげた聖なるものの「残存」概念が密接な関連を有すると解釈した点に検討を加える。主たる資料としては、『エリアーデ―クリアーヌ往復書簡』(*Dialoguri întrerupte: Corespondență Mircea Eliade—Ioan Petru Culianu*, ed. by Dan Petrescu, Iași, Polirom, 2004)を用いる。

第五章　エリアーデ文学における「精神」概念に関する考察

第二章で考察の対象とした「精神」概念は、エリアーデの文学作品においてもしばしば用いられている。この概念が亡命者としてのエリアーデの思索と密接な関連を有する可能性は、第Ⅰ部において検討を加えた。そうであるならば、亡命前の文学作品と亡命後の文学作品を比較すると、「精神」の用例に明確な差異を確認できることが想定される。本章では、「精神」という語の用例の変化について、戦前に発表された『マイトレーイ』、『令嬢クリスティナ』、『蛇』と亡命後に発表された『ディオニスの宮にて』、『一九本の薔薇』を資料として用いて考察する。

第Ⅲ部　エリアーデとクリアーヌの関係

第Ⅲ部においては、亡命者としての活動に着目してエリアーデの思想を研究することの今日的な意義について、クリアーヌが師エリアーデを受容し乗り越えようと試みた過程をたどることによって考察する。クリアーヌに着目する理由は、彼がエリアーデの宗教理論や文学作品だけではなく、亡命者組織における活動までをも熟知していた人物であったがゆえに、エリアーデの思想の包括的な解釈を試みる際には、クリアーヌの見解がきわめて重要な先行研究であると同時に貴重な資料になると考えられることにある。これまでわが国においては、クリアーヌに関する研究は皆無といっても過言ではなかった。その名前が取りあげられることがあっても、エリアーデを擁護した「弟子」として言及されることがほとんどであった。しかし実際には、クリアーヌは戦前および戦中の鉄衛団や戦後におけるルーマニアの政治状況をめぐって、エリアーデを厳しく批判した人物でもあった。師エリアーデに献身的に尽くす弟子クリアーヌと理解された従来の解釈とは異なる両者の関係を明らかにする本研究は、ポスト・エリアーデ時代といわれる今日の宗教学の在り方のみならず、知識人の戦争責任、ソヴィエトに対してなされた宗教学者たちの言論・思想活動を核とした現代宗教学の再考など、より大きな課題の取り組みにも資することが期待される。

第六章　鉄衛団運動をめぐるエリアーデ批判とクリアーヌ

本章は、鉄衛団運動をめぐるエリアーデに対する批判に関して、クリアーヌの視点をとおして再考するものである。鉄衛団運動とは、コルネリウ・ゼレア・コドレアヌ(Corneliu Zelea Codreanu, 一八九九―一九三八)を創始者とするルーマニアの民族主義運動の名称である。鉄衛団運動は、第二次世界大戦中にテロリズムや反ユダヤ主義運動を展開したために、戦後になってからルーマニアのファシズム運動として批判された。一九七〇年代初頭、エリアーデがこの鉄衛団運動に関与した可能性を示す資料が公になると、エリアーデの思想における反ユダヤ主義やナチズムとの親和性を指摘する批判がイタリアやフランス、アメリカにおいてまきおこった。エリアーデ本人は、生前、鉄衛団運動について公の場で発言することはなかった。また鉄衛団運動との関係を追及する批判者に対しても、エリアーデが直接反論したことはなかった。エリアーデのこのような沈黙は、疑惑を一層と深め、エリアーデに対するバッシングともいえる批判をまねく結果となった。

鉄衛団をめぐるエリアーデに対する従来の批判は、鉄衛団運動がファシズム運動であったことを前提として、エリアーデがこの運動を賛美した可能性を問題視するものであった。それに対してクリアーヌは鉄衛団を、大戦間期および戦中のファシズム運動であったのみならず、戦後のルーマニア人亡命者組織においてもその活動を継続することでチャウシェスク政権、そして一九八九年のルーマニア革命後に成立したイリエスク政権の政策にも関与した、ルーマニア民族史・政治史における巨大な政治的・民族的運動だと理解していたと考えられる。戦前の民族主義運動と戦後における社会主義政権、そのあとの民主主義政権を貫く政治的連続性のなかに鉄衛団を位置づけるというクリアーヌの見解は、エリアーデをはじめとするほかのルーマニア人亡命者たちとのあいだに軋轢を生じるものであった。本章では、エリアーデやほかの亡命者たちとのあいだに生じたこの緊張関係を、『エリアーデ―クリアーヌ往復書簡』や亡命者組織の機関誌に掲載されたクリアーヌの論説を読み解くことによって確認する。

第七章　ルーマニア社会主義政権との闘争におけるエリアーデとクリアーヌ

クリアーヌは、エリアーデと同様に、ルーマニア人亡命者組織の機関誌においてさまざまな論説や短編小説を発表した。とりわけ一九八九年のルーマニア体制転換の前後には、故国の政治動向に関する論説を数多く発表した。それらの資料から読み取ることができるクリアーヌの政治的見解は、彼が最晩年に提示した、宗教を「システム」・思想体として考察する方法論と関連性を有することが想定される。本章では、その関連性の性質について考察するとともに、エリアーデとクリアーヌの亡命者としての在り方の異同を明確化することを試みる。そして、その亡命者としての在り方の異同が、両者の宗教学者としての立場の異同にどのように関わるのかを考察する。

第八章　クリアーヌからみたエリアーデ宗教学批判の再考

本章では、エリアーデとクリアーヌに関するルーマニア本国における研究成果を手引きとしながら、ルーマニア・フォークロア研究における両者の見解の異同を整理する。そのことにより、クリアーヌはエリアーデの宗教理論のいかなる側面を継承し、いかなる側面を批判したのかという問題の解明に取り組む。本章の試みは、エリアーデとクリアーヌの思想上の活発な交流に着目することにより、ポスト・エリアーデ時代といわれる今日の宗教学においてエリアーデ宗教学を研究することの意義を考察することにも資することが期待される。

本研究は筆者の旧稿と各学会で行なった研究発表をまとめたものであるが、刊行にあたり加筆した部分、発表後の研究成果を加えて修正した部分がある。そのため、初出時の原形をとどめていないものもあるが、以下に旧稿と本研究との対応関係を示しておく。

第一章――「ポルトガル滞在期におけるエリアーデの思想形成」『哲学年報』五八号、北海道哲学会、二〇一一年、二一―四三頁。

第二章――"The Exile Eliade and His Concept of "Religion"," in *ANALELE ŞTIINŢIFICE ALE UNIVERSITĂŢII "ALEXANDRU IOAN CUZA" DIN IAŞI*, 2009, pp. 95-102.

第三章――北海道基督教学会(二〇一〇年七月：北星学園大学)における研究発表「亡命者エリアーデの思想におけるエ

リアーデ宗教学」。

第四章——「エリアーデ文学における宗教思想—クリアーヌのエリアーデ文学論を通して—」『宗教研究』三五八号、日本宗教学会、二〇〇八年、一—二四頁。

第五章——北海道基督教学会(二〇一一年七月：札幌クリスチャンセンター)における研究発表「エリアーデの文学創作と「ソヴィエト」」。

第六章——「大戦間期ルーマニアにおけるエリアーデの政治思想——エリアーデとクリアーヌとの往復書簡を通して」*Working Paper Series*, Nr. 105, Center for Experimental Research in Social Science, Hokkaido University, 2009。「ルーマニア民族主義運動をめぐるエリアーデ批判とクリアーヌ」『宗教と倫理』一〇号、宗教倫理学会、二〇一〇年、一九—三三頁。

第七章——日本西スラヴ学研究会(二〇一一年六月：立教大学)における研究発表「クリアーヌの思想における「ルーマニア」と「ソヴィエト」」。

第八章——「ルーマニア・フォークロア研究におけるエリアーデとクリアーヌ」『基督教学』四四号、北海道基督教学会、二〇〇九年、二四—四八頁。

末尾には、本論で用いた文献の一部を和訳資料として付してある。いずれもルーマニア語資料からの翻訳であり、はじめて邦訳されたものである。

なお、本研究における引用文に関して、原文における( )は同じく( )によって示す。引用者による補足は〔 〕によって示す。各資料の編集者による補足は[ ]によって示す。原文におけるイタリックの強調は、強調点によって示す。また既訳があるものに関してはそれらを参考にしたが、原文を参照の上、引用者が変更を加えた箇所もある。

（1） アレンとケイヴ、レニーの代表的著作には、以下のものがある。Douglas Allen, *Structure and Creativity in Religion: Hermeneutics in Mircea Eliade's Phenomenology and New Directions*, (The Hague, Mouton Publishers, 1978). David Cave, *Mircea Eliade's Vision for a New Humanism*, (New York and Oxford, Oxford University Press, 1993). Bryan S. Rennie, *Reconstructing Eliade: Making Sense of Religion*, (Albany, State University of New York Press, 1996).

（2） Edmund Leach, "Sermons by a Man on a Ladder" in *New York Review of Books*, (7 No. 6, 1966)や Richard Gombrich, "Eliade on Buddhism" in *Mircea Eliade: A Critical Reader*, ed. by Bryan Rennie, (London and Oakville, Equinox, 2006), pp. 286-293. Joseph Muthuraj, "The Significance of Mircea Eliade for the Study of New Testament" in *The International Eliade*, ed. by Bryan Rennie, (Albany, State University of New York Press, 2007), pp. 71-97 などを代表的研究としてあげられる。

（3） Robert Ellwood, *The Politics of Myth: A Study of C. G. Jung, Mircea Eliade, and Joseph Campbell*, (Albany, The State University of New York Press, 1999). Daniel Dubuisson, *Twentieth Century Mythologies: Dumézil, Lévi-Strauss, Eliade*, (London and Oakville, Equinox, 2006)などがその代表的研究である。

（4） Russell T. McCutcheon, *Manufacturing Religion: The Discourse on Sui Generis Religion and the Politics of Nostalgia*, (Oxford and New York, Oxford University Press, 1997), p. 22.

（5） 宗教概念再考論においては、とりわけ以下のようなエリアーデの非還元主義的方法論に基づく主張が批判的な議論の対象とされた。一九五二年に出版された『イメージとシンボル』には、以下の一節がある。「宗教学者には、いかなる者よりも、シンボルの知見を前進させるための資格があたえられるだろう。宗教学者の記録は、心理学者や文芸評論家が提示するものよりもはるかに完全かつ首尾一貫したものなのである。それらは、象徴的思考のまさしく根源からくみ取られているのだ。人が「始源型」に出会うのは、まさに宗教史のなかにおいてである。心理学者と文芸評論家は、近似的な変化型につき合うにすぎないのだ」(Eliade, *Images et Symboles: Essais sur le symbolisme magico-religieux*, Paris, Gallimard, 1952, p. 24. 前田耕作訳『イメージとシンボル』せりか書房、一九九四年、二七頁)。この一文は、アスコナのエラノス会議において発表されたものでもある。発表後にユングやエーリッヒ・ノイマンをはじめとする分析心理学者とのあいだで、方法論をめぐる激しい議論が交わされたであろうことは想像に難くない。ここからは、宗教現象とよばれる人間の営為の全体像を把握することができるのは「宗教学者」だけであり、心理学者をはじめとする宗教研究者たちは、宗教現象をほかの文化現象におきかえることでその一端を理解することができるにすぎない、というエリアーデの強い非還元主義的主張を読み取ることができる。また同時に、この一文は、「宗教」にはほかの文化的営みと明確に区別される要素があるというエリアーデの信条もあらわしているといえる。さらにエリアーデが提唱する宗教学とは、宗教的シンボリズムの意味の読解にとどまらず、あらたな文化形態の創造を提唱する点において規範性をおびるものでもある。『宗教の歴史と意味』には以下の一節がある。「創造的な解釈学は、それ以前にはだれも把握できなかった意味を開示し、このあたらしい解釈をみずからのものとしたあとには、意識がもはや同一のものではなくなるような激しさで、その意識を鮮明なものとする。つまり、創造的な解釈学は人間を変える〔changes〕のである。それは学問的教授〔instruction〕以上のものなのだ。それはまた、存在の質そのものの変容を可能にする精神の技術〔a spiritual technique〕でもある。このことはとりわけ、歴史・宗教解釈学には妥当する。宗教学のよき文献は、読者のなかに悟り〔awakening〕の効果を生むはずである」(Eliade, *The Quest: History and Meaning in Religion*, Chicago and London, The University of Chicago Press, 1969, p. 62. 前田耕作訳『宗教の歴史と意味』せりか書房、一九九二年、一一三―一一四頁)。この一節からは、エリアーデの解釈学的宗教学とは、解釈の受け取り手の実存を根本から変容させる「精神」に関わる技術であることを確認できる。しかもエリアーデによれば、「悟り」の効果は個々人だけにおよぶものではなく、全人類の歴史をも変容させる力をもつものである。同書では、以下のようにも述べられている。「今日はじめて、歴史は本当の意味で普遍的なものになりつつある。したがって文化は地球的なものになる過程にあるといってもよい。旧石器から現代にいたるまでの人間の歴史は、地方による、あるいは一民族による解釈がどうであろうと、人文教育の中心とならざるを得ないであろう。文化の地球化〔a planétisation of culture〕に向かってのこの努力において、宗教学は中心的な役割をはたすことができるであろう。つまり、宗教学は普遍的な型の文化を築きあげることに大きく寄与することができるのだ」(*Ibid.*, p. 69. 前掲書、一二五頁)。これらの引用文が示すように、エリアーデが提唱する「宗教学者」とは、人類の歴史に隠蔽された「精神」の一体性としての聖を明示することにより、人間や社会の精神状態を変容させ、普遍的であらたな社会様式や人間像を提示する使命をになう。しかし見方を変えるならば、既述のエリアーデの主張は、彼が公認する「宗教学」にしたがわない人間には、意識のあらたな次元の認識を得ることは不可能であるということに同義であろう。

（6）McCutcheon, 1997, pp. 74-77.

（7）マッカチオンは以下の論文においても同様の批判を展開している。"Methods, Theories, and The Terrors of History" in *Changing Religious Worlds: The Meaning and End of Mircea Eliade*, ed. by Bryan Rennie, (Albany, State University of New York Press, 2001), pp. 11-23.

（8）田川建三『宗教批判をめぐる――宗教とは何か〈上〉[改訂増補版]』洋泉社、二〇〇六年、一〇三―一〇五頁。

（9）近年の研究として、以下のものなどがあげられる。竹沢尚一郎編『移民のヨーロッパ――国際比較の視点から』明石書店、二〇一一年。エマニュエル・トッド、東松秀雄・石崎晴己訳『移民の運命――同化か隔離か』藤原書店、一九九九年。ユルゲン・ハーバーマス、高野昌行訳『他者の受容——他民族社会の政治理論に関する研究』法政大学出版局、二〇〇四年。シャンタル・ムフ編集、J・デリダ、R・ローティ、S・クリッチリー、E・ラクラウ、青木隆嘉訳『脱構築とプラグマティズム——来たるべき民主主義』法政大学出版局、二〇〇二年。

(10) アルフレッド・シュッツ、中野卓監修、桜井厚訳『現象学的社会学の応用』御茶の水書房、一九八二年。

(11) 前掲書、八—九頁。

(12) 前掲書、九—一〇頁。

(13) 前掲書、一三—一四頁。

(14) 前掲書、一四—一五頁。

(15) エドワード・サイード、大橋洋一訳『知識人とは何か』平凡社、二〇〇四年、一〇四頁。Edward W. Said, *Representations of the Intellectual: The 1993 Reith Lectures*, (New York, Vintage Books, A Division of Random House, INC., 1994), p. 60.

(16) ツヴェタン・トドロフ、小野潮訳『異教に生きる者』法政大学出版局、二〇〇八年、一四—一五頁。

(17) エミール・シオラン、篠田知和基訳『実存の誘惑』国文社、一九九三年、六五—六六頁。

第Ⅰ部　亡命者エリアーデの思想活動とエリアーデ宗教学

第一章　ポルトガル滞在期におけるエリアーデの思想形成

第一節　問題の所在

本章は、ポルトガル滞在期（一九四〇―四五年）におけるエリアーデの思想形成を、その期間に執筆された『ポルトガル日記』(*Jurnalul portughez și alte scrieri, Volumul 1*, București, Humanitas, 2006. 以下、『日記』と記す）を資料として用いることによって明らかにする。大戦期のポルトガルにおいてエリアーデは、ルーマニアが社会主義政権によって統治されるようになり、自身の知っていた祖国の状況が根底から覆されるという体験をした。この体験はエリアーデに強い衝撃をあたえたが、彼はそこから立ち直ろうと努力し、「歴史の恐怖」と闘いながら亡命者として生きる決意を固めることになった。本章は、「歴史の恐怖」と闘う「宗教学者エリアーデ」はポルトガルにおいて体験したこのような苦難とのせめぎ合いのなかから生まれたという仮説を提示し、『日記』に記された思索と、同じくポルトガル滞在期にその草稿が書かれた『宗教学概論』と『永遠回帰の神話』における主張を重ね合わせることによってこの仮説の妥当性に検討を加えることを目的とする。

エリアーデは、周知のように、一九四五年にフランスへ亡命したあと、パリで『宗教学概論』や『永遠回帰の神話』

を発表することによって宗教学者としての地位を確立した。しかし一九四〇年に故国をあとにするまでのエリアーデは、『アジアの錬金術』(*Alchimia Asiatică*)や『バビロニアの宇宙論と錬金術』(*Cosmologie şi Alchimie Babiloniană*)といった宗教学的著書を出版していたものの、小説家・ジャーナリスト・インド哲学者としての活動に力点をおいていた。その意味においてポルトガル滞在期は、故国における小説家・ジャーナリスト・インド哲学者としての活動からパリにおける宗教学者としての活動へ力点を移すことになった転換期であると考えられる。

しかし先行研究においては、エリアーデのパリ滞在期やシカゴ滞在期に関する研究が中心に行なわれてきた。エリアーデの日記資料に関しては、ガリマール社から出版された『日記断章』(*Fragments d'un journal*, Paris, Gallimard)に収録されているのはフランスに亡命した一九四五年九月一七日から一九八五年一〇月二日までの記述であり、ポルトガル滞在期に書かれた一九四一年四月二一日から一九四五年九月五日までの記述は収録されていない。アメリカにおいては、リケッツによる『日記』の英語訳 *The Portugal Journal* (Albany, State University of New York Press, 2010)が二〇一〇年二月に出版されたが、それまでエリアーデのポルトガル滞在期に関する研究はほとんど行なわれてこなかった(1)。わが国においては皆無といっても過言ではない(2)。しかし、後述するように、エリアーデはポルトガルにおいて、故国ルーマニアがドイツと同盟を結ぶことでソヴィエトに宣戦布告をしてスタリングラードにて敗北し、そのあとソヴィエトの統治下におかれるようになる事実を突きつけられ、強国がつくり出す歴史を前にした自身やルーマニア民族の無力と儚さを痛感したのであり、これらの体験は「歴史の恐怖」や不可逆的歴史に対する闘いという諸概念に関する思索を深める重要な契機となったと考えられる。

エリアーデは「歴史の恐怖」を『永遠回帰の神話』において主題化したのであったが、そこで不可逆的な歴史に価値をおく歴史理解をヘブライ人に帰している。歴史からの脱却、歴史に抗うことを特徴とする「歴史の恐怖」という概念は、それゆえに、ダニエル・ドゥビュイッソン(Daniel Dubuisson)やカルロ・ギンズブルク(Carlo Ginzburg)に代表される先行研究においては、反ユダヤ主義的主張として解釈されてきた(3)。それに対して本章の試みは、ルーマニア語で書かれた『日記』を読解することで、「歴史の恐怖」の概念形成過程には反ユダヤ主義への共感ではなくソヴィエトのルーマニア侵攻に対する危機感が強く影響しており、この概念が同じく亡命者として生きていかなければならなくなった同胞たちの助けとなることを目的としたことを明らかにする。さらにこの試みは、ひとりのルーマニア人亡命者がソヴィエトのルーマニア占領に関していかなることを考えたのか、近代国家の国民としてのアイデンティティを失った人間はその喪失感を補償するためにいかなる行動をとり得るのか、といった問題に関する事例研究の役割もにない得る。

以下では、つぎの手順によって論を進める。（1）一九四一年六月二二日から一九四五年九月五日までのポルトガル滞在期におけるエリアーデの『日記』を、ソヴィエトに対するルーマニアの宣戦布告やルーマニアに対するソヴィエトの侵攻と占領、イギリス・アメリカの政治的動向、「歴史の恐怖」、亡命者の在り方などに関する思索に着目しながら読解する。（2）1で確認したエリアーデの思索を踏まえながら、ポルトガル滞在期に草稿が書かれた『宗教学概論』と『永遠回帰の神話』を、宗教の超歴史的性質や現代世界における聖なるものの「残存」に関する考察に着目しながら読解する。

第二節　ポルトガル滞在期におけるエリアーデの『日記』

一九四一年からフランスへ亡命する一九四五年九月までの期間に書かれた『日記』には、ルーマニアにせまるソヴィエトに対する恐怖や、自国の利益ばかりを追求しようとするイギリスとアメリカに対する怒りが数多く記されている。ルーマニア語で書かれたこの『日記』は、既述のように、翻訳が長らく出版されなかったため、内容に関して未解明の状況が継続してきた。そのため本節では、引用文が多くなるが『日記』に記されたエリアーデの思索を年代順に確認していく。

一九四一年二月一〇日にルーマニアは、ドイツと同盟を結ぶことによってイギリスとの国交を断った。エリアーデはその二月一〇日に、ロンドンのルーマニア公使館からリスボンのルーマニア大使館へ異動し、文化参事官として勤務することになった。同年六月二二日、ルーマニアはソヴィエトに対して宣戦布告をし、ソヴィエト領内への侵攻を開始した。その知らせを受けたエリアーデは、同年同日の記述に以下のように記している。

対ロシア・ソヴィエト戦の開始直前という知らせをニーナ〔エリアーデの最初の妻。一九四四年一一月二〇日に病死した〕が伝えてきたとき、私はグインチョの海岸にいた。〔中略〕。一九四一年におけるこの戦争を予期していなかったということを認める。ロシアとドイツのいわゆる協力は、さらに続くとかすかにだが思っていた。〔中略〕。私は、チャーチルの演説を読みアメリカの主張を理解する前には、ロシアの背後で〔イギリス、アメリカとルーマニアが〕和解の講和を結べるかもしれないと願っていた。しかしロンドンの帝国主義者は、ロシアが自由のために戦って、ヒトラーの侵略に抗して〔イギリスを〕助けてくれるに違いないと声を張りあげているのだ。このイギリス的戦争倫理は、毎度のことながら、なんと馬鹿げたものにみえることか！　ソヴィエトがベッサラビアやバルト沿岸諸国、ポーランドの半分やフィンランドの一部をとったときにはなにもいわない――〔しかし〕ダンツィヒ回廊のために声を張りあげ、民主主義、自由、キリスト教主義の名のもとにスターリンを助けるのだから……。(4)

この引用文からは、ソヴィエト、イギリス、アメリカという大国の利害に翻弄されるルーマニアの行く末に関するエリアーデの不安と、イギリスとアメリカに対する怒りを確認することができる。エリアーデのこの不安と怒りは一時的なものではなく、以降の記述においても幾度となく書き記されている。さらに、これらのほかにエリアーデをしばしば苦しめた感情は、戦中、中立国ポルトガルにて安全を保障された状態において仕事をしている自身の立場に対する自責の念と祖国に残された人びとに対する罪責意識であった。一九四二年六月三日の記述からは、エリアーデのこれらの危機感と罪責意識を確認することができる。

昨日、〔カロル〕国王によってあらたにつくられた文化哲学会の講師の職のために、一番の飛行機で国〔ルーマニア〕へくるように要請する電報をヘレスク〔N. I. Herescu, ブカレスト大学の言語学・文学の教授。ルーマニア作家協会の幹事も務めた〕から受け取った。いままで、彼に返信するのをとまどってきた。もどりたくはない。いまは。だれのために講演をするというのだ。私の学友や私より若い者はみな、戦場にいるのだ。私がロシアに行けることがわかれば、祖国にもどることもできよう。(5)

祖国のために戦場で戦っている同胞たちとは対照的に、自分は安全な場所で仕事をしているという自責の念はそのあとも重くのしかかり、エリアーデは自身の立場のみならず、取り組んでいる研究の意義や役割に対してまで懐疑をいだくにいたる。一九四二年九月一五日の記述には、自身の仕事や研究に対する懐疑が明確に記されている。

憂鬱症〔melancolie〕の突然の発作。〔中略〕。大使館での馬鹿げた仕事と意味のない研究によって時間を失ってしまっている。途方もない大惨事を生きている。このことは戦争の唯一の意味である。われわれの祖先が旱魃や地震、伝染病を受容してきたように、この大惨事を受容しなければならない。〔中略〕。このような危機においてのみ、私の存在の悲劇を理解する。なぜならば、私は文化、芸術作品、創造において役割をはたしてきたのであるが、これらすべては形而上学の地平においては無駄なものであり、われわれが生きている歴史的契機においては不合理なのである。(6)

みずからの研究の意義に対する懐疑は日を追うごとに強まり、祖国の状況に対する不安と列強諸国に対する怒りと相まって、エリアーデをさらに苦しめることになった。一九四二年九月二三日と同年一一月一〇日の記述からは、これらの感情に苦しめられるエリアーデの状態を読み取ることができる。

いかなる努力も空しいという感情がふたたび私を圧倒した。

真実であるのは、文化において身を立てようと努めることの意義がまったくないということである。私が歴史的循環〔ciclu istoric, historical cycle〕の最後を生きており、その最後の循環に続く楽園的なカオスに入りこめないだろうということはよくわかっている。実際、私には許されないのだ。イギリスとソヴィエトによるあらたな世界〔イギリスとソヴィエトによるあらたな支配体制〕は、私のような人間を彼らの胸中に受けいれることはないであろう。しかし私の個人的な事柄などどうでもよいのだ。生きるか否か、すなわち私が共産主義者たちに射殺されるか否かは大差のないことだ（カロル国王、アルマンド・カリネスク、あるいはアントネスク将軍でもよいので、彼らに射殺された方がずっとよかったのだが）。このことはどうでもよいのだ。〔中略〕。私を恐怖させるのは、私の前方にみえる虚無である。すなわち、ラテン・キリスト教文明が、いわゆるプロレタリアートの独裁、実際にはもっともいやらしいスラヴ的要素の独裁のもとにおかれるということ。〔中略〕。このことが真実であるならば、〔中略〕そのときは、歴史において、文化において、創造はいかなる意義をもつのであろうか。ふたつの心構えのみが正当性をいまなお見出せる。神秘主義とオルギー、〔すなわち〕聖なるものに対する信仰と快楽における冷笑的解体である。そしてこの数世紀来のルーマニア的犠牲がいかに無駄であったかを理解するのだ[7]。

北アフリカでの出来事（ロンメルの敗北、イギリスとアメリカの上陸）は一一月六日から八日のあいだ、私をこの上ない不安におとしいれた。不眠症、悪夢、意気消沈。いつものことながら、すべてのことを祖国との関係においてみていた。フランスへ派遣されるためにスタリングラードから撤退させられるドイツ師団は、ルーマニア師団と交代するのだろう。われわれの軍隊がヴォルガ川などにいる現在、いかなる場合においても分別あるルーマニア人は、枢軸国の敗北を喜ぶことはできない（だが実際には、マドリードの公使館は、当地リスボンの公使館と同様に、大喜びしていると付け足すことは詮なきことだ）。[8]

これらの引用文には、自身が「生きるか否か」などはもはや重要な問題ではなく、処刑されることになったとしても構わないと記されている。このような文章を書き記す状態とは、人間が日常生活を平静にすごすことのできる状態とは性質を大きく異にするものであり、この記述を書いた時点のエリアーデはきわめて追い詰められた状況にあったと推測できる。

エリアーデは、この苦悩から脱して平静を回復しようと試みる過程において、記述資料によっては語り得ないルーマニアの伝統文化の重要性に目を向けている。このことは、一九四二年一一月一七日の記述によって確認することができる。

われわれがもっぱら文書によってその正当性を理解している歴史的視点は、なんと歪曲されていることか！　中世の要塞都市は、書物を読むことができて数百冊の文書を残した十数人の人間を有していたので、歴史に「参与している」――しかし中世のヨーロッパ-アジアの深遠なドラマ、ポントー-バルティック地峡の緊張は「興味をもたれることなく」、歴史家たちもそれを数行にまとめただけである！　それゆえに世界史は、記述資料ではなく精神的資料［documente spirituale］[9]、すなわち神話や信仰によってでなければ成り立ち得ない。ヨーロッパ、とくに西欧は、東方やステップの遊牧民たちを、彼らの（記述）資料によってではなく、彼らの神話によって（みずからと）比較しなければならない。たとえば、西欧の歴史はルーマニアの歴史を、われわれの神話によって認めなければならない。すなわち「ミオリッツァ」や「マノーレ親方」、英雄的叙事詩、「美男の王子」（ルーマニア民話の主人公）などによって。[10]

この記述におけるルーマニア伝統文化への着目は、翌年出版されることになる『ルーマニア人』に反映されている。この『ルーマニア人』に関しては次章で考察するが、一一日後の同年一一月二八日の記述からは、ソヴィエトによって自分も祖国ルーマニアの存在も消滅させられるかもしれないが、そのような歴史的宿命に抗いながらもルーマニア伝統文化に関するこの著書を完成させなければならないというエリアーデの使命感を確認することができる。

> ルーマニア人に関する小著のおよそ三〇頁強を書いた。数時間書いて、それからラジオからの最新のニュースをききにいく。それらのニュース（フランス艦隊の沈没など）は時として、冷静でいることができるようになるために、そして仕事にふたたび取りかかることができるようになるために、膨大な努力を払わなければならないほど深刻である。
>
> 今年の夏、ジョアン・アメアル（João Ameal, 一九〇二—八二、ポルトガルの歴史家、文筆家）から要請され、準備のために本棚ひとつ分の著書（とてもたくさんの著書）を読んだ（恥じることなどまったくないルーマニアの歴史を発見しながら）。この小著を出版できるのかはわからない。しかし、この本を書かなければならない。というのも、正直にいって、どうあっても安心していられないからだ。もし赤軍が勝利をおさめるとしたら、私も、私の作品も、私の民族も消失する。〔しかし〕それでも私は、私の使命やかせられた責任を諦めることはない。いかなることがおきようと、自分の仕事が無駄だということをどれほど確信しようと、最後までつくりあげるのだ。このことがかせられていなければ、修道院に入っていたであろう。[11]

しかしルーマニアをめぐる戦況の悪化によって、エリアーデはふたたび強い苦悩にとらわれるようになった。一九四二年一二月二一日と一九四三年一月四日の記述からそのことが確認できる。

受容できないもの、消化できないものは、わが民族の悲劇である。ロシアが原因で、またチャーチルとルーズヴェルトの腹ただしいまでの間抜けぶりのせいで、ルーマニアの国と民族が消えるかもしれないという考えが私を激昂させる。私の自暴自棄の出所は、とりわけ、ルーマニアのこの運命にあるのだ。(12)

去年の自暴自棄がふたたび。しかし〔この自暴自棄は〕私の個人的経験、世界における私の状態からの作用に関係しているのではなく、戦争の成り行きについて思いをめぐらせた結果に関係している。あらたな世界が、国家としての、民族としてのルーマニアを犠牲にして生じるのであれば、すべては無用で不条理に思える。地上の楽園なるもの(私はそのようなものを信じていないが)が、われらが民族の犠牲によって得られるのならば、そのようなものに興味はない。(13)

さらに、このような苦悩に追い討ちをかけるように、スタリングラードでのルーマニア師団の敗北という出来事がエリアーデを苦しめることになった。同年一月二九日の記述において、エリアーデは「スタリングラードからのあの断末魔、ヨーロッパの断末魔をおそろしいほどに感じる。この悲劇にたえるために、私自身のうちへ、執筆している著書のうちへ、われわれの大陸の終末について常々考えていることのうちへと退避する」(14)と記している。スタリングラードでの敗北の知らせを受けたエリアーデは、遠くない将来にソヴィエトがルーマニアを統治するという確信をさらに強めるようになった。一九四三年六月七日の記述には以下のように書かれている。

今日の黙示録的闘争において、わが民族が生き残る確率はきわめて低い。〔中略〕。ルーマニア〔国家〕、そしてルーマニア民族までもが、〔中略〕その成立以来最大級の危機を体験している。〔中略〕。ニーナや国のほかの者の手紙から、ほとんどすべてのものが失われたことがわかった。チュニジアが陥落したことは、ロシアに対するドイツの勝利を祝わなかったルーマニア人たちによってシャンパンで祝われた。みなは、イギリスとアメリカによってすべてが解決されるという幻想をいだいている。この悲劇的な幻想は、リスボンのわれわれの大使館でもいだかれているのであるが、おそらくほかのいたるところでも同様なのであろう。だれも以下の単純な事実を理解していない。ロシアが打ち破られることがなければ、ドイツの敗北はソヴィエトによるルーマニアの占領をもたらし、そのあとには、よくも悪くも今日のルーマニアをになっている人間一〇万人の処刑が続くであろう。(15)

また、同年八月のムッソリーニの失脚と九月のイタリアの降伏に関する知らせを受けた際には、同年九月八日の記述に「イタリアの降伏〔中略〕は残っていたわずかばかりの希望をも失わせた」(16)と記している。さらに、この時期は、翌年の一一月二〇日に病死することになる妻ニーナの容態も悪化する一方であった。(17)ルーマニアがおかれている状況においても、個人的状況においても希望を見出すことがきわめて困難であるなか、エリアーデは絶望におちいらないようにすることで心理的平静を保つことに必死で努めていたと推測できる。一九四三年九月二九日の記述において、エリアーデは以下のように述べている。

唯一の重要なことは、最終的に絶望に屈しないことである。出口はかならずあるはずだ、わが民族にとっても。(18)

苦悩にとらわれていたこの時期にエリアーデは、歴史がもたらす苦難に「歴史の恐怖」という名をあたえるようになった。一九四四年一月二九日の記述に「歴史の恐怖」というフレーズを確認することができる。

この凄まじい事柄に関する著書をいつか書きたいものだ。すなわち歴史の恐怖〔teroarea istoriei〕、人間に対する人間の恐怖。人間が自然を、神々を恐怖するというのは本当ではない。そのような恐怖は、人が歴史のただなかにおいて幾千年もたえてきた恐怖に比べれば取るに足らないものだ。われわれの時代は、この上なく恐怖にみちている時代である。未来の世界文学の傑作は、この恐ろしい経験から出発することで創造されるのであろう。[19]

しかし、この記述を書いた当時のエリアーデは「歴史の恐怖」に対していかにして立ち向かうべきであるのか方法がいまだわからず、さらなる苦悩におちいることになった。それによって、エリアーデは自殺の願望にまでとらわれるようになる。一九四四年四月六日の記述において、エリアーデのこの激しい苦悩を確認することができる。

二週間前、ロシアがニストル川〔ドニエステル川のルーマニア語名〕を越えたと知ったとき、私たちの存在、ニーナと私の存在は悪夢となった。私には、ほかのルーマニア人とは違って、この大惨事をさらにどのようにたえるのかがわからない。なぜならば、おそらく、ここは居心地が悪い、私の場所ではないと感じているためである。それゆえに私は、数週間前に召還を申請して国にもどる決心をしたのだ。しかし私はそうしなかった。鉄道の路線がルーマニアとハンガリー間で断絶しているからだ。また、私がそうしなかったのは、とりわけ、自分がなにをするかわからないからだ。国へ向かうという私の願望は、なによりも死滅の願望によって培われたと感じている。私は戦場へ向かいたい。戦うためではなく死ぬために。歴史に抗する最終的嫌悪。自殺の願望。〔中略〕。私は著書を書くことを考えている。歴史の恐怖というテーマで。最近まで、いかなる個人的悲劇も民族的大惨事も、なんらかの宇宙論、あるいは救済論(コスモス的周期、水にふたたび呑みこまれること、炎による清めあるいは浄化、歴史的循環、「われわれの罪」など)において正当性〔存在する意味〕を有していた。現在〔存在しているの〕は、ただ、恐怖させる歴史だけである。なぜならば、歴史によって生じた悲劇はもはや正当性や〔その悲劇を〕補償するための方法を見出せないからである。[20]

この引用文からは、エリアーデが、異国に身をおいているゆえに祖国のためになにもできないでいることに対する罪責意識に依然として苦しめられており、この罪責意識がきわめて強烈なものであったことを確認できる。また、死ぬために戦場へ向かうという自己の存在を否定する記述からは、エリアーデが平静な状態にはいなかったことがみてとれる。さらに、「現在〔存在しているの〕は、ただ、恐怖させる歴史だけである。なぜならば、歴史によって生じた悲劇はもはや正当性や〔その悲劇を〕補償するための方法を見出せないからである」という記述からは、「歴史の恐怖」に宗教的意味を付与することでたえ忍んできた前近代社会とは対照的に、現代世界においては「歴史の恐怖」に抗う手段をエリアーデが見出せずにおり、そのことが自殺という手段による「歴史の恐怖」に対する抵抗という考えに結びついたであろうことを推測できる。

「歴史の恐怖」に抗う術を現代世界において見出すことができないという同様の記述は、ほかの日付けにおいても多数確認できる。一九四五年一月三日の記述には、歴史的苦難がもたらす絶望に抗う手段は、死んだニーナのそばにいくことか、戦争における死者や祖国の状況、友人たちの苦難に対して「無感覚」になることであると記されている。[21] また、同年一月八日には、ルーマニアにおける自身の出版物がソヴィエトの政策によって禁止されたことを知り、ルーマニア人作家として活動することをやめるか否かと自問自答するにいたっている。[22] その二日後の同年一月一〇日の記述には、「ファシズムやヒトラー主義、右派的思想」を支持したとみなされた知識人たちに対する粛清が開始されたことを知ったエリアーデは「自分もそのなかに名をあげられていることを望む」と述べ、社会主義政権によって殺されることは「ルーマニア人作家としての私の人生を栄光ある仕方で締めくくってくれる」と書き記している。[23] これらの記述からは、今日知られている「歴史の恐怖」と闘うエリアーデの姿を確認することはできない。

しかしエリアーデは、ソヴィエトがルーマニアを制圧して民族文化を破壊していく現状を見据えながら、亡命者としてのあらたな生を歩み出す決意をしだいに固めていくようになる。一九四五年三月一三日の記述には以下のように書かれている。

いかなる代償を払ってでも国にいたい。しかしこの可能性はますます低くなっているようだ。あらたな生き方、亡命者〔emigrant, 移民〕としての生き方になれる必要があろう。(24)

この記述からは、エリアーデが決意した亡命者としての「あらたな生き方」がいかなるものであるのかを知ることはできない。しかし『日記』に記された以降の思索を読み解くことによって、エリアーデが決意した「あらたな生き方」の内実を推測することは可能である。

同年五月七日にドイツが降伏し、八月六日に原子爆弾が広島に投下された。エリアーデはこれらの出来事に言及したあと、歴史的出来事によっては損なわれることのない「精神」の性質に関して、同年八月一〇日に以下のように書き記している。

最近の出来事は〔歴史や政治に対する〕精神の優位性と精神的優越性への私の確信〔increderea mea în primatul spiritului şi ierarhia spiritualului〕をゆるがすことはなく、むしろそのことをさらに確認して、確信を強めた。歴史的な戦争がいかにして記されようとも、勝利はなによりも知性によってつくり出された武器によって得られたことはたしかである。〔中略〕。人間の運命は、今度こそ、知的武力に直接的にかかっていることはたしかである。〔中略〕。大衆ではなく、プロレタリアートでもなく、民族的神秘主義者でもなく、政治的イデオロギーでもなく、経済や階級闘争でもなく――知性、精神〔inteligenţa, spiritul〕が歴史を決定的に変えることができ、人類の運命を修正することができるのだ。(25)

歴史に抗するこの「精神」、歴史に優位する「精神」を自覚することによって、エリアーデは歴史、すなわち不可逆的時間に対する闘いを開始する決意をしたと考えられる。亡命者としてパリへ向かう直前の一九四五年九月五日の記述において、エリアーデは以下のように書いている。

常に私の上にのしかかっていると感じる「過去」は、人間であるというもっとも明らかな証である。すなわち私は、時間を生きている、「歴史」をもっている、先立つものからつくられたゆえに存在している。〔中略〕。時間の撤廃による、道徳以前の瞬間、「かの時」への回帰による人間の再生に関する私の見解との関連において。あらたな生をはじめることがもつであろう意味、すなわち創造の再開。「歴史」、不可逆的過去に抗する人間の闘い。〔中略〕。

この地にニーナ、私の人生の一部、すなわちきわめて多くの苦悩を残していく。(26)

この引用文からは、受動的に歴史を受けとめるのみではなく、神話的な「かの時」への周期的回帰という自身の宗教理論に基づくことで、歴史がもたらす苦難に闘いを挑んでいこうとするエリアーデの決意を読み取ることができる。

以上、『日記』における一九四一年六月二二日から一九四五年九月五日の記述を確認してきた。これらの記述を読解すると、エリアーデが歴史の動向に対していかに敏感に反応したか、そして祖国がおかれている状況や行く末に想いを馳せることによっていかに苦しんだのかがわかる。一般に人間は、自己の存在の否定を含むこれほど強い負担を感じた際に、それを減じようと試みることなく放置することがあり得るであろうか。なにかしらの手段をこうじて平静を回復しようと試みることが自然なのではあるまいか。『日記』に記されていた「歴史の恐怖」や歴史に抗する「精神」、「不可逆的過去に対する人間の闘い」といった諸概念はエリアーデが苦悩から脱却する過程において重要な役割をはたしたものであり、それらの概念を用いながら執筆した『宗教学概論』と『永遠回帰の神話』はポルトガル滞在期に体験した

「歴史の恐怖」に対するエリアーデの積極的な応答とみなせるのではないであろうか。この仮説が妥当であるならば、従来、普遍性・一般性を志向するものとして解釈されてきた『永遠回帰の神話』と『宗教学概論』における宗教理論を、エリアーデが異国でルーマニア人として体験した苦難との関係において再解釈する必要があると考えられる。

以下ではこの仮説の妥当性を検討するために、一九四九年一月に出版された『宗教学概論』と同年五月に出版された『永遠回帰の神話』を、宗教の超歴史的性質、聖なるものと神話の「残存」という概念に注目しながら読解したい。これらふたつの著書を資料として取りあげるのは、エリアーデの宗教研究における代表的作品というだけではなく、エリアーデがそれらの草稿を書いた時期が既述の『日記』を書いた期間と重なるためである。

第三節　「宗教学者エリアーデ」の誕生——『宗教学概論』と『永遠回帰の神話』

一　『宗教学概論』——歴史を貫くヒエロファニー

エリアーデの『回想』によれば、『宗教学概論』の着想を得てその執筆を開始したのはロンドンからリスボンへ異動する直前の一九四〇年であった[27]。当初は『比較宗教史序説』(*Prolégomènes à une histoire comparée des religions*)というタイトルであり、エリアーデはポルトガル滞在中その執筆を継続し、フランスへ亡命してから脱稿することになった。『宗教学概論』は晩年に刊行された『世界宗教史』と双璧をなすエリアーデ宗教学における代表的著作であり、後者が通時的考察に力点をおくのに対して、前者は形態学的考察に力点をおくといわれる。形態学的方法を採用することの利点としてエリアーデが考えたのは、宗教の非還元的で普遍的な要因をさまざまな地域や時代の資料から抽出できるということであった。エリアーデは本書の序文において、還元不可能な宗教の性質に関して以下のように説明している。

宗教現象が宗教現象としてあらわれるのは、それ固有の様態において把握される、つまり、宗教という尺度で研究される条件においてのみである。宗教現象を、生理学、心理学、社会学、経済学、言語学、芸術、などによってとりかこもうとするのは、それ自体にそむくことである。それはまさに宗教現象にある唯一独自のもの、ほかに還元できないもの、つまりその聖性〔caractère sacré〕を逃がしてしまうことである。(28)

エリアーデは宗教の根本的要因である聖性が歴史的事物のうちに顕れることをヒエロファニー(hiérophanie)とよんだ。聖性が歴史的事物をとおして顕れるかぎり、ヒエロファニーが歴史的であらざるを得ないことはエリアーデも認める。(29)しかしエリアーデは、ヒエロファニーが歴史的存在であることはその普遍的性質を損なうものではないと述べており、本書全体もヒエロファニーの普遍的性質に着目した構成になっている。本書が歴史的視点を意図的に捨象したことは、結論においても明記されている。

本書において、われわれは宗教現象というものを、歴史的展望において研究することを避け、宗教現象それ自体を、つまり、ヒエロファニーとしてあつかうようにしてきた。それだからこそ、たとえば水のヒエロファニーの構造を解明するのに、われわれはあえてキリスト教の洗礼とならべて、オセアニアやアメリカや古代ギリシア＝オリエントの神話、儀礼を提示し、それらを相互にへだてているもの、つまり歴史を一切捨象してきたのである。(30)

このような展望のもとでエリアーデは、「天空」や「太陽」、「月」、「水」、「大地」、「植物」などにおけるヒエロファニーを時代・地域横断的に考察していく。そのことによって示されたのは、日常生活における諸活動だけでなく死や病気などの苦難までもが宗教的に価値づけされた世界観であった。たとえばエリアーデは、植物におけるヒエロファニーを論じた際に、植物の季節ごとの消滅と再生は大地である母神への一時的退行とそこからの誕生という宗教的イメージを生じさせたと主張する。植物に宿っていた生命は、枯れて消滅することによっては完全に断たれることなく、地中に一時的に退行することによって再生のためのエネルギーを付与されるのである。

植物におけるこのような循環的生命観は、人間の生命に対する見方をも変化させるものであった。その典型的な帰結が、「植物と人間の神秘的関係」というものである。[31] この神秘的関係の神話モチーフのひとつとして言及されるのが、民俗学者のいう三つのレモンの主題である。そのモチーフの概略はつぎのとおりである。[32]（１）不思議な力をもった娘（妖精）が不思議な果実から、または英雄が非常な困難を冒して獲得した果実（柘榴、レモン、オレンジなど）から生まれる。娘（妖精）と英雄は結婚する。（２）奴隷か、ひどく醜い女が娘（妖精）を殺して、その地位を奪い、英雄の妻になる。（３）娘（妖精）の屍から一本の木、または花が生える（あるいは、鳥か魚に変身した娘が醜い女に殺されて、その死体から木が生える）。（４）その木に実った果実から（あるいはその皮、または木片から）、娘（妖精）が再生する。

娘（妖精）は、生命が断たれるたびに、植物の姿をとって危機を脱する。それは植物のレベルへの一時的退行であり、娘（妖精）はあたらしい形態をとることで「隠れて」生命を存続させるのである。このような神話モチーフは、以下のような死の観念を前提にするとエリアーデは考える。

死とは、普遍的生命の源泉とふたたび接触することである。われわれは、これと同じ基本的な考え方を地母神や農耕密儀に関するあらゆる信仰のなかに確認することができる。死は、存在様式の変化、べつの存在地平への移行、宇宙の母胎への再統合にほかならない。もし実在と生命が、植物的表現形式で表現されるならば、宇宙的母胎への再統合は単なる形態の変容によって行なわれる。つまり死者は、人間の形態から樹木の形態になるのである。[33]

人間が植物の存在様式に移行することで再生するということは、生命の源泉がその植物に凝縮していることを前提とする。それは、人間は植物からのエネルギーが単に放射されただけの存在にすぎず、実在の基盤は人間にはなく、植物るのである。

にこそ存するということをも意味している。そのため人間の生命が非業の死によって突如として中断された場合、生命は植物・花・実といったべつなかたちをとって生き延びようとする。生命は、植物を軸として循環すると考えられているのである。

循環する生命というこのような宗教的イメージは、農耕の発達により一層劇的に展開された。耕作者は、農耕を行なうためには、播種や芽生え、収穫などの季節のリズムにそって労働しなければならない。このような時間のリズムはひとまとまりの循環的サイクルをなしている。そのサイクルにおいて、農作物が育たない冬は終局的なものではなく、そのあとには豊饒な春が到来する休息の時期とみなされる[34]。このような時間サイクルに基づいて行なわれる農耕は、単なる労働ではなく、宗教的儀礼として営まれていた。すなわち大地は、農作物を生み出す地母神とみなされ、農耕におけるひとつひとつの労働は、地母神との交流と考えられたという。

エリアーデは、このような大地のシンボリズムは、植物のシンボリズムと同様に、人間の生命観の形成に大きく影響したと考えた。地母神は、農作物だけではなく万物に生命を付与するエネルギーの源泉と考えられたのである。そのことは、人間が大地から生まれたという神話モチーフや出産や分娩を大地の上で行なうこと、さらに新生児を大地の上に寝かすこと、通過儀礼において新参者を大地のなかに生き埋めにすることなどの宗教儀礼へ展開したという。自分を生み出した土地との神秘的結合というこの感情は、母なる大地の上で死にたいという希求へといたる。すなわち、人間は実存と生命の源泉である大地から一時的に生み出された存在にすぎず、死後はその源泉に回帰する。しかし回帰したその生命は、ふたたびエネルギーを与えられ、異なる存在様式を備えてふたたび地上に生み出される。生命は、大地を軸にして循環するのである。

エリアーデは以上のように、生や死が聖なる意味をもった世界観を本書において描き出した。では、このような役割をもつヒエロファニーが普遍的性質を有するとはいかなることか。また、普遍的性質を有するものとしてヒエロファニーを論じることはいかなる主張へ展開されるのであろうか。

ヒエロファニーが普遍的性質を有するということは、人間は聖なるものを離れては、すなわち宗教的に意味づけられた時空間を離れては生活を営むことがきわめて困難であるため、宗教が衰退したとみなされる近現代社会においても聖なるものは残存するという主張につながると考えられる。本書においてエリアーデは、神話的シンボルや宗教的意味にみちた世界＝コスモスをつくり出す原動力を始源型(archétype)とよんだ。そして、第一二章「神話の形態と機能」の「神話の堕落」と題された節では、近現代社会においても始源型は小説や演劇の脚本、新大陸を発見した際の地理的理解などへ形態を変えることによって機能を発揮し続けると論じられている。

> 人間経験のあらゆるレベルにおいて、たとえそのレベルがいかに目立たぬものであれ、始源型〔archétype〕は依然として存在を価値づけ、「文化的な価値」を創造し続ける。〔中略〕。言葉を換えていえば、人間はたとえそれ以外のものはまぬがれ得たとしても、まさに宇宙における自身の状況を自覚した瞬間につくり出した、その始源型的直感〔intuitions archétypales〕の、抗うことのできない虜になるのである。楽園へのノスタルジーは、近代人のなんの変哲もない行動にさえあらわれている。絶対は根絶し得ない。〔中略〕。始源の精神性〔spiritualité archaïque〕は、それなりの仕方で、行動としてではなく、人間が現実に成就できる可能性としてでもなく、芸術、科学、社会的神秘学〔mystique sociale〕、などのような自律的価値を創造するノスタルジーとして生き続けている〔survit〕[35]。

人間は、神話的に意味づけされた聖なる時空間に身をおきたいという願望から逃れることはできない。それゆえに、神話が人間の文化から完全に消滅することはなく、「神話は叙事詩的伝説、詩物語、物語などに堕落し、あるいは「俗信」、風習、ノスタルジー、などといった矮小化したかたちでもなお生き続ける〔survivre〕こともある」[36]とエリアーデは主張する。

後年エリアーデは、神話の残存(survivals)という概念を聖なるものの「擬装」(camouflage)とよぶようになり、彼の現代宗教論の中核として位置づけるようになる。この残存・擬装概念をより詳細に論じることは次章や第四章において取り組む。本章では、残存・擬装概念について、ポルトガル滞在期のエリアーデの心理的苦悩との関連において解釈を行なう。

前節で確認したように、ポルトガル滞在期におけるエリアーデの苦悩の原因のひとつは、「歴史の恐怖」に立ち向かう術を現代世界に見出せないということであった。一九四四年四月六日の記述に「最近まで、いかなる個人的ドラマも民族的大惨事も、なんらかの宇宙論、あるいは救済論（中略）において正当性を有していた。現在（存在しているの）は、ただ、恐怖させる歴史だけである。なぜならば、歴史によって生じた悲劇はもはや正当性や（その悲劇を）補償するための方法を見出せないからである」と述べられていたことはすでに確認した。この苦悩に対するエリアーデの応答のひとつが、現代世界における聖なるものの「残存」という考えではなかったであろうか。そしてこの残存概念は、いかなる政治的手段をもってしても宗教における根本的要素である聖なるものを消滅させることは不可能であるという主張を含みもつゆえに、ルーマニアの伝統文化を破壊して「ロシア化」しようと試みるソヴィエトに対する批判をも意図したものであったと考えられる。[37] 次節では、『永遠回帰の神話』を読解することによってこの仮説の妥当性にさらに検討を加える。

二　『永遠回帰の神話』――「歴史の恐怖」に抗して

クロード・アンリ・ロケ（Claude-Henri Rocquet）との対談によれば、エリアーデは『宗教学概論』と同じく『永遠回帰の神話』の草稿をポルトガルにて執筆したという。[38] 事実、当時の『日記』には『永遠回帰の神話』の執筆に関する記述が確認できる。[39] エリアーデはパリにて本書をガリマール社から刊行し、宗教学者としての高い評価を得たのであった。『宗教学概論』と比較すると、本書には西欧の近現代文化に対する批判がより顕著なかたちで示されている。英訳版の序においてエリアーデは、西欧哲学に関して、歴史的文明地域以外の領域に生きる伝統社会と東洋思想に対して無関心であるがゆえに偏狭であると批判している。そしてエリアーデは本書の目的を以下のように述べている。

私の関心は、哲学者や教養人一般に、この地上のいろいろの地方ですでに乗り越えられてしまったとはいえ、人間に関するわれわれの知識にとって、また人間の歴史そのものにとって有益なある種の精神的立場〔spiritual positions〕に対して注意を喚起することにあった。(40)

この一文において示された本書の目的は、前述した『日記』の一九四二年一一月一七日の記述における「われわれがもっぱら文書によってその正当性を理解している歴史的視点は、なんと歪曲されていることか！」という一文、さらに、一九四五年八月九日の記述における、「精神」(spiritul)こそが「人間の運命を修正することができる」という一文との関係において解釈することができるであろう。これら『日記』の記述においては、記述資料に基づいて示される歴史的視点がどのように歪曲されているのか、また、人間の運命を修正する「精神」とはいかなるものであるのかについては明示されていなかった。しかし非西欧近代的な「精神」に基づく価値観を西欧社会に対するアンチテーゼとして提示しようとする本書の内容を読み解くことによって、エリアーデが西欧の歴史的視点や人間の運命をどのように修正しようと試みたのかを解明できるであろう。

本書は四章構成である。第一章「始源型と反復」においてエリアーデは、未開とよばれる社会やアジア、ヨーロッパ、アメリカの古代文明社会における神話や儀礼の象徴体系をわれわれに理解可能な言葉に翻訳する必要があると述べている。そして、第一章と続く第二章「時間の再生」では、中心のシンボリズムや新年の儀礼などに着目することで、神話的な「かの時」にすべての価値の源泉を求める前近代社会の思考方法に関する考察が展開される。第三章「不幸と歴史」では視点を変えて、「古代人はいかにそれぞれの個人、それぞれの集団の運命を左右する災難や不運や「苦難」にたえてきたのか(41)」という問題が、前章までの考察を踏まえながら論じられる。神話的思考による歴史的苦難の正当化や残存概念が主題化されるのは、この第三章と第四章「歴史の恐怖」においてである。

第三章でエリアーデは、人間は自身がおかれた状況に意味を与え、それらを秩序化しなければ、とくに、苦難の経験に明確な意味を付与することがなければ、人間はそれをたえ忍ぶことがきわめて困難であると主張している。そして神話とは荒唐無稽なつくり話ではなく、人間が生活する状況や苦難に意味をあたえ、ひとつの確固たる世界秩序として統合する機能をもつことを述べる。

「未開人」は――そしてやがてみるようにこれは「未開人」だけではないのだが――いわれのない「苦しみ」を考えることはできない。〔中略〕。これらのいずれの場合にも、「苦しみ」は理解し得るものとなり、それゆえにたえ忍び得るものとなる。この苦しみに対して、「未開人」はその利用できるあらゆる呪術宗教的手段をもってこれに抵抗する。――しかし彼・彼女は、それが不合理なものではないゆえに、実際にたえ忍ぶのである。苦しみの危機的契機はその出現にある。苦しみはその原因が知られないままであるかぎり、人びとを不安にする。術者や祭司が、子どもや動物の死んだ原因、旱魃が長引く原因、雨のひどく降る原因、獲物がいなくなってしまう原因などを発見するや否や、その苦しみはたえ忍び得るものとなってくる。それは存在理由と原因を有するゆえに、ひとつの制度に統合され、説明可能なものとなる。[42]

エリアーデが、苦難を秩序化する神話機能の典型として言及しているのが、インドにおける因果律の観念、カルマの観念である。[43] カルマの説に照らすことで、苦難は積極的な価値を獲得する。ある人の現世での苦難は前世で犯した罪、過ちの致命的結果であるがゆえに、受容されるべきものとなる。カルマ説によれば、いかなる人間も負債をもって生まれてくる。人間の存在は長い一続きの支払いと借金から成り立つが、そのやり取りの勘定は常に明らかというわけではない。十分に知性のある人間は自己の上におこる悲劇や苦難、災害、不正をたえ忍ぶことができる。なぜならそれらのひとつひとつは、彼・彼女が前世で解決せずに残してきた行為に起因する事柄だからである。(44) このようにして苦難の経験は、明確な意義と機能をあたえられるという。

続く第四章では、このような神話的思考による苦難の正当化が今日の世界においても依然として存続していることに注意が向けられる。第四章の冒頭、「永遠回帰の神話の残存」(La survivance du mythe de l' éternel retour) と題された節において、エリアーデは以下のように述べている。

読者は彼・彼女ら〔前近代社会に生きる人びと〕が、宇宙創成の反復と時間の周期的再生をとおして歴史を定期的に撤廃することによって、あるいは歴史的出来事に超歴史的意義をあたえることによって、歴史からみずからを守ってきたことを記憶しておられよう。ここでいう超歴史的意義とは、慰めになるというだけではなく、なによりも筋のとおった、すなわち宇宙と人間存在がそれぞれ存在意義をもつことができるしっかりとまとまった制度に組みこまれるということである。われわれは、歴史に対する防衛というこの伝統的な観念、歴史的出来事をたえ忍ぶ方法が、ごく最近まで世界中において優勢であり続けたということをつけ加えておかなければならない。そしてこの観念は、今日においても依然として、頑強に非歴史的立場〔position anhistorique〕にとどまっており、その事実のゆえにすべての革命的イデオロギーからの激しい攻撃にさらされているヨーロッパの農耕的（＝伝統的）社会の慰めとなっていることもつけ加えておかなければならない。(45)

神話的思考に基づく歴史的苦難の正当化が現代世界においても残存している理由に関して、『宗教学概論』では始源型によって説明がなされていたが、本書においては「歴史主義の難点」(Les difficultés de l' historicisme) という視点から再考されている。エリアーデがここで歴史主義とよんでいるのは、記述資料によって確認できる出来事にのみ価値をあたえ世界観を構築しようとする潮流である。エリアーデは歴史主義の代表的思想家としてヘーゲルとマルクスの名前をあげている。エリアーデによれば、歴史的出来事を絶対精神のあらわれとみなし絶対知へいたるものと考えるヘーゲルの歴史哲学において、歴史は不可逆的なものとして理解されるようになった。そしてヘーゲルの時代以降、「歴史的事件を、それ自身におけるそれ自身のための事件として、これに価値を得させ、かつ付与する」[46]傾向が主流になっていったという。この潮流はマルクスの登場によってより尖鋭化された。すなわちマルクスにおいては、歴史は「一切の超越的意義を脱却」し、「もはや階級闘争のあらわれ以上のものではなくなった」のであり、階級なき社会へ向かって一直線に流れていくものとなったのである。[47]

ヘーゲルとマルクスに関して以上のように言及したあと、エリアーデは「いったい、このような学説はどの範囲まで歴史的苦難を正当化し得るものであろうか」[48]と疑問を投げかけている。階級闘争の歴史の果てに階級なき輝かしい時代が到来するとしても、現在、強国に支配されている場所で生活を営む人間にとっては、苦難を受容しながら生きていく以外に選択肢はない。このような場所に生きる人間が歴史的苦難にたえることができてきたのは、絶対知へいたるものとして歴史を解釈することでもなく、未来に実現する階級なき社会に対する希望でもなく、神話的見地に基づく苦難の正当化を行なってきたからであるとエリアーデは主張する。

われわれの意見では、以下のただひとつの事実が重要である。すなわち、このような見地〔神話的見地〕によって、幾千万の人びとが幾世紀ものあいだ、絶望におちいることなく、自殺することなく、同時に常に歴史の相対主義的、虚無主義的見解にともなう精神的枯渇〔sécheresse spirituelle〕におちいることなく、大きな歴史的重圧をたえ忍んできたという事実である。[49]

エリアーデが、一九四三年九月二九日の『日記』に「唯一の重要なことは、最終的に絶望に屈しないことである。出口はかならずあるはずだ、わが民族にとっても」と書き記していたことは前節において確認した。『永遠回帰の神話』

において、幾千万もの人びとが神話的見地によって「絶望におちいることなく」歴史的重圧をたえ忍んできたことを強調するエリアーデの姿勢は、みずからが、そしてルーマニア民族が絶望におちいることなく「歴史の恐怖」と闘っていく決意として解釈できるのではないか。

第四節　小　結

本章は、『宗教学概論』と『永遠回帰の神話』における問題意識の源泉をポルトガル滞在期におけるエリアーデの思想形成のうちに見出すことに努めてきた。本章におけるこの試みは、エリアーデの宗教学者としての出発点をどこにおくかという議論に関わってくる。この議論に関しては、一九四〇年以前のルーマニア時代に発表した著作に後年の宗教理論の萌芽を見出そうとする学説や一九二八―三一年におけるインド留学を重視する学説など、さまざまな説が提示されている。(50)

しかし、本章で確認したように、ポルトガル滞在期にエリアーデが経験した苦悩は自殺の願望にとらわれるほどに強烈なものであった。この危機的状態を乗り越えるために、エリアーデはさまざまな処置をこうじてさまざまな事柄について思索したのであり、その痕跡は『永遠回帰の神話』と『宗教学概論』といった彼の宗教研究の主著においても見出すことができるものであった。

従来の研究においては、エリアーデが祖国を失った経験や家族などの愛する人間との結びつきを失った経験に対してはほどんと注意が向けられずに、エリアーデの宗教理論がどれほど一般性を有するか、彼の宗教理論が西欧中心主義や近代西欧に生じた思想潮流によってどれほど歪められているか、という議論のみが盛んに行なわれてきた。しかし、エリアーデが「宗教」の文化的役割について思索した際に身をおいた政治的情況を明確化することなく、エリアーデ宗教学に内在する西欧中心主義について論じることが研究方法として妥当であるとは考えられない。祖国との結びつきを失ったひとりの人間としてのエリアーデの思索をたどることは、彼の宗教研究や文学活動について考察する上でも不可欠な作業となるであろう。

（1）リケッツは *The Porutugal Journal* の "Translator's Preface" (pp. ix-xii)で、『ポルトガル日記』に記された、サラザールとの会談、鉄衛団、また鉄衛団への関与をめぐって絶交した友人ミハイル・セバスティアンについての観想、妻ニーナの死や神経衰弱を経験する過程で綴られた宗教的感情、『宗教学概論』の執筆などに関する記述は、これからのエリアーデ研究にとってとりわけ重要な資料になると述べている。また、リケッツによる *Mircea Eliade: The Romanian Roots, 1907-1945*, Volume 2, (New York, East European Monographs, Distributed by Columbia University Press, 1988)の一一二四―一二〇三頁では、ポルトガル滞在期にエリアーデが発表した論文や小説について概説されている。そのほか、二〇一〇年に出版された *Hermeneutics, Politics, and the History of Religions: The Contested Legacies of Joachim Wach and Mircea Eliade*, ed. by Christian K. Wedemeyer and Wendy Doniger, (Oxford and New York, Oxford University Press, 2010)に収録されている Carlo Ginzburg, "Mircea Eliade's Ambivalent Legacy" (in *Ibid.*, pp. 307-323)は、『ポルトガル日記』を鉄衛団への関与をめぐる議論と結びつけながら取り上げている。

（2）ダイアン・アポストロス＝カッパドナが編集した Eliade, *Symbolism, the Sacred, and the Arts*, ed. by Diane Apostolos-Cappadona, (New York, Crossroad Publishing Company, 1986; Reprint edition, New York, Continuum International Publishing Group, 1992.　奥山倫明訳『象徴と芸術の宗教学』作品社、二〇〇五年)には、リケッツによる『ポルトガル日記』の英訳が一部収録されている(前掲書、二三〇―二三八頁)。

（3）Carlo Ginzburg, "Mircea Eliade's Ambivalent Legacy" や Daniel Dubuisson, *Impostures et pseudo-science: L'oeuvre de Mircea Eliade*, (Villeneuve d'Ascq, Presses Universitaires du Septentrion, 2005)を参照。

（4）Eliade, *Jurnalul portughez şi alte scrieri*, *Volumul 1*, ed. by Sorin Alexandrescu, (Bucureşti, Humanitas, 2006), pp. 101-102.

（5）*Ibid.*, p. 124.

（6）*Ibid.*, p. 136.

（7）*Ibid.*, p. 137.

（8）*Ibid.*, p. 150.

（９）spirit という語は、第二章や第四章で確認するように、エリアーデの思想を解釈する上できわめて重要な概念である。本研究では「精神」という訳語を採用するが、minte (mind) や suflet (soul) などの語と訳しわけるために、引用文では原文表記を付すことを原則とする。

（10）*Ibid*., pp. 153-154.

（11）*Ibid*., pp. 155-156.

（12）*Ibid*., p. 160.　この記述は、リケッツによる英語訳では一九四二年一二月二〇日の日付けであるが（*The Portugal Journal*, translated by Mac Linscott Ricketts, Albany, State University of New York Press, 2010, pp. 52-53）、ソリン・アレクサンドレスク編集による *Jurnalul portughez și alte scrieri, Volumul 1*, p. 160 では一九四二年一二月二一日の日付けであり、一九四二年一二月二〇日付けの記述は存在しない。

（13）*Ibid*., p. 165.

（14）*Ibid*., p. 178.

（15）*Ibid*., pp. 199-200.

（16）*Ibid*., p. 211.

（17）一九四四年一二月二〇日の記述には、「一一月二〇日、一二時三〇分にニーナは、知らず知らずのうちに、われわれが気が付くこともなく、看護士長が知らせる間もなく、私たちのもとから去った」と記されている（*Ibid*., p. 269）。

（18）*Ibid*., p. 212.

（19）*Ibid*., p. 223.

（20）*Ibid*., pp. 226-228.

（21）*Ibid*., p. 283.

（22）*Ibid*., p. 291.

（23）*Ibid*., pp. 295-296.

（24）*Ibid*., p. 338.

（25）*Ibid*., pp. 375-376.

（26）*Ibid*., p. 383.

（27）Eliade, *Memorii, 1907-1960*, ed. by Mircea Handoca, (București, Humanitas, 1997), pp. 368-369.　石井忠厚訳『エリアーデ

回想(下)』未來社、一九九〇年、五七—五九頁。

(28) Eliade, *Traité d'histoire des religions*, (Paris, Payot, 1949), p. 17. 久米博訳『太陽と天空神　宗教学概論1』せりか書房、一九九三年、一九—二〇頁。

(29) 聖を還元不可能と論じるエリアーデの方法論をめぐっては、R・シーガル(Robert A. Segal)やW・エルツェイ(Wayne Elzey)、W・プラウドフット(Wayne Proudfoot)などにより多くの議論がなされてきた。わが国においても近年、東馬場郁生「宗教研究における還元の問題—ポスト・エリアーデ時代の論争から—」(『宗教研究』三五二号、二〇〇七年、一—二二頁)が発表された。それらの議論は、用いる資料や視点はさまざまであるが、エリアーデの非還元的宗教論が含む諸問題を明確化し、学説としての有用性に検討を加えたといえる。本研究は、エリアーデの亡命者としての言葉と非還元的宗教を論じる言葉を重ね合わせることで、両者の関連性を明確化することを試みる。

(30) Eliade, 1949, pp. 455-456. 久米博訳『聖なる空間と時間　宗教学概論3』せりか書房、一九九六年、一九四頁。

(31) *Ibid.*, p. 302. 久米博訳『豊饒と再生　宗教学概論2』せりか書房、一九九一年、二二六頁。

(32) *Ibid.*, pp. 305-306. 前掲書、二三一—二三三頁。

(33) *Ibid.*, p. 305. 前掲書、二三〇頁。

(34) *Ibid.*, p. 332. 『聖なる空間と時間』、八頁。

(35) *Ibid.*, p. 427. 『聖なる空間と時間』、一五三—一五四頁。

(36) *Ibid.*, pp. 424-425. 前掲書、一五〇頁。

(37) 『回想』には『宗教学概論』を執筆した当時の状況に関して以下のように記されている。「〔一九四四年〕一月末頃、私は『日記』に記していた。「歴史の恐怖に関するエッセイを書きたいものだ」と。しかし私は『序論』(=『宗教学概論』)に専念した。そのための豊かな文献的資料が集まっていた。〔中略〕。『序論』に関する仕事は私の心的平衡〔echilibrul sufletesc〕を取りもどさせ、「歴史」がわれわれに用意している試練に抵抗する助けとなった」Eliade, *Memorii*, p. 389. 『エリアーデ回想(下)』、八四頁。

(38) Eliade, *Ordeal by Labyrinth: Conversation with Claude-Henri Rocquet*, (Chicago and London, The University of Chicago Press, 1982), p. 77. 住谷春也訳『迷宮の試煉』作品社、二〇〇九年、一〇六頁。

(39) Eliade, 2006, p. 109, p. 133, など。

(40) Eliade, *The Myth of the Eternal Return: Cosmos and History*, (Princeton and Oxford, Princeton University Press, 2005), p. xxv. 堀一郎訳『永遠回帰の神話』未來社、二〇〇〇年、三頁。

(41) Eliade, *Le mythe de l'éternel retour: Archétypes et repetition*, (Paris, Gallimard, 1969), p. 111. 前掲書、一二七頁。
(42) *Ibid.*, pp. 114-115. 前掲書、一三一頁。
(43) *Ibid.*, pp. 115-116. 前掲書、一三一－一三三頁。
(44) カルマに関するこのようなエリアーデの理解・解釈の妥当性については、あらためて考察しなければならない。
(45) Eliade, 1969, p. 159.『永遠回帰の神話』、一八四－一八五頁。
(46) *Ibid.*, p. 165. 前掲書、一九〇頁。
(47) *Ibid.*, p. 167. 前掲書、一九二頁。
(48) *Ibid.*, p. 167. 前掲書、一九二頁。
(49) *Ibid.*, p. 170. 前掲書、一九六頁。
(50) たとえば、エリアーデは一九二四年にラッファエーレ・ペッタッツォーニ(Raffaele Pettazzoni, 一八八三－一九五九)の『秘儀』(*I misteri: Saggio di una teoria storico-religiosa*, Bologna, Zanichelli, 1924)を読んで感銘を受け、宗教学を志すようになったといわれる。一九二六年から一九五九年の期間にふたりが交わした往復書簡からは、一九二〇年代、三〇年代のエリアーデがペッタッツォーニからの大きな影響のもとでルーマニアの民間伝承詩やインドのヨーガに関する研究を行なったことを確認できる(*L'histoire des religions a-t-elle un sens?: Correspondance 1926-1959*, Paris, Les Éditions du Cerf, 1994)。しかしフランスへの亡命後、一九四九年に刊行された『宗教学概論』に対する評価をめぐり、ふたりの学問的な交流は稀薄なものになっていったと考えられる。『宗教学概論』に関する感想を記した一九四九年二月一八日付けのペッタッツォーニの書簡には、始源型(archétype)を重視し歴史を軽視するエリアーデの方法論に対する批判が記されている(*Ibid.*, pp. 202-203)。亡命前後における歴史や宗教学に対するエリアーデの見解の異同については、戦前の資料を参照し、解明に取り組まなければならない。エリアーデとペッタッツォーニの関係に関するわが国の研究には、江川純一「イタリア宗教史学派とエリアーデ」(日本宗教学会第六九回学術大会(東洋大学)のパネル企画「エリアーデの history of religions と storia delle religioni」における研究発表)がある。

第二章　ルーマニアに対するエリアーデの罪責意識と宗教理論の形成

第一節　問題の所在

本章は、先行研究では鉄衛団運動へのエリアーデの関与の有無に議論が収斂される傾向にあったルーマニア民族の「精神」に関するエリアーデの思想を、故国に対する罪責意識という視点から再考する。エリアーデは、「ミオリッツァ」(*Miorița*)や「マノーレ親方伝説」(*Balada Meșterului Manole*)に代表されるルーマニア・フォークロアのうちに、歴史的苦難に抗する「精神」の観念、すなわち死をあらたな形態を備えて宇宙的秩序のなかに再統合される契機とみなすことで喜びをもって受容するというルーマニア民族の「精神」を見出そうとした。エリアーデによれば、このようなルーマニア民族の「精神」は生を諦めたものではなく、不条理な歴史的苦難に対してなされたルーマニア民族固有の独創的な応答であった。

今日の宗教学において、ルーマニア民族の「精神」に関するエリアーデのこのような解釈は、民族や故国のために命を投げ出すことを賞讃するものであり大戦間期のルーマニア民族主義運動へ参与した証拠とみなされ、厳しい批判にさらされている。しかし『ポルトガル日記』に関する前章の考察を踏まえると、ルーマニア民族の「精神」を重視するエリアーデの思想は、不安定な情勢にあった故国に家族や友人などの愛する人間を残して自分ひとりだけ亡命したことに対する罪責意識を根底にもつことが想定される。したがって本章は、「精神」の重要性を強調するエリアーデの言論を、鉄衛団運動とエリアーデの思想的類似性という視点ではなく、祖国での生活や愛する人間との結びつきを失った喪失感、家族や友人を残して亡命した罪責意識を緩和するためになされた心的欲求の表出とみなす視点に立って再考し、さらに、これらの喪失感・罪責意識と宗教学的営為の関連性を明確化することを目的とする。本章におけるこの試みは、前章の考察を異なる資料の分析により補強する役割をはたす。

以下では、つぎの手順にしたがって論を進める。(1)まずエリアーデのルーマニア・フォークロア研究を概観することによって、エリアーデが着目したルーマニア民族の「精神」の特徴とそれに対する批判的研究の主張を確認する。(2)ルーマニア民族の「精神」に関するエリアーデの議論が、祖国に残した家族の助けとなることを意識してなされた可能性を、家族へ宛てたエリアーデの書簡を読解することで提示する。(3)2において提示した仮説の妥当性を検討するために、一九四九年に出版された「ロシア化」と『永遠回帰の神話』に関して、「精神」概念を中心に読解する。

第二節　ルーマニア民族の「精神」

一　エリアーデのルーマニア・フォークロア研究

エリアーデは、前章で確認したように、ポルトガル滞在中の一九四三年に『ルーマニア人』(1)という短い著書を出版した。この著書は三章構成であり、最初の二章では、ローマ帝国統治下のダキア時代から第一次世界大戦後のヴェルサイユ条約による大ルーマニアの実現までのルーマニア史について概観されている。そこで論じられているのは、西欧の強国のような華々しい歴史はもたないが、イスラームという異文化の侵略からヨーロッパ世界を防衛し、またそのたび重なる危機的状況にもかかわらず独自の文化を保持してきたルーマニアの歴史である。「諸起源と成り立ち」と題された第一章には、以下の一節がある。

> ゲート・ダキアの祖先たちのように、ルーマニア人たちは生まれたときから〔通常では〕あり得ない状態や敵対的な圧力はもちろん、先史時代に体験したものよりも強力な侵略に対処しなければならなくなった。それにもかかわらず、ルーマニア人たちはこの地にしっかりととどまり続けたので、この土地はもっとも悲惨な状況においても人が廃れることはなかった。またルーマニア人は彼らの民族としての本質、流儀、活力、〔他民族との混血ではない〕混じりけのない身体、道徳的個性を失うことなく〔諸外国の〕圧力や侵略にたえてきたのである[2]。

この引用文からは、エリアーデが、ルーマニア民族の歴史について、東西の強国による侵略と支配という歴史的苦難にたえ忍ぶことの連続であったと考えていたことを確認できる。またあとには、一四世紀にイスラームが西方へ侵略してきたときの状況について、以下のように記されている。「〔イスラーム勢力が接近してくる〕そのあいだに、ヨーロッパの大国はいったいなにをしていたのであろうか。彼らはいつものように身内のあいだで争っていたのである」[3]。西欧に対する批判と解釈できるこのような記述はさらに確認できる。西欧では百年戦争の真っ最中であった一三八六年から一四一八年の期間、イスラームの勢力から国土を守り抜いたミルチア大帝(Mircea cel Bătrân)について、エリアーデは以下のように述べている。

> この奇跡はいかに説明できるであろうか。なによりも、ニコポリスにおいてのヨーロッパ諸侯の連合軍は封建的な利害や軍事的栄誉に動かされたのに対し、ルーマニア人は自分たちの国土と生活のために戦ったということに注意するべきである。〔中略〕。同様に以下のことを忘れてはならない。すなわち、ルーマニアの〔過去における〕すべて

の指揮官同様に、ミルチア大帝は農民による軍隊を多く活用したということである。〔中略〕。国土は軍隊だけによって防衛されていたのではなく、国民すべてによって護られていたのである。(4)

この引用文からは、西欧に対する批判的な見解ばかりではなく、エリアーデがルーマニア史における農村民の役割の重要性に着目していることをうかがえる。農村文化、とりわけフォークロアに対するエリアーデのこのような着目は、第三章「ルーマニア人の精神生活」(Viața spirituală a românilor)における考察へ展開されていく。

spirit の形容詞が表題に用いられている第三章では、ルーマニアの代表的なフォークロアである「ミオリッツァ」からルーマニア民族の「精神」を抽出することが試みられる。「ミオリッツァ」の内容の概略は以下のとおりである。小さな雌子羊が自分の主人である若き羊飼いに、彼の羊と犬を妬んだ仲間の羊飼いたちが彼を殺そうと計画していることを知らせる。しかしこの若い羊飼いは、自分の身を守ろうとはせずに、その雌子羊に自分の最後の望みを以下のように告げる。すなわち、死んだあとも子羊たちのそばにいられるように、また自分の飼い犬の声をきくことができるように、遺体を自分の囲い地に埋葬してくれるようにとの望みである。しかし老母が自分を探している姿をみつけたら、羊飼いは天国の一隅にある美しい国で、この世を統治する比類なき女王と結婚したとだけ彼女に伝えるように遺言する。

エリアーデは、同じくルーマニアの代表的フォークロアである「マノーレ親方伝説」とともにこの「ミオリッツァ」について、「どのような文化においても、その大いなるすべての諸創造性のなかで明らかにされてある中心的神話というものが常に存在する。ルーマニア人の精神的な生き方〔viața spirituală〕は、彼らの精神的な世界観〔viziunea lor spirituală asupra Universului〕や存在的価値観を完全なる自発性によって表現するふたつの神話によって支配されてきた」(5)と述べている。この一節からはエリアーデが、ルーマニア民族の「精神」を強く反映したフォークロアとして「ミオリッツァ」を理解していたことが確認できる。では、エリアーデが「ミオリッツァ」から読み取ったルーマニア民族の「精神」とはいかなるものであるのか。

それは、歴史的苦難に直面したルーマニア人が死と向き合う態度と強く関係すると考えられる。エリアーデによれば、「ミオリッツァ」で示された若き羊飼いの死に対する態度は、ルーマニア人の死生観を象徴している。[6] 宇宙を司る女王との結婚として死を理解するその態度決定は、生を諦めたものでは決してない。すなわち、「ミオリッツァ」によって描かれている宇宙的結婚としての死生観は、ある悲劇的な運命による不条理な残忍さに対してあたえられた力強く、独創的な返答なのであり、自己の不幸を個人の歴史的な出来事ではなく秘蹟的神秘として受容するものとエリアーデは解釈している。エリアーデによれば、歴史をつくることが可能な強国に翻弄される、歴史記述をもたざる民族ルーマニア人はフォークロアからこのような「精神」を読み取っていたがゆえに、歴史の恐怖に打ち負かされることなくそれを克服してくることが可能だったのである。

二　エリアーデの「精神」概念に対する批判

しかしながらエリアーデによるこの主張は、死の正当化を目的としていると解釈することも可能である。エリアーデが提示する「精神」概念については、このような解釈に基づいて、鉄衛団運動の思想との比較研究が盛んに行なわれてきた。たとえばロバート・エルウッド(Robert Ellwood)は、エリアーデは鉄衛団運動の思想的側面、とくに民族や軍団のために命を投げ出す行為を賛美する思想に強く惹かれて軍団を支持したと主張する。その根拠としてエルウッドは、鉄衛団幹部のイオン・モツァ(Ion Moţa)が戦死した際にエリアーデが発表した文芸記事を指摘する。その記事においてエリアーデは、モツァの死を「ミオリッツァ」の羊飼いの死にたとえることで、新生ルーマニアとして生まれ変わるための積極的な契機とみなした。エリアーデのこのような態度は、反ユダヤ主義やテロリズムを提唱する鉄衛団運動の危険な側面を看過して、軍団の思想を支持することにつながったとエルウッドは主張している。[7]

エリアーデの前半生の伝記を執筆したリケッツは、エリアーデの記事についてより詳細に報告している。リケッツは、『ミルチア・エリアーデ――ルーマニアにおけるルーツ、一九〇七―一九四五――』(*Mircea Eliade: The Romanian Roots,*

1907-1945）において、以下のように述べた。

エリアーデが一九三七年一月に簡単なコメントを発表したモツァの「悲劇的な」人生観は、一九三八年の『言葉』〔*Cuvântul*〕の最初の号における短い記事の主題となった。〔中略〕。モツァは〔ルーマニアの〕現在の状況には悲観していたが、よりよい未来が到来するというゆるぎのない信念をもっていた。これは、「ミオリッツァ」において美しく描写されている真のルーマニアの人生観であるとエリアーデはいう。エリアーデはその「ミオリッツァ」に（彼がのちによぶところの）「歴史の恐怖」に対するルーマニア人による応答の鍵をみて取った。「ミオリッツァ」の羊飼いの死は、破滅への服従ではなく、「和解された死」である。ルーマニア民族の民族精神〔ethos〕には、「数多くの憂鬱が存在するが、激しい絶望や存在の領域深くに関わる悲劇は存在しない」とエリアーデは主張する。「ルーマニア人にとって、破滅は絶対的なものでも終局的なものでもない」。それゆえに、モツァの悲劇的な人生観は、一面的なものとして理解しなければならず、到来するべきよりよい世界への彼の信念を加味して理解しなければならない。エリアーデがモツァを正しく解釈したかはべつとして、「ミオリッツァ」に対するエリアーデの着目は重要である。それは、「ミオリッツァ」についての一九三八年のコメントが、後年のより成熟した時期になすコメントと本質的に同質であったことを示しているためである。(8)

わが国においても竹沢尚一郎が、エリアーデの思想と鉄衛団運動との親和性を指摘する以下の主張を展開した。

歴史の否定、俗なるものに対する嫌悪、新しい生への希求、歴史に抗って個を確立しようとする英雄主義、大地と始原への回帰を夢見ること、アルカイックなもの・民衆的なものに対する過度のノスタルジー。エリアーデの著作を固有のものとしているこれらの特徴は、かれがルーマニア・ファシズム運動と共有していたものであった。一九五六年以降アメリカに渡ったかれは、過去の政治への関与を後悔してか、「同僚の驚きをかう」ほど非政治的な態度をとる一方で〔ケイブ、吉水進一・奥山倫明訳『エリアーデ宗教学の世界——新しいヒューマニズムへの希望』せりか書房、一九九六年、六八頁、書名は引用者によるおぎない〕、ファシスト時代と同様に、ルーマニアの歴史的使命を心に抱きつづけた。ルーマニアに戻ることができないゆえに、祖国は「聖なるもの」としてかれの憧憬の対象でありつづけたのである。(9)

竹沢は、エリアーデの宗教理論における「歴史の否定」やルーマニア・フォークロアへの関心を、エリアーデの亡命者としての問題意識を考慮に入れることなく、鉄衛団運動に直結させて解釈している。たしかにこれらの論者が指摘するように、エリアーデが鉄衛団運動の創始者コルネリウ・ゼレア・コドレアヌ（Corneliu Zelea Codreanu, 一八九九—一九三八）の思想に一定の共感を示したこと、また当時編集にたずさわっていた雑誌で鉄衛団運動を賞賛する文章を発表したことは間違いない（エリアーデと鉄衛団の関係については、本書第六章であらためて考察する）。エリアーデと鉄衛団運動の関係性を明らかにするための研究は、今後さらに進められる必要があろう。しかし、エリアーデが提示する「精神」概念のすべてを「ルーマニア・ファシズム運動」との関連において解釈することは、エリアーデ思想に対する多様な解釈可能性を失うことになると考える。

以下では、エリアーデがルーマニア・フォークロアから抽出した「精神」概念に関して、故国に対する罪責意識という視点から再考していきたい。まず次節において、エリアーデがルーマニアをあとにした一九四〇年から一九四八年の期間に家族へ宛てて書いた書簡を読解することにより、本研究がエリアーデの罪責意識とよぶものの特徴を明らかにする。

第三節　家族へ宛てたエリアーデの書簡

一九四〇年三月一五日にエリアーデの師ナエ・イオネスク（Nae Ionescu）が死亡すると、エリアーデは芸術文学協会の会長を務めていたアレクサンドル・ロセッティ教授（Alexandru Rosetti）に「ナエ・イオネスクが死んだいまとなっては、あなたをルーマニアに引き止めておくものはなにもありません……。あなたもご存知でしょうが、インド学もしくは宗教学の講座の設立は不可能です。〔中略〕。ロンドンのV・V・ティレア〔V. V. Tilea〕やマティラ・ギカ〔Matyla Ghica〕のそばでなら、あなたはここでより役に立つでしょう」[10]と告げられた。エリアーデは、ロセッティの言葉にしたがって、同年四月一〇日にロンドンにおけるルーマニア公使館の文化担当官として着任した。

友人のミハイル・セバスティアン（Mihail Sebastian、一九〇七―四五）に長くても一年半ほどでもどると告げていたように、ロンドンへの出発は非合法的な亡命を目的としたものではなかった。当時エリアーデは、家族とともにアメリカへ渡ることを考えていたようであり、一九四〇年八月二日付けの手紙からそのことが確認できる。

> 私はクライニク〔Crainic〕へ、私をアメリカへ送ってくれるようにとの電報を打ちました。いまは返答をまっています。〔アメリカへ行くことは〕最善の解決方法になると思っています。安全な状態に身をおくことになり、国のためにより効果的な仕事ができることでしょう。〔中略〕。愛するコリナ〔エリアーデの妹コルネリアの呼び名〕、もしアメリカへ着いたら私たちのところへきてください。母さんも連れて[11]。

しかしそのあと、イオン・アントネスク将軍がカロル二世を退位させて親ドイツ的政策を押し進めたために、イギリスはルーマニアと国交を断絶することになった。そのために、エリアーデはリスボンのルーマニア大使館に文化参事官として異動しなければならなくなり、一年半で帰国するという当初の計画に狂いが生じはじめた。また、この時期からルーマニアは、国内においては鉄衛団がテロ活動を開始し、外交面においてはソヴィエトと開戦したために、経済面においても安全面においても苛酷な状況におかれることになった。ポルトガルのカスカイスから出した一九四一年八月三日付けの手紙からは、家族を懐かしみつつその安否を気遣うエリアーデの心情を確認できる。

郵便で送ってくれた本を受け取りました。お手紙を添えてくれていなかったのでとても気落ちしてしまいました。コリナさえも、本を送ってくれる際に時々、数行書いてくれるだけです。もはや、私が送ったもののうち、なにが届いてなにが届いていないのかとおたずねすることはいたしません。というのも私は、常に――郵便か送達使によって――手紙を送っていますが、〔母さんたちの手紙では依然として〕イギリスの話がくり返されており、宛先まで〔私の〕手紙が届いていない印象があるからです。当地では、あらたな事柄はなにもありません。〔中略〕。生活はカスカイスでもリスボンと同じように、何事もなくすぎていきます。私たちの唯一の心配はあなたたちのことです。なぜ、コリナはソリン〔エリアーデの甥〕を連れて地方のどこかへ行かないのですか。私は経験から知っていますが、夜、空襲警報で目を覚ますのは気持ちのよいものではありません。あなたたちはより早くなれるでしょうが、私はソリンのことを考えています。〔中略〕。私たちの方には、嘆くことはなにもありません。ポルトガルは素晴らしく、安定した国だからです。生活費はとても高いのですが〔レウ〔ルーマニアの貨幣単位〕に換算すると発狂しそうです！〕、私はあなたたちもみな、望むように食事ができているかといつも考えています。[12]

翌年の一九四二年四月二五日付けのコルネリアへ宛てた手紙には、「心から祖国へ行きたいと思っていて、その計画まで立てたほどです……。しかし当面は、〔私が〕当地にとどまらなければならない理由をニーナが説明してくれるでしょう」[13]と記されている。この一節からは、おそらくエリアーデが帰国しようと試みて失敗したであろうことを推測できる。またこの手紙からは、家族の力になれないことを悔やみ、妹に弁解している記述も読み取れる。

私は、あのようなかたちでイギリスをあとにしたこと、そして労働と危機で費やされた一年がすぎたいまでも一九四〇年と変わらずに貧しくあることを残念に思っています。というのも私は、あなたや、とりわけ年老いた両親の力になれたら幸せだと思っていたのですから。しかし、あなたもご存知のように、運命は私に冒険の才能と精神〔geniu şi spirit de aventură〕をあたえたのです――ただし財はあたえようとはせずに。しかしいつの日にか状況が変わって、豊かになったならば、私はあなたたちのためになんでもするであろうということを覚えておいてください。(14)

一九四三年四月八日付けの手紙では、前節で取りあげた『ルーマニア人』の出版を家族へ知らせる記述とともに、祖国と家族を案じる記述が確認できる。

明日、ルーマニアの歴史に関するポルトガル語の私の本が書店にならびます。ポルトガル語においてもルーマニア人とルーマニア民族の歴史に関する本が存在するということは、やはり、私にとっては大きな喜びです。もし当地にさらに残ることになったなら、数ヵ月のうちに二冊目の本を出したいと思います。ニュースはこんなところです。生活は、ご存知のように、格別、よくも悪くもありません。常に祖国のことを考えており、われわれとともに神がいてくれるようにと考えています。(15)

翌年の一九四四年には、ルーマニアの戦況がいよいよ厳しいものとなり、八月にアントネスクが退位してルーマニアは連合国軍に降伏することになる。同年四月二九日付けの手紙からは、家族の安否を気遣いながらも半年後に死亡することになる妻ニーナのそばを離れることができないために、祖国や家族のためになにもできない自分を「罪人」(vinovat)という言葉で表現することにより恥じる記述が確認できる。

母さんと父さんに一筆書く唯一の機会を使わせてもらいました。私は三月付けのおふたりのお手紙を受け取りましたが、それからおふたりがどのようになされたかもはやわかりません。なによりも〔ブカレストへの〕爆撃がはじまって以来、私たちは心配でなりません。四月四日の爆撃の恐ろしさを知って、ジザ〔ニーナの連れ子〕からみなが無事であるという電報を受け取るまでは息が詰まる思いでした。コリナとソリンは〔ブカレストから〕離れたのだと思います。前から申しているとおりに、みなもそのようにしてください。この手紙がおふたりのところへ届くことを願っていますが、みながブカレストをあとにしたかどうかを知ることができれば、もっと安心します。私たちは、とてもよくない生活を送っています。ニーナは三ヵ月、坐骨神経痛の病気であり、四月にはそこに胃の病も加わってしまいました。私たちは、国でみなに必要とされるであろういまこそ帰国しようと決めていました。しかし鉄道での連絡はハンガリーで途切れて、飛行機では衣服ももっていけません。すべてを当地においていくということは、ロンドンで一度体験したように、裸同然の状態でいることになります。したがって、非常に困難ではありますが、しょうがなく当地に残っています。〔中略〕。当地の外国人たちのあいだでは、意気消沈や陰気な考えが本当に苦しみとなっています。私は自分を、この時期に国へもどらず、ほかのみなが責務をはたしているなかではたしていない罪人であると思っています。目下の時期において、ポルトガルでのわれわれのプロパガンダは、以前のような満足感をもたらしません。祖国から、そして家族から遠く離れてこのような悲劇的な出来事に襲われてしまったことをとても残念に思います。私は航空便によって、古い住所へ宛ててですが、手紙を書き続けるつもりです。あなたたちがブカレストを離れたとしても、手紙が届くことを願っています。とりわけ、コリナとソリンがどうしたのかということを知りたいのです(16)。

終戦をむかえた一九四五年になると、ルーマニアではソヴィエトによる統治が本格的に開始された。旧政権の文化参事官を務めたエリアーデは、祖国へもどることができずに、同年九月一六日にフランスへ亡命せざるを得なくなった。亡命してからおよそ一年後の一九四六年八月二〇日付けの手紙からは、ソヴィエト統治下のルーマニアの現状に対するエリアーデの反発とルーマニア人として誇り高く生きていこうとする決意を確認できる。

私はすべての時間を、文学の活動と作品によって生活していけるようにと働いています。フランス学院〔Instrucție Francez〕が、よい給料でソルボンヌにての三年契約で私を雇いたいといってくれました。しかし学院の学長が、現在パリにいる〔ルーマニアの〕大臣ストイロヴ〔Dl. Stoilow〕のところへ行って、ルーマニア政府は〔エリアーデを雇うことを〕承諾してくれるかとたずねると、ストイロヴは私のような人間がソルボンヌに招かれることは適切ではないといって否定的な返答をしました。このようなことがおきるのは宿命でした。なにしろ私たちはルーマニア人なのですから！〔中略〕。私はいままで、国籍を捨てるようにとの誘いを誇りをもって断ってきました。たとえ〔現在の〕ルーマニアの公的な代表者たちが私をたえ間なく攻撃するとしても、私は祖国に忠実であり続けようと思っています。幸いなことに、神は私にいかなる攻撃にも抗する無限の忍耐力と鋼の反抗心をあたえてくれたのです。(17)

また一九四八年三月九日付けの手紙においては、たとえ遠方からでもソヴィエト政権下におかれている家族の力になんとかしてなりたいと願うエリアーデの心情を確認できる。

私は、ふさわしい好機を期待していたために、お知らせしていなかったいくつかの研究を出版しました。同封した文書にしたがって、私のべつな文化的活動の側面もみてください。私は、どうすればおふたり〔父と母〕の助けになるのか、おふたりのためになにができるのかと考えています!?　当面、母さんにお願いしますが、事務机と蔵書を除いて、私の家具はすべて売り払ってください。おそらく少しのお金にはなるでしょう。私は、私の著書をどのように選別して、どの本が売れるのかという提案をするために、ティク〔Ticu, エリアーデの義弟〕に手紙を書きます。もっとあとになれば、母さんたちの助けとなるべつの可能性もでてくるでしょう[18]。

以上、一九四〇年から一九四八年の期間における家族宛てのエリアーデの書簡を確認した。これらの手紙からは、祖国や家族から離れてしまったことによる喪失感と、苦難に直面している家族の力になることができない罪責意識を読み取れる。このような状況におかれたエリアーデが、歴史的苦難に抗するルーマニア民族の「精神」を『ルーマニア人』において提示した目的は、ルーマニア・ファシズム運動を称賛することなどではなく、歴史的苦難に抗う伝統的ルーマニア人の姿を提示することで祖国に残った人間の助けになんとかしてなりたいということではなかったであろうか。そして亡命後におけるエリアーデのそのほかの活動も、祖国ルーマニアに対する贖いとしてはじまったものなのではないであろうか。この仮説が妥当であるならば、従来、普遍性・一般性を志向するものとして解釈されてきたエリアーデの宗教研究も、ルーマニア人としての生き方に徹底してこだわった特殊かつローカルな問題意識を踏まえて再考する必要がある。

以下ではこの仮説の妥当性を検討するために、一九四九年に出版された論文「ロシア化」("Rusificare")、そして同年五月に出版された『永遠回帰の神話』を「精神」概念に着目しながら読解したい。ほぼ同時期に発表されたこれらふたつの作品は、ルーマニア人亡命者組織における活動と宗教学者としての活動というエリアーデにとっての重要な文化的営為による代表的成果であり、亡命者としての思想と宗教学者としての思想がとりわけ明確に示されているためである。

第四節　贖いとしての創造的活動――「ロシア化」と『永遠回帰の神話』

一　ルーマニア人亡命者組織におけるエリアーデ

エリアーデは一九四五年にフランスへ亡命したあと、ルーマニア人亡命者組織の設立を経済的に支援していたニコラエ・ラデスク将軍の参謀役であったブルトゥス・コステらと協力することによって、ルーマニア人亡命者組織の設立と運営に尽力し、それらの機関誌に論説や小説を掲載していた。「ロシア化」は一九四九年に亡命者組織の機関誌『ルーマニア同盟』(*Uniunea Română*)に掲載された政治的論説であり、そこには亡命者としてのエリアーデの主張が明らかなかたちで示されている。

「ロシア化」の冒頭においてエリアーデは、「祖国において実現されつつある最新の文化的規制は、占領者のより顕著な非民族化政策(politica de deznaţionalizare)を明らかにしている。今回の政策では、一九四九年の春までフランス語で出版することが黙認されてきた最新のいわゆる学術的出版物が廃止されることが勧告されたのだ」(19)と述べている。そしてエリアーデは、ソヴィエトがルーマニアの文学や哲学だけではなく言語に対してまで干渉することで、ルーマニアの伝統文化をロシア化しようとしている現状を素描している。エリアーデによれば、ルーマニアの伝統文化を根絶しようとするソヴィエトの試みは政治的問題のみならず、歴史的苦難に直面しているルーマニア民族の存亡に関わる文化的、民族的問題でもあった。

ルーマニアの精神的エリート層〔elitelor spirituale〕の排斥と文化伝承の排斥に取りかかる〔ソヴィエトの〕暴力性と迅速さは、マルクス主義的弁証法によってではなく、地理的、歴史的宿命によって説明される。ロシアは、なんとしてでも適切な時期に、歴史上の嵐に抗してルーマニアの民族や言語、文化を意味してきたラテン・西欧の生き生きとした深い根の存在を根絶する必要があるのだ。彼らにすれば、雑種の民族や歪んだロシア語、そしてソヴィエト・ルーマニア文化〔sovromcultură〕を即興でつくりあげなければならないのだ。〔中略〕。すなわち、言語を変えて、魂〔suflet〕を阻害して、文化を取り換えようとする試みは、広島の原爆よりも深刻なものであり、ロシア化は「精神」に対する罪〔o crimă împotriva spiritului〕なのである。なぜならば、このような暴挙は、民族全体を混成物へと、価値がなく卑屈な雑種へと変えることで不毛なものとすることになるからである……。[20]

この引用文でエリアーデは、ソヴィエトによる非民族化政策の脅威を「「精神」に対する罪」という言葉によって表現している。ルーマニア民族の「精神」とは、前述したように、ルーマニア民族が歴史的苦難をたえ忍ぶために必要不可欠なものであった。ソヴィエトが着手した非民族化政策とは、その「精神」の源泉であるルーマニアの諸文化を破壊するものであるがゆえに、ルーマニア民族の存亡に関わる重大事とエリアーデはみなしたのである。

　ではエリアーデは、ルーマニア民族の「精神」を社会主義政権による非民族化政策から防衛するためにいかなる方法を提示したのであろうか。エリアーデは以下のように述べる。

「プロパガンダ」は必要ではない。〔中略〕。なぜならば、占領者がまず第一におそれるものは真実であるからだ。ロシアの領域と西欧の領域のあいだに立ちふさがるすべての障害は、真実が伝播することをとどめることを一番の目的とする。ソヴィエトの帝国主義的秘術のすべては、ソヴィエトの人びとがあらためて真実の知識を得た瞬間に崩れ落ちる危険があるのだ。しかしこのようなルーマニア固有の言語、歴史、諸文化についての公的な客観的情報がなくても、ロシア化に抗する唯一の有効な手段は、国境を越えたルーマニアの創造的諸活動を継続すること〔continuitatea activității creatoare〕である。私は、ほかの機会に、その大多数が大学を卒業したばかりの若手である〔国境を越えた〕数百人のルーマニア知識人たちの使命がどれほど重いものであるのかを示した。なぜならば彼らは、ここ異国において、祖国の牢獄で身動きできなくなったすべての文化的エリートたちの仕事や創造をはたさなければならないのである。〔中略〕。占領者が推進するまがい物の文化的価値に対しては、ただひとつの応答以外にはあり得ない。すなわち、ルーマニアの真の文化的諸価値を増大させるのである。[21]

この引用文から、ルーマニア人亡命者の役割とは、社会主義政権の支配下におかれている同胞たちに代わってルーマニア民族の「精神」を枯渇させないための文化活動を展開することによって、歴史的苦難をたえ忍ぶ手段を民族に残すことであるというエリアーデの主張を確認できる。この主張を踏まえると、エリアーデがなした「精神」に関する「創造的諸活動」、すなわち宗教学的営為と文学創作も、歴史的苦難に抗する「精神」をルーマニア人のために残すことを目的としたと考えられる。

二　宗教学者としてのエリアーデ

歴史的苦難に抗する「精神」という主題は、「ロシア化」と同年に出版された『永遠回帰の神話』においても取りあげられている。『永遠回帰の神話』は、前章でも述べたように、宗教学者エリアーデの名を世界に知らしめた代表作であり、そのあとにおけるエリアーデの研究活動の多くはこの『永遠回帰の神話』によって提示した見解に立脚しているといっても過言ではない。

前章で確認したように、本書は四章によって構成されるが、最初の二章はそれぞれ「始源型と反復」、「時間の再生」と題されている。そこでは、文字どおり古今東西のさまざまな資料を用いることで、前近代社会における思考方法は真実性にみちた神話的な「かの時に(in illo tempore)」あらゆる事物の価値の源泉を求めるものであり、歴史上の具体的な現象は「かの時に」おこった出来事の反復であるかぎりにおいて実在性を獲得するということ、そして「アルカイック」な文化圏は実在性を獲得するために「かの時に」周期的に回帰する宗教的営為をなすことで、可逆的な時間観を有していたことが論じられている。

続く第三章「不幸と歴史」では、非近代西欧的な可逆的時間観が崩壊して直線的な不可逆的時間観が台頭してきた経緯が述べられ、第四章「歴史の恐怖」では直線的な時間を重視する歴史主義との関係においてヘーゲルの歴史哲学やマルクス主義、ユダヤ教、キリスト教について論じられている。歴史的苦難に抗する「精神」が主題化されるのは、この後半二章においてである。

エリアーデによれば神話とは荒唐無稽なつくり話ではなく、それには人間の今日の状況——死を免れず、性別を与えられ、社会を構成し、生きるために働かなければならない状況——の由来を明らかとし、それらをひとつの確固たる世界秩序として統合する機能がある。神話はとくに、日常生活が苦難によって過度に脅かされないようにするために、苦難の経験に明確な意味や存在理由を付与して日常生活を「筋のとおった」ものにする役割をはたす。そしてエリアーデは、神話に基づく歴史的苦難の正当化というこのような営為は、現代世界においても存続していると主張する。

われわれは、歴史に対する防衛というこの伝統的な観念、歴史的出来事をたえ忍ぶ方法は、ごく最近まで世界中において優勢であり続けたということをつけ加えておかなければならない。そしてこの観念は、今日においても依然として、頑強に非歴史的立場にとどまっており、その事実のゆえにすべての革命的イデオロギーからの激しい攻撃にさらされているヨーロッパの農耕的(=伝統的)社会の慰めとなっていることもつけ加えておかなければならない。(22)

「アルカイック」な思考に基づく歴史的苦難の正当化が現代世界においても存続する理由のひとつとして、エリアーデは西欧中心的な歴史解釈によっては歴史的苦難を正当化し得ない人間が存在することをあげている。エリアーデは、故国ルーマニアが位置する南東ヨーロッパがたどってきた歴史に言及しながら、以下のような疑問を投げかける。

われわれはたとえば、〔歴史上の〕単純な理由によって、受難し〔歴史上から〕姿を消してきたかくも多くの民族が、いかにその苦しみと滅亡をたえ忍びかつ正当化することが可能であるのか、知りたいと思う。〔彼・彼女らが受難した〕その単純な理由とは、彼・彼女らが歴史上重要な通路に位置したり、たえず拡張を続ける帝国の隣国であるということなどである。たとえば、南東ヨーロッパが、アジアからの侵略者たちの、あとには隣国のオスマン帝国の侵入経路に位置したという単にそれだけの理由で、幾世紀にもわたって受難しなければならなかった――そしてそれゆえに、より抜きん出た歴史的な存在になろうとするあらゆる衝動、また、普遍的な水準における精神的創造〔la création spirituelle〕をも断念せざるを得なかった――という事実を、いったいどのようにして正当化できるであろうか？　そして現在、歴史的圧力がもはやいかなる逃避も許さなくなっているとき、人びとは、歴史の破局と恐怖――国外追放、大量殺戮から原子爆弾まで――を、かりにそれらを乗り越えたとしてもなんのしるし〔signe〕、なんの超歴史的意義も見出すことはなく、またかりにそれらが単なる経済、社会、もしくは政治の力の無分別な働きにすぎないにせよ、あるいはもっと悪いことに、ほんの少数者が世界史の舞台において直接の力を振るう「自由解放」の結果であるにすぎないにせよ、いかにしてたえてゆくことができるであろうか？(23)

歴史は力をもたざる者に対して、無情に働きかける。政治権力をもたない場所に生きる人間は、政治的強者による支配のもとで生活することを余儀なくされる。エリアーデは、このような場所に生きる人間が歴史的苦難にたえてくることができたのは、神話的見地に基づく苦難の正当化を行なってきたことによると主張する。「われわれの意見は、以下のただひとつの事実である。すなわち、かかる見地〔神話的見地〕によって、幾千万の人びとが幾世紀ものあいだ、絶望におちいることなく、自殺することなく、同時に常に歴史の相対主義的、虚無主義的見解にともなう精神的枯渇〔sécheresse spirituelle〕におちいることなく大きな歴史的重圧をたえ忍んできたという事実である(24)」。

エリアーデが「国外追放」、「大量殺戮」、ごくわずかの少数者が権力を振るう「自由解放」という言葉を用いたときに念頭にあったのは、故国ルーマニアとそこに残してきた家族がおかれた現状ではなかったであろうか。そして、エリアーデが「精神的枯渇」という言葉を用いた際には、「ロシア化」において述べられていた「「精神」に対する罪」、すなわちルーマニア民族の「精神」が根絶の危機にさらされている事態が念頭にあったと考えられるのではないであろうか。

これらの記述を踏まえるならば、『永遠回帰の神話』とは、今現在、歴史的苦難のもとにおかれている人間の救いとなることを意識してひとりの宗教学者がつくりあげた、思想的抵抗としての作品であると考えられる。

後年、エリアーデは「精神」を宗教の非還元性を論じる際にしばしば用いた。たとえば、一九六五年に執筆され『宗教の歴史と意味』に収録された「宗教学の危機と更新」は、宗教学・宗教学者が現代世界でになうべき文化的役割について論じた論文である。エリアーデによれば、宗教学者は、個別宗教研究者や西欧哲学史家、インド学者、人類学者などとは異なり、時代や地域を横断して「太古から現代までの人間と聖なるものとのあらゆる種類の出会い」[25]を解読し、人類の歴史の底流にある「精神の一体性」(spiritual unity)[26]を見出すことが可能である。そのことは、未開、始源的とよばれる文化が異質なものではなく、ヨーロッパ世界と共通の文化的土台に立っていることを示すという。

> アフリカやオセアニア、東南アジアがわれわれに向かって開いている精神世界〔the spiritual universes〕を文化的にどのようにわがものとしたらよいのであろうか？　これらの精神世界はどれもある宗教的起源と構造をもっている。もしわれわれがそれらに宗教的視点によらず接近するならば、それらは精神世界としては姿を消してしまうだろう。つまりそれらは、社会組織、経済体制、植民地時代以前と植民地時代の歴史の各時期といった諸事実に還元されてしまうだろう。言葉を換えていえば、それらは精神的諸創造〔spiritual creations〕として把握されることはないということ、したがって西洋と世界の文化を豊かにすることはなく、それらはひたすら、文書保管所のなかで分類され、電子計算機にかけられることをまっているすでにして膨大な数になっている資料の蓄積に役立つだけで

あろう。(27)

この引用箇所からは、非ヨーロッパ世界の「精神」を把握・読解することは宗教学者のみに可能な作業であるというエリアーデの主張を読み取れる。エリアーデは「精神」に関して、宗教を還元不可能な現象として特徴づける要因のひとつと考えたといえる。

宗教学者こそが宗教現象における「精神」を解読し、西欧文化の刷新にとりくめるという主張は、緒言で確認したように、客観的な学問的文言とはみなしがたい独断的主張と批判されてきた。本章では、独断的とみなされるこの主張と亡命者としての使命感の関連性について、仮説的見解を示すことで締めくくりたい。

上記の引用箇所に続き、エリアーデは諸地域の精神世界は「目まぐるしく姿を変えつつあり、おそらくは消え去りつつあるかもしれない」(28)と述べる。姿を消しつつあるこの精神世界にルーマニア民族の「精神」が含まれるとは述べられていない。しかし、「ロシア化」や『永遠回帰の神話』で言及された、ソヴィエト連邦をはじめとする大帝国の侵略から防衛しなければならない東欧の精神世界を消え去りつつある「精神世界」のひとつに数えることは、エリアーデの意から大きくそれることではないと思われる。エリアーデの宗教理論と亡命者としての使命感との関連性を過度に強調することは本書の意図するところではない。しかし、第一章や本章で確認した、ルーマニア外に身をおく亡命者こそがルーマニア民族の精神世界をソヴィエトから防衛しなければならないという使命感は、宗教学者こそが消えつつある精神世界について語り続けなければならないという「独断的」主張へエリアーデを駆り立てた要因のひとつと考えられる。

第五節　小　結

既述のように、今日の宗教学においてエリアーデが提示する「精神」概念は、ルーマニアの民族主義運動との関連性が指摘されることで、厳しい批判にさらされている。しかし、一九四〇―四八年の期間に家族へ宛てて書かれた手紙や亡命者組織の機関誌に掲載された論説を読み解くかぎり、亡命直後のエリアーデは、鉄衛団運動に対する思想的共感を表明したいという願望ではなく、苦難に直面している家族や友人たちを直接助けることができない罪責意識から生じた、祖国や家族のために何事かをなさないわけにはいかないという贖いへの欲求にとらわれていたと考えられる。そして、エリアーデがそのような欲求にとらわれていた痕跡は、『永遠回帰の神話』という宗教研究の代表作においても見出すことができた。

　亡命者が祖国やそこに残してきた愛する人間に想いを馳せることは、ごく自然な行動であろう。しかし、従来のエリアーデ研究においてはこの当たり前の事柄に対して注意が向けられることがあまりにも少なく、彼の著書は、近現代世界すべてを読者対象とした普遍性、一般性を志向するものとしてのみ解釈される、あるいは、鉄衛団運動という特殊な運動と結びつけられて論じられるという極端な二極化の傾向において研究されてきたといえる。

　「精神」概念に関しては、エリアーデは戦前からこの語を使っているため、戦前と戦後におけるこの言葉の用例の異同についてさらに研究が続けられなければならない。しかし、書き記された言葉の背後に存在するエリアーデの思想は、エリアーデが直面した歴史的苦難や苦悩によって変化したはずである。生きる過程でさまざまな葛藤や苦悩におちいりゆれ動いたであろうエリアーデの思想そのものを明らかにすることは不可能であろうが、エリアーデが書き残した資料を読解することによって可能なかぎりそれに接近しようと試み続けることが、後代においてエリアーデを読む人間の責任であると考える。

（1）Eliade, "Românii, Latinii Orientului" in *Jurnalul Portughez şi alte scrieri, Volumul 2*, (Bucureşti, Humanitas, 2006), pp. 219–279.

（2）*Ibid.*, pp. 223–224.

(3) *Ibid*., p. 244.
(4) *Ibid*., p. 247.
(5) *Ibid*., p. 268.
(6) *Ibid*., pp. 269-270.
(7) Robert Ellwood, *The Politics of Myth: A Study of C. G. Jung, Mircea Eliade, and Joseph Campbell*, (Albany, State University of New York Press, 1999), pp. 87-89.
(8) Mac Linscott Ricketts, *Mircea Eliade: The Romanian Roots, 1907-1945, Volume 2*, (New York, East European Monographs, Distributed by Columbia University Press, 1988), pp. 927-928.
(9) 竹沢尚一郎編集『宗教とモダニティ』世界思想社、二〇〇六年、八六頁。
(10) Eliade, *Memorii 1907-1960*, (București, Humanitas, 1997), p. 334.　石井忠厚訳『エリアーデ回想(下)』未來社、一九九〇年、一一二頁。
(11) Eliade, *Europa, Asia, America…Corespondență Volumul 1, A-H*, ed. by Mircea Handoca, (București, Humanitas, 1999), p. 325.
(12) *Ibid*., p. 326.
(13) *Ibid*., p. 327.
(14) *Ibid*., p. 329.
(15) *Ibid*., p. 330.
(16) *Ibid*., pp. 335-336.
(17) *Ibid*., p. 340.
(18) *Ibid*., p. 343.
(19) Eliade, *Împotriva Deznadejdii: Publicistica exilului*, ed. by Mircea Handoca, (București, Humanitas, 1992), pp. 58-59.
(20) *Ibid*., pp. 61-62.
(21) *Ibid*., pp. 63-64.
(22) Eliade, *Le mythe de l'éternel retour: Archétypes et repetition*, (Paris, Gallimard, 1969), p. 159.　堀一郎訳『永遠回帰の神話――祖型と反復』未來社、二〇〇〇年、一八四－一八五頁。

(23) *Ibid.*, p. 169. 前掲書、一九四―一九五頁。
(24) *Ibid.*, p. 170. 前掲書、一九六頁。
(25) Eliade, *The Quest: History and Meaning in Religion*, (Chicago and London, The University of Chicago Press, 1969), p. 58. 前田耕作訳『宗教の歴史と意味』せりか書房、一九九二年、一〇八頁。
(26) *Ibid.*, p. 69. 前掲書、一二四頁。
(27) *Ibid.*, pp. 70-71. 前掲書、一二六―一二七頁。
(28) *Ibid.*, p. 71. 前掲書、一二七頁。

第三章　亡命者エリアーデの思想におけるエリアーデ宗教学

第一節　問題の所在

本章は、エリアーデの宗教学的概念をルーマニア人亡命者組織における言論活動と重ね合わせることによって再考するものである。とくにここでは、「宇宙的キリスト教」や「遊牧民的宗教」といったエリアーデ宗教学の諸概念が、ルーマニア人亡命者たちに対して偏狭な民族主義におちいることを戒める批判的概念として提示されたことに注目する。そのことにより、亡命者組織に参与していた人間を読み手とした場合に想定されるエリアーデ宗教学の解釈を提示することが本章の目的である。

前章で確認したように、エリアーデは一九四五年にフランスへ亡命したあと、ルーマニア人亡命者たちが連帯することによって祖国の民族文化を社会主義政権の文化破壊から防衛する必要性をさまざまな論説において説いていた。その一方でエリアーデは、ルーマニア人亡命者の共同体が偏狭な民族主義運動におちいることを危惧し、ルーマニアの民族文化をより広汎な文化的展望と結びつける道筋を提示しようと試みた。その試みにおいて重要な概念として提示されたのが、「宇宙的キリスト教」や「遊牧民的宗教」といったエリアーデ宗教学の諸概念であった。エリアーデは、宗教学者としての立場にあり続けながら社会主義政権に対する抵抗運動を展開したといえる。

なぜエリアーデは、自身の宗教学的概念を亡命者組織での言論活動においても使用したのであろうか。意図的に、宗教学的概念に政治的役割を付与した目的とはいかなるものであったか。本章はこの問いに対して、エリアーデの宗教理論は、ルーマニア人亡命者に連帯をよびかける自身の言葉が自民族文化の存続のみを目的とする偏狭な民族主義運動を誘発する危険を回避するための抑止力としての役割、あるいはルーマニアの民族文化をより広い文化的展望へ結びつけるための道標としての役割をになったという仮説を提示し、その妥当性に検討を加える。

なお、考察を進める前に、エリアーデ研究史における本章の試みの位置づけについて確認したい。現在、特定の地域や時代から離れて普遍的現象としての「宗教」を主題化するエリアーデの方法論は、「宗教」を近代西欧に誕生した特殊な言説として理解する研究者たちによって厳しく批判されている。とりわけ、エリアーデ宗教学が有する規範性や政治性にルーマニア民族主義運動との親和性を見出そうとする研究が盛んに行なわれている。たとえば、前章で確認した竹沢尚一郎は、エリアーデの聖概念について、それは先験的・非合理的に措定されているゆえに科学としての宗教学的概念ではなくそれ自体が宗教的な観念であると批判して、エリアーデ宗教学とファシズム運動との親和性を指摘した(1)。

このような動向に対して本章は、エリアーデ宗教学を、ルーマニア人亡命者を受け取り手として想定した政治性をおびた言論体系とみなす立場をとる。その場合に考察しなければならないのは、エリアーデ宗教学が政治的規範性を帯びているか否かという問題ではなく、その政治性が受け取り手によっていかに受容され解釈される可能性があったかという問題、さらに、受け取り手によってどのように解釈されることをエリアーデが目指したかという問題である。

以上の問題に取り組むために、以下ではつぎの手順にしたがって考察を進める。(1)まず、ルーマニアの民族的「精神」に基づく文化共同体を亡命者のあいだに創設しようとするエリアーデの主張について、『明星』(*Luceafărul*)の「序文」("Cuvînt de Început")と「絶望に抗して」("Împotriva deznădejdii")を読解することにより確認する。(2)ルーマニア人亡命者たちが偏狭な民族主義におちいることを回避するための批判的概念として「宇宙的キリスト教」と「遊牧民的宗教」といった宗教学的概念が用いられたことを、「ヨーロッパと鉄のカーテン」(“Europa şi Cortina de fier”)と「ルーマニア文化における普遍的伝統」(“Tradiţii universaliste în cultura românească”)を読解することにより確認する。(3)2における考察を踏まえながら、エリアーデの宗教学的著作における「宇宙的キリスト教」と「遊牧民的宗教」に関する再解釈を試みる。

第二節　ルーマニアの民族的「精神」に基づく文化活動の提唱

既述のように、エリアーデは一九四五年にフランスへ亡命するとただちに、ラデスク将軍やブルトゥス・コステらと協力することで、ルーマニア人亡命者組織の設立に着手した。(2) エリアーデとクリアーヌの『往復書簡』を編集したダン・ペトレスク(Dan Petrescu)は、亡命直後のエリアーデの活動について以下のように述べている。

エリアーデはポルトガルからパリへ到着するとただちに、政治的な代替案として、〔ルーマニアからの〕亡命者たちの文化的結束を固めることを試みた。そのことは戦後の回想録や日記などのほかの箇所でも同じように述べられているが、簡潔にいうとつぎのようである。エリアーデの計画は、(一九五三年にニューヨークで死亡した)ラデスク将軍を中心に団結しようというものであった。その計画は、「ミハイ・エミネスク文化協会」の設立によって、また短期間ではあるがラデスク将軍によって経済的に支えられた雑誌『明星』、さらに皇太子ニコラエがパトロンであるパリの「ルーマニア研究センター」の一九四九年の設立によって具体化された。〔中略〕。この計画を実行に移すためにエリアーデは、フランスやアメリカ合衆国、南アメリカ、ドイツ、スペインなどにいたルーマニア人亡命者たちの諸集団における諸個人の意見の相違を超えて進んでいくことを考えていた。(3)

エリアーデは、自身が設立と運営に関わった亡命者組織の機関誌において数多くの論説や小説を掲載した。エリアーデが編集主幹を務め、ラデスク将軍の資金によってパリで刊行された『明星』には、エリアーデの短編小説『巨人』(*Un om mare*)や『弟思い』(*Fratele Risipitor*)が発表された。この『明星』の創刊号にはエリアーデによる「序文」が掲載されたが、そこには、異国に身をおく亡命者が、祖国に残った同胞たちに代わって社会主義政権に抗する文化活動を展開するべきであるという組織の理念が明記されている。

ルーマニアの文学と文化のこのような仮死状態は、もちろん、その運命により祖国をあとにした幾人かの作家によって蘇生できるものではない。しかしながら異国にいる少数の作家たちは、祖国の作家がずっと前に手放してしまったものを手にしている。それは、文学を書いて出版する自由である。〔中略〕。われわれの美的規準がいかに不揃いなものであれ、各々の作家たちはつぎのことを信じている。すなわち、歴史を逆行させてはならず、ヨーロッパやルーマニアの知識人たちが死に物狂いで手にした思想の自由や表現の自由を手放すわけにはいかない、またわれわれが生きている歴史的時代は革命的時代であり、その革命〔の遂行〕は検閲やテロリズムによって妨げられるものではない、ということだ。〔中略〕。〔われわれは〕胸せまる想いで、ルーマニアの民族的精神〔spiritualā a neamului românesc〕を制圧するおそろしい戦略のすべての局面について読者に知らせなければならないであろう。(4)

同様の主張は、一九五〇年に『ルーマニア同盟』に掲載された「絶望に抗して」においても確認できる。「絶望に抗して」は、社会主義政権から逃れて西欧に亡命してきたがルーマニア人亡命者同士の政治的対立を目の当たりにして絶望した若者にエリアーデが語りかけるという形式で書かれている。エリアーデは、亡命者同士の政治的対立から逃れるために極東へ向けてふたたび旅立ちたいという手紙をある若者から受け取った。エリアーデは、自由を求めて亡命したルーマニア人がさきに亡命していた同胞たちの政治的対立を目の当たりにして幻滅する事例が増えていることを事実と認めながら、「深刻かつ重大であるのは、懐疑や不信、恨みといった雰囲気がしだいに亡命者全体に広がりつつあるという事実である。われわれ各々の義務は、われわれの魂の統一〔unităţii noastre sufleteşti〕を脅かす雰囲気に対して闘いを挑むことである」(5)と述べて、ルーマニアの民族的「精神」の統一を防衛するための文化的闘争を展開することが不可欠と述べる。そしてエリアーデは以下のように書き記している。

あなたは若く、祖国での闘いで鍛えられ、占領者の戦略や武器を熟知してきた。すなわちあなたは闘いを続ける義務があるのだ。あなたのまわりの騒動が不愉快ならば、目を閉じて離れていればよい。あなたと、あなたと同世代のすべての若者は、誇大な幻想に翻弄されるよりもべつな使命をもっている。あなたは祖国の者たちが実行できないこと、実行できなかったこと、つまり創造することを行なわなければならないのだ。創造するとは、著書を執筆したり、芸術作品を構想したり、哲学体系を構築したりといったことをただちに意味するのではない。創造するとはなによりも、これからの人間を育むわれわれルーマニアの精神的価値〔valori spirituale〕を、あなたの意識のうちに見出すことである。われわれは古い世界の崩壊に立ち会っている。そしてわれわれのうちの幾人かは、これから誕生する世界の夜明けを目にしながら生きることであろう。いまからあなたは、そのあたらしい世界に明日のルーマニアをどのように統合させたらよいのかを考えなさい。ほかのことは些細な事柄なのだ……(6)。

この引用文からは、ルーマニアの民族的「精神」を意識のうちに見出すことによって、ルーマニア民族の存続をかけた文化的闘争を展開することが亡命者にとって最重要の課題であるというエリアーデの信条を確認できる。

しかしながらエリアーデによるこれらの主張は、自民族やその文化の存続のみを目的とするものであり、過激な民族主義運動を助長する危険性を有すると解釈することもできるであろう。そうであるならば、エリアーデの思想に民族主義運動との親和性を読み取る批判者の見解は妥当であることになる。

第三節　民族主義に対するエリアーデの批判

前節では、『明星』の「序文」と「絶望に抗して」を読解することによって、社会主義政権へ抗するためのルーマニア人亡命者組織の創設を提唱するエリアーデの政治的見解を確認した。そこにおけるエリアーデの主張は、「ルーマニアの精神的価値」を核としてルーマニア人亡命者に連帯をよびかけることに力点がおかれたために、自民族中心的な民族主義的思想として解釈される危険性を有す。いずれにしても、これらの論説から読み取れるエリアーデの思想は、さまざまな時代や地域の文化に目をくばり、それらの根源に存在する普遍的な「宗教」の提示を試みた宗教学者エリアーデの言論とは相容れないものに思える。

しかし本節では、「絶望に抗して」からの引用文において、「いまからあなたは、そのあたらしい世界に明日のルーマニアをどのように統合させたらよいのかを考えなさい」と述べられていたことに注意を向けたい。この一文は、自国の文化を社会主義政権からただ防衛するのではなく、より広い文化的展望と結びつける必要性を説く文言として解釈できるのではないであろうか。そしてこの主張は、ルーマニア人亡命者たちに団結をよびかける自身の言葉が過激な民族主義運動を誘発することの抑止を目的としたと考えられるのではなかろうか。本節では、一九五二年に『論壇』(*Tribuna*)で発表された「ヨーロッパと鉄のカーテン」と一九五九年に『ルーマニア』(*România*)で発表された「ルーマニア文化における普遍的伝統」における、民族主義を批判するエリアーデの政治的主張を読解することにより、この仮説の妥当性に検討を加える。

一　「ヨーロッパと鉄のカーテン」における「宇宙的キリスト教」

「強大な文化の地方的偏狭主義ほどに不快なものは存在しない」(7)という書き出しではじまる「ヨーロッパと鉄のカー

テン」において、エリアーデはヨーロッパ文化の重層性を主題としている。すなわちヨーロッパの文化は、さまざまな地域文化の衝突と融合によって、さらに、ロシアやビザンツ、西アジアから東ヨーロッパを経由してもたらされた文化や経済を受容することによって形成されてきた。しかしヨーロッパにおける諸民族は、外界からもたらされた事物をただ受容するだけではなく、そこに自分たちの文化的要素を加えることによってあらたな文化を創造してきたとエリアーデは主張する。エリアーデによれば、未知の文化にあらたな価値を付与して統合するこの過程において重要な役割をはたしたのがキリスト教であった。

私にはきわめて重要なものに思われるのであるが、キリスト教によってもたらされた精神的作用〔acţiunii spirituale〕のあまり目立たず知られていない様相が存在する。それは民間の宗教的伝統の「公認化」〔omologarea〕とでも名づけられるものだ。キリスト教の聖人伝によって、トラキアからスカンディナヴィアまで、またタゲからニップールまでの無数の地方信仰が「この母体につけ加え」られたのだ。それらの「キリスト教化」によって、全ヨーロッパの神々や礼拝所は共通の名称を受け取っただけでなく、ある意味で固有の始源型、つまり彼らの普遍的性質を再発見することになったのである。〔中略〕。キリスト教が浸透するまでは地方的、局所的であった民間伝承は、エキュメニカル〔ecumenică〕なものになった。キリスト教の文化的役割は、とりわけ、たくさんの農村民たちに共通の神話的言語をつくり出したことにより、非常に大きなものであった。農村民たちは、大地に根ざしたすべての社会がそうであるように、保守的で、古来からの彼ら固有の伝統のなかで孤立して石化してしまう危険があった。「キリスト教化すること」によって、非常に古いヨーロッパの宗教的伝承は純化され質が高められただけでなく、人間性のあらたな精神的段階〔noii etape spirituale a umanităţii〕へ移行することができたのである。その精神的段階は、前キリスト教的な人びとの習慣や信仰、希望から「脱する」価値のあるものであった。キリスト教には、今日においても、新石器時代に由来する民間の儀礼や信仰が残存している〔supravieţuiesc〕。たとえば

“coliva morţilor”〔funeral wheat porridge，葬式や命日にくばる小麦粉と胡桃でできた菓子〕[8]。たしかにほかの諸宗教も先行する諸伝統を同化することで存続させてきた。しかしながらキリスト教の功績はより大きい。なぜならば、キリスト教は大陸全体の宗教的遺産を保存することで、それらを再評価すると同時にみずからのうちに組みこんだのであった[9]。

キリスト教におけるこのような文化統合機能は、イスラームなど異民族の侵略によって途絶えることなく、ヨーロッパの歴史を貫いて今日まで存続しているとエリアーデは主張している。

ヨーロッパ文化の重層性とキリスト教の文化統合機能に言及したあと、エリアーデは、現在のヨーロッパを東西に分断している鉄のカーテンの問題へ論を展開する。エリアーデによれば、鉄のカーテンは今日の政治的状況による政治的産物にすぎず、異なる文化が互いに影響をあたえ合うことで成立しているヨーロッパ文化の重層性を断ち切れるものではないという。

> ヨーロッパのさまざまな感性のうちにある多様性や両立不可能性、さらに対立はふたつのブロック、すなわち東ブロックと西ブロックのいずれかへの仮説的な精神的所属〔ipotetica apartenenţă spirituală〕ということでは説明できない。多様性、差異はヨーロッパの風習をなしているのだ。われわれの大陸は、いかなる見地においても、一枚岩ではない。状況や言語、詩、哲学的方向性はたえず、国から国へ、地方から地方へ移ろいでいる。〔中略〕。鉄のカーテンの方針について述べるならば、それはある種の力関係と一致するが、それ以上のものではないと理解できる。いかなる場合にも、鉄のカーテンが〔資本主義諸国と社会主義諸国という〕ふたつの「世界」、ふたつの生活様式、ふたつの対立している哲学を切り離しているなどとはいえないのである[10]。

ヨーロッパ地域で生活を営んできた民族は、異なる文化を相容れないものとして排除するのではなく、相互に影響をあたえ合うことによってあらたな文化形態を創造し続けてきた。それゆえに、今日のヨーロッパに身をおく人間は互いに理解可能な文化的基盤を有しているはずであり、鉄のカーテンなどがこの文化的基盤を分断できるはずがないとエリアーデは主張する。そして、ヨーロッパ文化の基層が諸文化の活発な交流により成り立つことを自覚することによって、鉄のカーテンがもたらす政治的分断を乗り越える必要性をうったえる。

> 民族や地域に特有の差異や対立、両立不可能性、非還元性はたしかに存在している。それらはヨーロッパの宿命であるのだから。すなわち〔それらがあるからこそヨーロッパに生きる人びとは〕差異化し、分離し、対話しようとするのだ。しかしこのような差異とともに、新石器時代からキリスト教、科学的思考の曙にいたるまでヨーロッパの神話や真理によって育まれかたちづくられた精神性〔spiritualitate〕であるヨーロッパ精神性そのものの礎〔fondul însuşi al spiritualităţii europene〕は、この上なく重要なものとしてあらわれている。昨日の、また今日のヨーロッパをかたちづくっている数え切れないほどの対話が、結局、われわれは同じ言葉を話している、そして、同じ言葉を話す自由をもっているということを証明しているのである。[11]

これらの引用文を含む「ヨーロッパと鉄のカーテン」がルーマニア人亡命者組織の機関誌『論壇』において掲載されたことを考慮すると、エリアーデは、冷戦によるイデオロギーに翻弄されて安易に政治的対立に参与することを戒め、政治的対立を超える文化的統一性へ注意を向ける必要があることを、キリスト教の文化統合機能を論じることによって亡命者にうったえたと考えられる。

二　「ルーマニア文化における普遍的伝統」

文化の重層性に着目することで政治的対立を乗り越えようとする主張は、「ルーマニア文化における普遍的伝統」においても確認できる。本論説においてエリアーデが重要な概念として提示したのは、ルーマニア民族が有する遊牧民的精神構造(structura spiritualității pastorale)である。

本論説の冒頭にてエリアーデは、いかなる文化も民族的、地域的特殊性を重視する傾向と、普遍的、間文化的価値観を重視する傾向というふたつの潮流を有すると述べている。ルーマニアの文化においては、前者はミハイ・エミネスク(Mihai Eminescu)やN・イオルガ(N. Iorga)によって代表され、後者はI・L・カラジアレ(I. L. Caragiale)やE・ロヴィネスク(E. Lovinescu)によって代表されるという。エミネスクに代表される民族的、地域的特殊性を重視する文化的潮流は、ルーマニアが古来から有してきた農耕的精神構造(structura spiritualității agricole)に対応するとエリアーデは述べる。農耕的精神構造とは、ルーマニア文化は「その精神的母胎〔matricea ei spirituală〕から引き離されるとすぐに真実性と独創性を失って」しまうゆえに「農村の風景やフォークロアとの生き生きとした関係を失った作家のペンからはなにも独創的なものは生まれない」と考える文化的潮流である(12)。それに対して、カラジアレに代表される文化的潮流は、ルーマニアにおける遊牧民的精神構造に対応する。エリアーデのいう遊牧民的精神構造とは、外来の文化を積極的に取りいれることによってルーマニアの古い文化を刷新することを重視する文化的潮流である。

エリアーデによれば、農耕的精神構造が農耕を営む定住民によって培われてきたのに対して、遊牧民的精神構造はさまざまな地域を移動しながら生活した羊飼いたちによって培われてきたという。ルーマニアの羊飼いたちがになってきた文化的役割について、エリアーデは以下のように述べている。

羊飼いたちは、もっとも古い時代からルーマニアのプレ・ディアスポラ〔pre-diaspora〕をつくってきた。彼・彼女らは、カルパチアの森からドブルジャまで、あるいはアプセニ山からベッサラビアとニストルの草原まで群れを連れていきながらルーマニアの方言や習慣の統一性の保存に貢献しただけではなく、同時に民族的文化の本質において「普遍的」な要素をつくり出してきたのである。彼らは「隣人」の概念をよりずっと広い範囲のものにして、「外国」における人間的連続性を発見し、風変わりな人間たちや方言、信仰、習慣に対する懐疑やおそれの心構えを吹き飛ばしたのだった。羊飼いたちは存在の宗教的類型（神の「被造物」）としての人間を発見しただけではなく、多くのルーマニア人たちがその全体においてなしてきたように、彼らの歴史の現実性における人間と、しばしば〔自分たちと〕対立さえする数え切れないほどの地方的多様性の背後における人間を発見したのであった。(13)

ルーマニアにおけるこのようなふたつの文化的潮流を確認したあとに、エリアーデは現在ルーマニアがおかれている政治的状況と、その状況下における亡命者の文化的役割の問題へ論を展開する。エリアーデは、今日のルーマニアには「真のディアスポラ」(adevărată diaspora) の問題が突きつけられていると主張する。(14) ルーマニア民族は、その歴史の長期にわたって大国からの支配を受けてきたために、国を追われる亡命者の問題を常にかかえてきた。しかし、ソヴィエトの支配下においてルーマニアが経験している亡命者の問題は、数や質の面において前例のないものであるという。すなわち過去にルーマニアから亡命した人間は、政治家や貴族などの特権階級にかぎられ、亡命先も帰国する機会を逃さないように近隣諸国であることが多かった。一方、今日においては、特権階級だけではなくすべての社会階層のルーマニア人が、オーストラリアから南アフリカ、南アメリカ諸国といったまさに世界中に離散している点で特異であるとエリアーデは述べる。

しかし現在ルーマニアがかかえているディアスポラの問題は、結果として、ルーマニア文化の未来にとって豊かな成果をもたらすだろうとエリアーデは主張する。すなわち、故郷から離れて異なる文化圏に身をおく亡命者は、ソヴィエトの支配下におかれている同胞に代わって、民族や地域に特有の文化を超えてそれらを包摂するより「普遍的な」文化の創造にたずさわることのできる状況にある。そして、亡命者がつくり出すこの「普遍的」な文化は、多数の民族や文化が共存していかなければならなくなるこれからの時代の要請にそうものであるという。このような文化的使命をになった亡命者たちは、遊牧民的精神構造をつくりあげてきたルーマニアの羊飼いに自分たちの先駆を見出すであろうとエリアーデは述べる。

亡命者たち〔Emigranţii〕は、現代ルーマニアの現象から切り離されているのではない。彼・彼女らの経験は特殊なものなのではなく、それどころか、ルーマニア民族やルーマニア文化の運命のみならず、ヨーロッパ人たちとヨーロッパ精神の運命〔destinul Europei şi al spiritului european〕にとっても決定的な啓示となる。故郷喪失や放浪、疎外など、これらすべては現代の歴史的契機の結果なのであり、ふたつの生の概念、すなわち、一方における自由と人格的価値、他方における全体主義と人格の否定の衝突によって特徴づけられている。〔中略〕。その一方で、ディアスポラにはより重大な使命がかせられている。彼・彼女らの胸中から、すなわち彼・彼女らの苦悩や期待、啓示から諸世界や歴史のエキュメニカルな展望が姿をあらわしつつある。亡命した作家や知識人たちは、彼・彼女らの使命を自覚するのに応じて、より一層普遍的な価値を生み出し、より一層正しい状況において人間的条件が明らかになる作品をつくり出している。この展望においては、ディアスポラたちはフォークロアの旋律と地域横断的な人間性における羊飼いに、そして近代ルーマニアの伝統における普遍的作家たちにその先駆者をみるのである。(15)

この一節からは、農耕的精神構造と遊牧民的精神構造をあわせもつルーマニア民族は、自国の伝統文化を保持しつつも、「より一層普遍的」で「より一層正しい」状況にある文化を創造することによって、これからおとずれるであろう世界に貢献することができるというエリアーデの主張を確認できる。

以上、「ヨーロッパと鉄のカーテン」と「ルーマニア文化における普遍的伝統」における見解を確認した。そこからは、ルーマニアの民族的「精神」を核にして亡命者に連帯をよびかけることよりも、ルーマニアをより広い文化的展望へ結びつけることに力点をおくエリアーデの政治的主張を読み取ることができた。そして、エリアーデがそのような主張を展開する際に依拠したものは、宗教研究において主題化したキリスト教の文化統合機能や遊牧民的精神構造といった概念であった。次節では、これらの宗教学的概念に付与された政治的役割を踏まえながら、ルーマニア人亡命者組織においてエリアーデ宗教学がにない得たと想定される役割について考察する。

第四節　エリアーデ宗教学における「宇宙的キリスト教」と「遊牧民的宗教」

前節で検討を加えたキリスト教の文化統合機能と遊牧民的精神は、宗教研究においては、宇宙的キリスト教と遊牧民的宗教をめぐる議論においてそれぞれ主題化されている。本節では、まず宗教研究における宇宙的キリスト教と遊牧民的宗教に関する議論を確認したあとに、それをルーマニア人亡命者組織における言論と重ね合わせることによって考察を進める。

一　「宇宙的キリスト教」に関するエリアーデの考察

パリ時代に執筆された『永遠回帰の神話』の最終章において、エリアーデはキリスト教こそが現代人にふさわしい宗教であると断言していた(16)。それは、太古的な宗教の特徴である始源型の反復という構造を放棄したキリスト教が、始源型と反復の構造を解さなくなった現代人の心性にもっとも適することを根拠とした主張であった。しかしエリアーデはこのような主張を展開する一方で、民間宗教と習合してきたキリスト教の歴史にも注意を向けていた。第三章「不幸と歴史」には以下の一節がある。

しかしこうしたメシア的観念が、宗教的エリートの独占的な創作であることを忘れてはならない。幾世紀にもわたって、このエリートはイスラエルの人びとの宗教教育にあたってきたが、この教育が生活と歴史に対する古代東方的価値づけを根絶やしにすることに常に成功したわけではない。バアル神とアシュタルテ神に対するヘブライ人たちの周期的な回帰は、歴史に価値をあたえることを拒否すること、すなわち歴史を神の示現とみなすことの拒否として概ね説明されよう。民間層、とくに農耕社会では、太古的な宗教観念(バアル神やアシュタルテ神の観念)は望ましいものであり、この観念は「生」の意味体系を強固なものとし、歴史を無視するのではないにしても、歴史をたえ忍ばしめる助けとなったのである。(17)

キリスト教と民間宗教の習合に対するこのような着目は、シカゴへ移住してから発表された『聖と俗』や『神話と現実』において、「民衆の神学」として主題化されることで明確なものとされていった。『聖と俗』では、民間宗教と習合することによって始源的宗教の特徴を内包するようになったキリスト教を「非歴史的キリスト教」(ahistorisches Christentum)とよび、民衆が「歴史の恐怖」に対峙する際に重要な役割をはたしたと述べられている。(18)『神話と現実』においては、キリスト教と民間宗教が習合した特有の宗教経験を「宇宙的キリスト教」(Cosmic Christianity)とよび、正統キリスト教の終末論と救済論が民衆的解釈を与えられた独自の宗教的所産として評価している。(19)

遺作となった『世界宗教史』においては、異なる宗教間の習合(syncrétismes)を通時的にたどることによって、さまざまな形態をとりながらも時代を超えて存続する聖の顕現が主題とされた。宇宙的キリスト教は、この主題を論じる上で重要な考察対象となっている。以下の一節からは、宇宙的キリスト教がヒエロファニーの変容と存続という主題について論じられたことを確認できる。

すでに幾度か述べたように、ヨーロッパの民衆のキリスト教化は、さまざまな民族的伝統までも消し去るものではなかった。キリスト教への改宗が生み出したのは宗教間の共生や習合〔des symbioses et des syncrétismes〕であり、その諸形態は多くの場合、農耕牧畜民の「民衆」文化に特有の創造性をみごとに示すものであった。われわれはすでに、「宇宙的キリスト教」のいくつかの例を指摘してきた。またべつのところでは、石や水や植物に関するある種の儀礼、神話、象徴の——石器時代から一九世紀にまでいたる——連続性を示唆しておいた。ここでつけ加えたいのは、表面的であるにせよ人びとがキリスト教に改宗した結果として、数多くの民族的宗教伝統や地域的神話が、単一の「聖なる歴史」のなかに相同化、すなわち統合され、そして同一の言語、つまりキリスト教の信仰と神話の言語によって表現されるようになったという事実である。(20)

エリアーデが宇宙的キリスト教を主題化することによって強調しているのは、異なる信仰体系同士の習合によって独創的であらたな宗教現象が創造されるということ、さらに、そのようにして生み出された文化は古来の信仰体系を内包する重層的なものであるゆえに単一の文化的形態への還元が困難であることだと考えられる。前述したように、宗教の習合に関するこの議論は、聖なるものは歴史に抗しながら存続するという議論と結びつくゆえに、エリアーデ宗教学を読み解く上で重要な主題となる。しかし本章においては、エリアーデの宗教理論における習合や宇宙的キリスト教に関する議論をより詳細に論じることは目的とせずに、ルーマニア人亡命者組織での言論活動との関連において解釈したい。

前節で確認したように、エリアーデは亡命者組織の機関誌において、鉄のカーテンがもたらす政治的分断を乗り越えるための手段を示すものとして、宗教間の習合という現象に注意を喚起していた。すなわち、キリスト教と民間宗教の習合によって創造されたヨーロッパの文化形態は、ヨーロッパに生きる人間が「同じ言葉を話している、そして同じ言葉を話す自由をもっているということを証明」しており、その「言葉」を用いた対話によって政治がもたらす分断を超えていくことが可能になるとエリアーデは主張したのであった。「ヨーロッパと鉄のカーテン」におけるエリアーデのこの政治的見解を把握していた人間にとっては、『世界宗教史』における「宇宙的キリスト教」の概念は、歴史がもたらす政治的分断を乗り越えて重層的な文化の創造に参与することをよびかける政治的理念として解釈されたと考えられる。

二　農耕民的宗教と遊牧民的宗教

上述した「習合」という概念は、遊牧民的宗教に関する考察においても重要な概念として提示されている。

エリアーデは、一九五四年に発表した『ヨーガ』において、前アーリア的な土着の宗教伝統と外来のインド・ヨーロッパ系の宗教伝統との習合がヒンドゥー教の成立に大きく寄与したと主張している。すなわちエリアーデは、父系の社会構造、牧畜経済、天空神への崇拝などの特徴をもつインド・ヨーロッパ語族の遊牧民的宗教伝統を「父の宗教」と理解する一方、定住型の農耕文化を背景とする女神への神秘主義的崇拝を特徴とする土着の宗教伝統を「母の宗教」と理解する。(21) そして、インド・ヨーロッパ語族がもたらした宗教は儀礼の確立や宗教的思弁の体系化を促進したのに対して、女神崇拝や樹木崇拝に基づく土着の宗教は農村において民間信仰の浸透を促進したと主張する。

このようなエリアーデの見解に対しては、多くの異論が向けられるであろう。(22) しかしここでは、農耕民的宗教と遊牧民的宗教という異なるタイプの宗教現象の習合によってあらたな宗教現象が創造されることにエリアーデが着目していた点に注意を向けたい。

農耕民的宗教と遊牧民的宗教の接触によってあらたな宗教現象が創造されるという見解は、『世界宗教史』において、さらに広い地域や時代の考察に適用された。エリアーデは、遊牧や狩猟が経済活動の中心であった旧石器時代における宗教の特徴として、神話的祖先である肉食獣に対する信仰、狩猟者と動物の神秘的連帯、宇宙を自在に旅することのできる「霊魂」に対するシャーマニズム的信仰、男性のみが参加できる秘密結社、それにともなうイニシエーションなどをあげている。そして、これらの遊牧民的宗教は、農耕の発明によって経済体系が大きく変化したあとにも農耕民的宗教と習合することによってあらたな文化形態の創造に寄与したとエリアーデは主張する。

しかし、この旧石器文化社会の遠隔化と孤立化の過程は、狩猟民特有の行動や精神性〔spiritualité〕の消滅を意味するのではない。〔中略〕。農耕経済の勝利のあと、数千年して、原始狩猟民の世界観は、歴史上にふたたびその影響をおよぼすようになる。事実、インド・ヨーロッパ人やトルコ・モンゴル人の侵略と征服は、最上の狩猟者である肉食獣の旗印のもとで行なわれたからである。〔中略〕。数十万年にわたる動物界とのある種の神秘的共生は、消しがたい痕跡を残した。しかも、オルギー的エクスタシーは、獲物が生で食べられたときの、最初の古人類の宗教的行動を再現することが可能である。これはギリシアのディオニュソスの崇拝者のあいだでも、あるいは二〇世紀初頭のモロッコのアイサーワ派のあいだでも、なおおこっていたのである。(23)

この引用文で述べられているように、インド・ヨーロッパ系諸族やトルコ・モンゴル系諸族の遊牧民的宗教と土着の宗教的伝統との衝突や習合に関する考察は、『世界宗教史』を読み解く上で重要な主題となっている。そこでエリアーデが着目したのは、民族同士の支配・被支配という関係において宗教間の習合がなされてあらたな文化形態が創造されるという現象であった。インド・ヨーロッパ語族が他民族を支配することによって受けた文化的影響に関して、エリアーデは以下のように述べている。

農耕社会がつくり出す諸創造が、牧畜社会の宗教的願望と完全には一致しないことは明白なことである。他方、農耕民の経済や宗教から完全に独立している牧畜社会というものも存在しない。それどころか、インド・ヨーロッパ諸民族は、彼らの移動と征服を通じて定住農耕民をたえず服従させ、同化してきている。いい換えれば、インド・ヨーロッパ諸民族は、彼らの歴史のかなり早い時期から互いに異質であり、正反対であるもろもろの宗教的方向づけの共存によって引きおこされる、精神的緊張〔les tensions spirituelles〕というものを知らねばならなかったのである。[24]

遊牧民的宗教が異質な宗教伝統との習合によってあらたな宗教形態を創造するという現象は、「ルーマニア文化の普遍的伝統」においては、ルーマニア人亡命者がこれからなすべき政治的課題と結びつけられ示されていた。亡命者組織の機関誌にて、エリアーデのこのような見解を知っていた人間の視点からみるならば、『世界宗教史』における遊牧民的宗教に関する考察は、ルーマニア民族が他民族と共存していくための方法を時代・地域横断的な視野によって提示した政治的理念として解釈された可能性を考えられる。

第五節　小　結

エリアーデは一九四〇年にルーマニアをあとにして以降、祖国にもどることなく死去した。そのあいだ、ルーマニアは第二次世界大戦での敗戦を経て社会主義政権によって統治されるようになり、エリアーデが生まれ育った当時の社会環境は根底から覆されるにいたった。

パリで亡命者として生きることを余儀なくされたエリアーデは、祖国の伝統文化を存続させることを目的として、ルーマニア人亡命者の文化共同体を創設した。その一方でエリアーデは、宗教学者としてさまざまな宗教伝統を見据えることにより「人間精神の歴史の、深遠で分割不能な統一性」[25](l'unité profonde et indivisible de l'histoire de l'esprit humain)を見失わないことの重要性を強調していた。宗教学者エリアーデが提示することを試みたこの普遍的な文化の展望は、本章で確認したように亡命者組織における言論と重ね合わせると、亡命者たちが偏狭な民族主義へおちいらないようにする役割をになったと考えられる。そうであるならば、エリアーデの思想の全体像を描き出すためには、亡命者としての主張と宗教学者としての主張は補い合うものであり、不可分に結びつくものとして考察しなければならない。

本章では亡命雑誌に掲載されたエリアーデの論説のみを取りあげてきたが、『回想』や『日記断章』においても、ルーマニアが今日の国際社会でになうべき役割に関して随所で述べられている。それら『回想』や『日記断章』の記述からは、エリアーデ自身の民族主義や祖国愛が読み取れる。たとえば、インド留学を終えて帰国の途につこうとする時期に関する『回想』の記述には、以下のように記されている。

インドがまもなく独立を回復し、やがてアジア全体が歴史に再登場するようになることは目にみえていた。他方では、数多くの始源的人間が世界政治にその声を反映させようとする時代が近づいていた。われわれルーマニア人は、西欧、アジアそして始源的民衆的諸文明のようなかくも異なった世界間の接近と対話を助ける気があれば、はたすべき役割をにない得ると私は考えていた。〔中略〕。インド、地中海、バルカン半島の民衆文化に共通の要素の存在は、抽象的に考え出されたものなどではなく、長い共通の歴史、農耕文明の歴史の果実である普遍への本能的感情が存在しているわれわれのもとにあると考えられた。われわれ東欧人は西欧とアジアを架橋する役割をになえたのである。もちろん、ソヴィエト・ロシアが世界的覇権を握らなければという仮説に基づく話であるが。[26]

この引用箇所からは、台頭する非ヨーロッパ世界とヨーロッパ世界の共存が必要となる現代世界において、ルーマニアこそが中心的役割をになうことができるというエリアーデの見解を読み取れる。本章で確認したように、ルーマニアは一方で宇宙的キリスト教がもたらす世界観により西欧諸国と相互理解を深める手段を有している。他方では、農耕民的宗教と遊牧民的宗教をあわせもつことにより、トルコ・モンゴル系やインドなどのヨーロッパ外文化と対話する手段も有している。そのためルーマニアこそが諸国家、諸民族の対話と共存が焦眉の課題となっている現代世界において中心的役割をになうべきであるとエリアーデは考えたといえよう。

このようなエリアーデの考えは、ルーマニアの民族や文化を特権化する自民族中心的な祖国愛とみなせよう。しかしそれは、本書の第一章、第二章、本章で確認してきたように、ファシズムや人種差別への共感ではなく、社会主義政権からの抑圧を蒙っているルーマニアの民族文化を後世に伝え、到来する国際社会のなかで存続できる状況を整えなければならないという使命感に裏打ちされた祖国愛であったと考えられる。

「宇宙的キリスト教」や「遊牧民的宗教」に関するエリアーデの見解について、学説としての真偽を議論していくことは、「宗教学者エリアーデ」の研究において不可欠な作業である。しかし本章において確認したように、エリアーデの宗教学者としての活動はルーマニア人亡命者組織における政治的思想家としての活動と重なり合うものである点を忘れてはならない。宗教学的営為と政治的言論活動との重層性の特徴についてさらに考察を深めることは、祖国や愛する人間との結びつきを失った人間に対して宗教学者の「宗教」がにない得た文化的役割を考察する契機にもなるであろう。

もっとも「緒言」で述べたように、本研究は、エリアーデの宗教理論を亡命者としての問題意識のみに還元する単一原因論を展開することを目的とするものではない。また、宗教理論を構想者の生活史に還元する生活状況還元論を展開することも本研究の目的ではない。人間の行為は錯綜した諸動機のからみ合いから生ずる。空腹を満たすためにものを食べるというもっとも単純にみえる行為すらもそうである。ましてや宗教学的構想の具体化などという全体としてきわめて複雑で長期的な営みには、はかり知れないほど多くの要素がからみ合っているはずである。エリアーデの宗教理論の形成過程には、一九二八年から一九三一年までのインド滞在期における体験やブカレスト大学での指導教官であったナエ・イオネスクとの関係などを考慮に入れて再考する必要がある。さらに、エリアーデの宗教理論がほかの宗教学者たちにいかに受容されたのかという問題に取り組むことも、宗教学という学問の系譜を明らかにすることに資するゆえに、焦眉の課題である。しかし本研究は、先行研究では顧みられることのなかった亡命者としてのエリアーデの在り方とソヴィエトに対する思索に光をあて、先行研究の偏りを是正することに議論をとどめる。

（1）　竹沢尚一郎編『宗教とモダニティ』世界思想社、二〇〇六年。

（2）コステに宛てたエリアーデの一九四七年一二月二五日付けの手紙には以下のように記されている。「在外ルーマニア人の職業的共同体に関して私が以前に考えたことが具体化してきています。すでに知識人である専門家や技師、医師たちの共同体の発議委員会が存在しています。近々、より大きな組織が立ちあげられます。すなわち党派を超えて組織された在外ルーマニア人集会です。それはあなたにお話したたくさんの職業的共同体、いかに小規模で弱小の共同体であろうと、また、コステル・コンスタンティネスク〔Costel Constantinescu〕のような悪党で狡猾な性質の者は例外ですが、いかなる性質の共同体であろうと合流することになるでしょう」(Eliade, *Europa, Asia, America…Corespondenţă Volumul 3, R-Z*, Bucureşti, Humanitas, 2004, p. 462)。

（3）Eliade, *Dialoguri întrerupte: Corespondenţă Mircea Eliade—Ioan Petru Culianu*, ed. by Dan petrescu, (Iaşi, Polirom, 2004), p. 132.

（4）Eliade, *Împotriva Deznădejdii: Publicistica exilului*, ed. by Mircea Handoca, (Bucureşti, Humanitas, 1992), pp. 15-17.

（5）*Ibid.*, p. 65.

（6）*Ibid.*, p. 66.

（7）*Ibid.*, p. 150.

（8）エリアーデは coliva mortilor について『世界宗教史』第一巻においても言及している。「しかし、新石器時代の精神的構築物〔l'édifice spirituel du néolithique〕の全体は、われわれには手の届かないものだとしても、その断片は分散して農民社会の伝承のなかに保存されてきた。「聖なる場所」といくつかの農耕儀礼や葬祭儀礼の連続性は、もはや証明を必要としない。〔中略〕。ルーマニアやバルカン諸国で葬儀や死者祭祀の際に供えられる麦粥は、コリヴァ(*coliva*)とよばれる。その名前(*kollyva*)と供物は古代ギリシアに見出されるが、その習慣はたしかにそれより古いものである。〔中略〕。そのような儀礼は、四〇〇〇年から五〇〇〇年のあいだ保持され、最近一〇〇〇年から一五〇〇年のあいだはキリスト教とイスラーム教という、その活力で知られたふたつの一神教の厳しい監視下で保持されてきたのである」(Eliade, *Histoire des croyances et des idées religieuses 1, De l'âge de la pierre aux mystères d'Eleusis*, (Paris, Payot, 1978), p. 63. 中村恭子訳『世界宗教史1』筑摩書房、二〇〇〇年、八六—八七頁)。

（9）Eliade, 1992, pp. 154-155.

（10）*Ibid.*, p. 157.

（11）*Ibid.*, pp. 159-160.

（12）*Ibid.*, p. 263.

（13）*Ibid.*, pp. 264-265.

(14) *Ibid.*, pp. 265-266.
(15) *Ibid.*, pp. 266-267.
(16) Eliade, *Le mythe de l'éternel retour: Archétypes et repetition*, (Paris, Gallimard, 1969), pp. 181-182.　堀一郎訳『永遠回帰の神話――祖型と反復』未來社、二〇〇〇年、二〇八頁。
(17) *Ibid.*, pp. 125-126.　前掲書、一四三―一四四頁。
(18) Eliade, *Das Heilige und Profane*, (Frankfurt am Main und Leipzig, Insel Verlag, 1998), S. 144.　風間敏夫訳『聖と俗』法政大学出版局、一九九八年、一五三―一五四頁。
(19) Eliade, *Myth and Reality*, (Waveland Press INC., 1998), pp. 170-174.　中村恭子訳『神話と現実』せりか書房、一九九二年、一九〇―一九三頁。
(20) Eliade, *Histoire des croyances et des idées religieuses 3, De Mahomet à lâge des Réformes*, (Paris, Payot, 1983), p. 231.　鶴岡賀雄訳『世界宗教史6』筑摩書房、二〇〇〇年、六八頁。
(21) Eliade, *Yoga: Unsterblichkeit und Freiheit*, (Suhrkamp, 1985), ss. 367-368.　立川武蔵訳『ヨーガ②』せりか書房、一九九五年、二五二―二五三頁。
(22) たとえば、現在、エリアーデが用いる「アーリア人」や「ヒンドゥー教」といった概念を用いて研究を行なうことは不可能である。
(23) Eliade, *Histoire des croyances et des idées religieuses 1, De l'âge de la pierre aux mystères d'Eleusis*, (Paris, Payot, 1978), pp. 46-48.　中村恭子訳『世界宗教史1』筑摩書房、二〇〇〇年、六六―六七頁。
(24) *Ibid.*, p. 201.　松村一男訳『世界宗教史2』筑摩書房、二〇〇〇年、一八―一九頁。
(25) *Ibid.*, p. 10.　『世界宗教史1』、一八頁。
(26) Eliade, *Memorii, 1907-1960*, ed. by Mircea Handoca, (Bucureşti, Humanitas, 1997), pp. 208-209.　石井忠厚訳『エリアーデ回想(上)』未來社、一九八九年、二八〇―二八一頁。ただし最後の一文「もちろん、ソヴィエト・ロシアが世界的覇権を握らなければという仮説に基づく話であるが」は邦訳、および英語訳 *Autobiography, Volume 1: 1907-1937, Journey East, Journey West*, translated from The Romanian by Mac Linscott Ricketts, (San Francisco, Harper and Row Publishers, 1981), p. 204 においては欠けている。

第II部　亡命者エリアーデの思想活動とエリアーデ文学

第四章　エリアーデ文学をめぐるエリアーデとクリアーヌの対話

第一節　問題の所在

一　小説家としてのエリアーデ

宗教学者エリアーデの文学作品が注目されるようになって久しい。エリアーデの文学作品がルーマニア語以外の言語に翻訳されたのは、一九五〇年にフランスのガリマール社から出版された『ベンガルの夜』がはじめてである。その売れ行きはよくなかったが、そのあと、エリアーデ文学はさまざまな言語に翻訳されるようになった。英語圏では、一九七八年にエリアーデ文学の最高傑作と評される『妖精たちの夜』が翻訳出版されると、エリアーデ文学に対する関心が急激に高まった。(1)

わが国でも、直野敦や住谷春也によって『妖精たちの夜』(作品社、一九九六年)や『マイトレイ』(作品社、一九九九年)、『ホーニヒベルガー博士の秘密』(福武書店、一九八三年)などのエリアーデ文学の代表的作品が翻訳されてきた。また二〇〇三―〇五年には直野・住谷両氏による『エリアーデ幻想小説全集』全三巻が作品社から出版された。一九八二年に中村恭子が「作家エリアーデのわが国における知名度は、いまだにはなはだ低いと言わざるを得ない」(2)と嘆いていた状況と比べれば、エリアーデの文学作品は一般読者にも広く親しまれるようになったといえるであろう。

エリアーデ文学に関する先行研究としては、アメリカではマテイ・カリネスクやマック・リンスコット・リケッツを中心として、研究と翻訳が進められてきた。(3) わが国においては、既述の直野敦、住谷春也が翻訳を進め、中村恭子や沼野充義が優れた研究論文と解説を発表してきた。(4) これらの先行研究の多くは、エリアーデの文学作品を彼の宗教研究と重ね合わせることで、その意味の解読を試みる傾向にあった。たとえば『エリアーデ幻想小説全集』第一巻に付された沼野の解説論文は、東欧的知識人としてのエリアーデの生き方の重要性を踏まえつつ、エリアーデ文学の性質を「聖なるもの」の顕現としての文学」と表現する。すなわち沼野は、エリアーデの文学作品は『蛇』のような幻想小説も『妖精たちの夜』のようなリアリズム小説も「世界ないし歴史に埋め込まれた、あるいは隠された謎を解読し、それによって「聖なるもの」「超越的なもの」を顕現させようとする」同一の構造を有すると述べる。(5) この基本構造は、宗教学者エリアーデが究明した事柄であるが、小説の場合には「学問的ディスコースを迂回し、より直感的なかたちをとりながら」表現されているという。(6)

ただし沼野は、エリアーデ文学の特質は「聖なるもの」の歴史への顕現という奇跡に身をさらし続けることをエリアーデが研究者として断念したことにあるとみている。(7) 沼野はブラヴァツキーやグルジェフ、さらに、スラヴの古代文化に精通するとともにインドに定住して東洋神秘思想の研究を行なったロシア人画家ニコライ・レーリッヒらを引き合いに出しながら、エリアーデには彼・彼女らのような神秘思想家、カウンター・カルチャーの教祖になるという道も可能性としてあったであろうと述べる。しかしエリアーデは、レーリッヒのようにインドに定住して神秘思想を実践する道を断念することで学者となり、その代償を文学創作に求めた。すなわち、「エリアーデは偉大な学者になったからこそ、偉大な文学者にもなった」と沼野は主張する。(8)

たしかに沼野が主張するように、エリアーデの文学創作は宗教研究と表裏一体という側面を有する。エリアーデ自身もそのことを認めており、文学創作を行なう理由について『回想』に以下のように記した。なお沼野もこの箇所を資料として引用している[9]。「私が文学を書いたのは自由に書くこと、虚構すること、夢想すること、さらには考えること(ただし体系的思考の厳密さなしに)の喜びを求めて(あるいは必要に駆られて)であった。私の理論的活動が拒んできた一連の驚異、神秘、問題が文学的営みの自由のうちに応答を求めたということはありそうなことだ[10]」。

エリアーデの文学創作と宗教研究の関連性に着目する先行研究に対して、本研究は、ルーマニア人亡命者を読み手としたエリアーデ文学の解釈可能性という視点をさらにつけ加えたい。周知のようにエリアーデは自身の文学作品をルーマニア語以外の言語で書こうとせず、ルーマニア人亡命者組織の機関誌や文学サークルを主たる発表場所とした。そのためエリアーデ文学は、ルーマニアを亡命した人間を第一の読み手として書かれた亡命文学としての性質を有すると考えられる。とくに、エリアーデはシカゴに移住してから発表した後期の文学作品の草稿を、後述するように、エリアーデの弟子であると同時にルーマニア人亡命者としての同志[11]であったヨアン・ペトル・クリアーヌに送り意見を交換していたが、そのような側面は従来のエリアーデ研究では看過されてきた。本章は、エリアーデとクリアーヌの文学に関する議論をたどることで、エリアーデの文学作品がクリアーヌにいかなる文化的役割を有するものと理解されたのかを明確にしたい。

二　エリアーデ研究の動向

なお考察を進める前に、本章の意図をより明確なものとするためにも、エリアーデ宗教学の研究史と本章の関係についても触れておく。既述のように、エリアーデ宗教学に関しては、現在、さまざまな批判がなされている。とくに現代世界に擬装された聖に関するエリアーデの主張に対しては、実証的な学問としては規範性が強すぎるとの指摘が数多くなされてきた。たとえば奥山倫明は、「私たちの時代にも、私たちの眼前でイニシエーション的現象はおそらく持続しているのだが、べつの形態においてであって、〈俗なるもの〉のなかに充分に擬装されているので、私たちがそれをそのものとして認識することは不可能になっているのである[12]」というエリアーデの叙述を、「俗に偽装された聖は、認識可能な者には聖なるものとして顕現するが、認識不可能な者には擬装されたままとなる」と受け取り、擬装の概念はエリアーデが提示した方法論を採用する宗教学者以外の人間には認識し得ない聖の顕現を問題としているため『宗教学』の枠を一歩、踏み出してゆくようにも思われる」と評している[13]。

このような動向に対して、本章の試みはエリアーデ宗教学ではなく、エリアーデ思想についての再評価を目的とする試みとして位置づけられる。その場合、規範的であることがマイナスの評価に直結することはない。むしろ、エリアーデ思想の規範性がいかなる要因に起因するのか、思想の受け取り手たちのあいだでその規範性がいかなる役割をになったのか、という問題を考察することが急務となる。したがって以下では、エリアーデの文学作品に関するクリアーヌの解釈を手引きとすることで、エリアーデ文学を彼の生の営みと密接に結びついた独自の思想表現として理解し、エリアーデ思想に内在する規範性を主題化することを試みる。それは以下の二点において意義がある。

第一に、エリアーデの文学活動を独自の思想表現として理解することで、エリアーデ思想の全体的把握が可能になる点である。エリアーデに対して肯定・否定いずれの評価をくだすにしても、彼の宗教理論のみを考察対象とした研究では、きわめて偏った評価になることは免れない。エリアーデの思想活動は、その宗教研究に代表される普遍性・一般性を志向する側面と、ルーマニア人亡命者としていかに生きるかという問題に徹底してこだわった特殊かつローカルな側面のふたつを柱として展開されたと考えられるためである。宗教学者としてのエリアーデは、文字どおりに世界を股にかけた研究活動を行なった。ブカレスト大学で学位を取得して同大学で教鞭をとったほか、インドやイタリア、ドイツ、イギリス、ポルトガル、フランス、アメリカなどで研究し、フランス語、イタリア語、ポルトガル語、スペイン語、英語、ドイツ語、ロシア語、サンスクリット語、パーリ語などの語学に精通した。しかしエリアーデは、このような国際的な活動を行なう一方で、ルーマニア人として生きることにその生涯をとおして強い執念をもち続けた。そして、後述するように、ルーマニア人亡命者としていかに生きるかというエリアーデの問題意識は、彼の宗教研究に大きな影響を与え、ある意味ではその方向性を規定したと考えられる。ルーマニア語以外の言語で書くことを拒み、もっぱらルーマニア人亡命者を対象に発表した文学作品には、宗教研究では前面に出すことがなかった、ルーマニア人としての思想が大胆に表現されている。本章では、小説家エリアーデの思想活動に着目し、そこから宗教学者エリアーデの活動を照射することで、あらたなエリアーデ像を提示することを試みる。

第二に、エリアーデとクリアーヌの議論をたどることで、エリアーデ文学がルーマニア人亡命者に対してにない得た文化的役割の特徴を明確化できる点である。わが国においてはクリアーヌについて、エリアーデの高弟としてその名は知られているが、実際に彼がエリアーデといかなる学問上、思想上の影響をあたえ合ったのかについてはほとんど知られていない状況が続いている。しかし後述するように、クリアーヌはエリアーデ自身が認めた学問的後継者であったと同時に、エリアーデが大きな信頼をよせたエリアーデ文学の理解者であり、ルーマニア人亡命者の「同志」でもあった。そして両者は、このような強い信頼関係に基づいて、互いの文学作品や宗教理論、祖国ルーマニアに関する事柄から日常生活や健康上の不安に関する話題にいたるまで、対等な立場でさまざまな意見を交わし合った。換言すれば、一九七〇年代以降のエリアーデの思索・文学活動は、クリアーヌと活発に意見を交換する過程で展開されたと考えられる。したがって、エリアーデの宗教理論に精通し、ルーマニア人亡命者としての意識も共有していたクリアーヌが、エリアーデ文学から読み取った事柄を明確化することは、エリアーデ文学の研究においてきわめて重要な作業になると考える。

以上の問題に取り組むために、以下ではつぎの手順にしたがって考察を進める。(1)まずクリアーヌとエリアーデとの関係を、一九七二年からエリアーデの没年である一九八六年までふたりが交わした書簡が編集されている『エリアーデ―クリアーヌ往復書簡』(以下『往復書簡』と記す)の読解によって確認する。[14] (2)エリアーデ文学に関するクリアーヌの解釈について、『往復書簡』やクリアーヌのいくつかの論文を読解することによって確認する。(3)1、2で確認した内容を、エリアーデの宗教研究や日記資料と照らし合わせることで、エリアーデ文学の特徴を明確化する。

第二節　エリアーデとクリアーヌの関係

最初に『往復書簡』の読解により、エリアーデとクリアーヌの思想上の関係について明らかにする。この『往復書簡』は、ルーマニア語以外の言語に翻訳されていないため、内容に関して未解明の状況が現在まで継続している。[15]それゆえに、以下では『往復書簡』から多くを引用するが、それはあらたな資料をわが国に紹介するという役割をはたすものでもある。

本書の序文の執筆者であるマテイ・カリネスクによれば、この『往復書簡』には以下の四つの点において資料的価値がある。[16]第一にクリアーヌとの文通は、現存するエリアーデのものとしては、ラッファエーレ・ペッタッツォーニ(Raffaele Pettazzoni)とのあいだでなされたもの[17]について数多く行なわれたということ。第二にエリアーデは、クリアーヌ以外に、自分より世代が下であるルーマニア人亡命者と継続的な手紙のやり取りを行なったことはないということ。第三に、この書簡集には、クリアーヌによるたび重なる質問に答えた、鉄衛団運動に関するエリアーデの回顧的な見解が述べられていること。第四に、エリアーデとクリアーヌのあいだにおける学問的交流、さらに互いの文学作品についての継続的な議論が『往復書簡』には記されているということ。以上の四点からこの『往復書簡』は、エリアーデとクリアーヌ両者がルーマニア人亡命者であることを強く自覚しながら、互いの文学的・学問的・政治的問題意識を継続的に交換し合った記録であり、両者の思想的関係をたどる上で第一級の価値を有する一次資料と考えられる。本節ではカリネスクの序文を参照しながら、とくにクリアーヌに対するエリアーデの評価の変化に着目したい。[18]

現存する書簡でもっとも古いものは、エリアーデによる一九七二年八月四日付けの手紙である。これは、エリアーデからの支援を得ることでシカゴ大学の学生として渡米しようとしていたクリアーヌから届いた手紙に対するエリアーデの返信である。この手紙でエリアーデは、クリアーヌに対する積極的な援助が不可能であることを告げている。

拝啓　クリアーヌさま

ようやく、あなたの七月二五日付けの手紙を、ちょうどサンタ・バーバラから帰ったときに受け取りました。残りの手紙に関しては、いつ受け取ることになるのかわかりません。私はパリにいて、シカゴに二日だけ帰り、ふたたび出かけたり……。九月一日からはふたたびあわただしくなります。

少なくとも現時点では、あなたのお役に立つことができなくて、とても残念に思っています。大学は一〇月一日に再開されます。奨学金への申請は、クリスマスのころに検討されます。その結果は春に通知され——最初の奨学金は秋に交付されます。ルーマニアの学生や「ポスト・ドクター」に関しては、合衆国とルーマニアの文化協定により、事情ははるかに複雑です。ルーマニア政府が同意しなければなりません（それゆえに、毎年、技術者や数学者に対するたくさんの奨学金が認められませんでした）。当地（合衆国）には、まったく可能性が見出せません——（アメリカ合衆国への入国だけが保証され、奨学金も生活手段も保証されない）「政治亡命」以外には——。しかし、きいたところでは、ブカレストの政府は、ビザが切れ五年経っても、もし形式にのっとって正当な根拠を示せば、外国に残留することを大目にみるそうです。「その土地の」奨学金の援助で、イタリアやフランスでやっていける望みがあるかもしれません。でも、どのようにして？　私にはわかりません。助言については、私の親しい友人であるミルチア・ポペスク博士〔Mircea Popescu〕（彼はルーマニア社会主義共和国とはなんの関係ももっていません）に相談してみてはどうでしょうか。〔中略〕。または、A・モレッタ＝ペトラシンク〔Moretta-Petrașincu〕（インドに取り憑かれた男で、公使館と関係をもっていますが）〔中略〕。アリオン・ロシュ〔Arion Roșu〕もイスラエルからイタリアへやってきたときに、大きな困難を経験した人です〔中略〕。

あなたに幸運があることを心から願っています——あとは、なんとかうまくいくでしょう。

敬具、

ミルチア・エリアーデ(19)

この手紙においてエリアーデは、「政治亡命」以外にアメリカへ入国する手段はないと告げることで、入国の手助けをすることを遠まわしに断ったと考えられる。また、ポペスクやペトラシンク、ロシュなどの知人を紹介することはしているが、自身の労力を割こうとするエリアーデの意志をこの手紙から読み取ることはできない。それゆえに、この手紙は、エリアーデがクリアーヌと深い関係をもつことを強く望んではいなかったことを示していると考えられる。クリアーヌと継続的な関係をもつことに消極的な姿勢は、ほかの手紙においても確認できる。上記の手紙から二ヵ月ほど経ってから郵送された同年一〇月一八日付けのエリアーデの手紙からは、おそらくクリアーヌが自身の研究を著書として刊行するために出版社を紹介してほしいと伝えたが、エリアーデは支援することに消極的であったであろうことを推測できる。

拝啓　クリアーヌさま

一〇月七日付けのお手紙に感謝いたします。少なくともいまのところ、あなたが「宿なし」になっていないことに安堵しています。事態が前進することを望んでいます。ゴンブリッチ〔Gombrich〕教授には、私の名前を出してもらってかまいません。しかしヴァールブルク研究所が、学生に奨学金をあたえてくれるのはたしかですか？　この研究所は、ポスト・ドクターの研究者にだけスカラシップなどを与えるときききました。とにかくやってみて――ほかのいろいろなところでも試してみて――ください。私は九月に、アリオン・ロシュとあなたのことについて話し合いました。〔中略〕。

ローマで、ニョリ〔Gnoli〕やブッサリ〔Bussagli〕などのところで研究することができるのではないでしょうか？せめて博覧強記のA・バウサニ〔Bausani〕が教えているナポリはどうでしょうか？

九月四日付けの手紙で、あなたは、「内的感覚〔inner sense〕」を「ほぼ完成したもの」として、「出版できるかどうか」とたずねておられました。［あなたの］将来の学問的信用を危険にさらさないためにも、まったほうがあなたのためになると思います。梗概と不完全な注を読んだかぎりでは、さらに研究を続け、深める必要があるように思います。まだまだ、かなりの参考文献があります。〔中略〕。あなたには、豊富な蔵書があり（バウサニなどのような）「専門家」のいる研究拠点が必要です。(20)

この手紙でエリアーデは、クリアーヌの安否を気遣ってはいるものの、直接的な援助を申し出ることなく、出版社を紹介することなどにも消極的である。クリアーヌは、そのあと、市民権とパスポートを所持していなかったために、ラティーナの難民収容所に収監されることになる。そこでクリアーヌは、絶望のあまり自殺をはかるにいたった。直接的な支援に消極的であるエリアーデの手紙が、クリアーヌにとって、生きる希望を奪うほどに無情なものと思われたであろうことは想像に難くない。

しかし、当初の冷淡ともいえるこのような態度は、手紙のやり取りを重ねることによって変化していく。一九七二年一一月七日付けのエリアーデの手紙では、同年一〇月一八日付けの手紙で出版社を紹介することを断ったことに対する弁明と、金銭的な援助をなしたことが読み取れる。

親愛なるクリアーヌさま
まず最初に、同封した小切手のことを失礼と思わないでください。あなたのいいように用いて、本なりオレンジなりを買ってください。
論文に関して、私の意見は、将来的な出版をみこんでのものです（送ってくれたものは、どの雑誌で出版可能なのかを私がみるために、整理された原稿なのだと思っていました）。あなたの年齢と国での研究条件からすれば、

(昨年読んだ文献と同様に)この論文も十分賞賛に値するものです。どこかで安定した暁には、驚くほどの速度で研究が進展するであろうということを、私はまったく疑いません。

ヨアン・クシャ〔Ioan Cușa〕に、『妖精たちの夜』を送るように手紙を書いておきました。私の本で、ほかに興味のあるものがあったらいってください。

あなたが幸運で万事がうまくいきますように。(21)

また、つぎの一九七二年一一月一三日付けの手紙には、エリアーデがクリアーヌのために書いた以下のような「推薦状」が同封されていた。

一九七二年一一月一二日。関係各位：この文書は、若手のルーマニア人研究者で、目下イタリアのペルージャに在住しているヨアン・クリアーヌ氏を推薦するものです。私はまだ氏にお目にかかったことはありませんが、ここ五ヵ月間、幾度か手紙をやり取りいたしました。そして氏が執筆した宗教学やインド哲学、イタリア・ルネサンスにおける新プラトン主義など、多岐にわたる未発表の論文を読ませていただく機会を得ました。その年齢を考えれば、クリアーヌ氏は研究者としてきわめて高い資質を有しており、イタリアやそのほかの地で、優れた大学で研究を続けるための手段を得ることができれば、たぐい希な業績をもたらすことを確信しております。氏のために、可能であるなんらかの援助を心からお願い申し上げるしだいです。

敬具、

ミルチア・エリアーデ。スィーウェル・アヴェリ顕著功績名誉教授〔Sewell Avery Distinguished Service Professor〕、シカゴ大学宗教学・社会思想史教授。(22)

エリアーデが小切手を同封したり、推薦状を書いたりなどの直接的な援助をするにいたった動機については、『往復書簡』から読み取ることは困難である。しかし当時、世界でもっとも著名な宗教学者のひとりであったエリアーデが、直接の面識もない年若い亡命者でしかなかったクリアーヌにこのような推薦状を書くとは、異例のことであったと思われる。

いずれにせよ、エリアーデは以降の手紙において、しだいにクリアーヌに対して友好的な姿勢をみせるようになっていく。一九七三年六月一三日付けのエリアーデの手紙では、末尾でクリアーヌの健康と幸運を祝福したあとで、「友情」(prietenie)という語がはじめて使われた(23)。これ以降の手紙には、「心からの友情をこめて、あなたに多くの幸運があることを願って」(Multă prietenie, dar—și mult noroc)や「古くからの友情をこめて」(Cu veche prietenie)という親しみを表現する言葉が頻繁に使われるようになる(24)。

そしてなによりも、一九七四年にふたりがパリではじめて出会ったときを境にして、エリアーデのクリアーヌに対する評価は大きく変化する。エリアーデはクリアーヌと対面したときの様子について、一九七四年九月一六日付けの『日記断章』に以下のように記している。

ヨアン・クリアーヌと中華料理店で夕食をとり、そのあと私のオフィスで真夜中まで話す。もはや周知のことになっているが、デュメジルがつぎのようにいっているのは道理である。宗教学では、ほかのどんな学問分野におけるのと同じように、唯一の重要なことがある。それはつまり、聖なる炎(le feu sacrê)をもっているかいないかということである(25)。

カリネスクは、「その夜、エリアーデが、二四歳になる博士課程の若者がもつ「内気であると同時に大胆な」瞳のなかに、聖なる炎の輝きをはじめてみたことは疑いない」と述べている(26)。カリネスクによる推測が事実か否か、また聖なる炎の実体を明らかにすることは困難であるが、事実パリでの対面を契機にエリアーデのクリアーヌに対する評価が大きく変化したことは、書簡にも反映されている。パリで対面した直後の一九七四年一二月八日の手紙でエリアーデは、クリアーヌが翌年の冬から春にかけてシカゴ大学で研究することができるようにと、奨学金の申請手続きをふたりの共通の友人であるミルチア・マルゲスク(Mircea Marghescu)の手を煩わしてまで進めていることを以下のように伝えた。

親愛なるI・P・クリアーヌ

あなたのお手紙に返信するのが遅くなったことを恥ずかしく思います――しかしどうすることができたでしょう？　私はふたたび、文通恐怖症の状態にあります……。よくなるといいのですが。

手短に：すべてが軌道に乗りつつあるので、安心してください。マルゲスクはやり手です！　当然ですが、必要な場合はあなたの保証人となります。さらに、旅費も支給します。まもなく、マルゲスクから私に、具体的な支払い方(小切手あるいは郵便為替など)について連絡がくるでしょう。

あなたが書いた小冊子のあの六頁は、とにかく「刺激的」で独創的に思えました(また、書かれていた英語も素晴らしかった。ほとんど間違いがありません)。〔中略〕

一月の初めには、私とクリスティネルは結婚二五周年の祝いのためにパリ(4 Place Charles Dullin)に行きます。一月の一五―一七日にシカゴに帰る予定です。あなたとここ〔シカゴ〕でお会いできることを心待ちにしています！

……。

あなたの幸運と健康を心から願いつつ――そして、近いうちに！[27]

また一九七五年六月二五日付けの手紙には、エリアーデがクリアーヌに、共同で行なう編集作業の提案をしている以下の記述がある。

親愛なるヨアン・クリアーヌ

われわれが一緒にいるかのように感じさせてくれる数々のお手紙に、大いに感謝します。そして、あまりにすぐに終わってしまった対話を続けるために、幾度もお手紙を読み返しました。〔中略〕。

あなたの本に関して、はっきりといわなかったように思います。私の「見解」は、モノグラフでデビューするのが望ましいということでした。しかし他方で、著書は履歴書に大きく影響しますので、私は常に友人や学生に著書を出版するように勧めてもいます。第二に、半分以上は雑誌として印刷されているかその予定であるように思っていました――しかし、思ったよりわずかであることがわかりました。それでも、ためらわずにいいます。著書を印刷する準備をしなさい。用意ができたらそのコピーを私に送ってください。私が序文を書きます。

履歴書に関して：どのような助言をしてよいのかわかりません。とにかくないよりはましでしょう。しかし、学位や著書、まとめつつある研究など、これから生み出される業績を「いっぱい詰めこむ」方がよいでしょう。私は、あなたができるだけ早く学位論文や試験から解放されることを望んでいます。それというのも、とりわけあなたに共同編集の提案をしたいのです。すなわちずっと以前から考えている *Dictionnaire d'Hist*〔*oire*〕 *des Religions* のことで、私はそれをかなり前から構想しており、そのために(さまざまな百科事典で発表した)多くの項目を書いてきました。ガリマールから出すことを考えていました(あるいはセイユ出版〔Editions du Seuil〕から。しかしガリマールは採用してくれませんでした)。専門用語(概念や構造、形象)やキーワード(神話、儀礼、魔術など)について詳しく説明しながら、資料(インドラやオシリス、ミラレパなど)を手短に。あなたは、興味ある項目(グノーシス主義や初期キリスト教)や多数の小項目(神、神秘主義者、宗教改革者など)を担当してくれるでしょう。これらの項目は、概説的なもので独自の解釈を含まないので、そのあとは、急ピッチで編集できることが明らかです。あなたが賛成してくれるならば、より詳しく打ち合わせましょう。おそらく、秋にパリにて。分量は、それほど多くならず（だいたいケーニッヒ版〔の事典〕くらいの）もので、それにはエリアーデ＝クリアーヌと署名され、そして、必読書となり、多くの外国語に翻訳され、重要な著作権を取得できればいいと思っています！　あなたの履歴書に加えるためにも、近日中に公にしなければいけません――また契約書にも同じように速やかに署名しましょう。そうすれば、今後、私になにがあっても、あなたがそれを完成できます。[28]

この手紙で、エリアーデが出版することをクリアーヌに勧めている著書とは、一九七八年にイタリアのアッシジから刊行された『ミルチア・エリアーデ』のことである。この手紙からは、エリアーデが序文を書くことを快く承諾している、あるいはみずから申し出ていることを確認できる。また、ここで言及されている *Dictionnaire d'Histoire des Religions* とは、エリアーデの没後である一九九〇年に、パリのプロン出版から刊行されたエリアーデとクリアーヌ共同編集の『エリアーデ世界宗教事典』のことである。[29]この事典は、手紙でも述べられているように、エリアーデが自身の宗教研究をコンパクトにまとめた著書として長年構想していたものである。その事典の共同編集者に、研究者としてはまだ駆け出しであったクリアーヌを選んだということは、エリアーデが研究者としての優れた資質を、また自身の宗教研究との親和性をクリアーヌに認めていたと考えられる。

さらにエリアーデは、賛辞の言葉を書き送るだけではなく、クリアーヌに大学のポストを得させようと尽力していたようである。以下の一九七六年二月六日付けのエリアーデの手紙からは、クリアーヌの履歴書を同僚であったチャールズ・ロング（Charles H. Long）に渡して、クリアーヌのポストを探すように頼んでいたことを確認できる。

私は履歴書を「点検」に回し、コピーを一〇部ほどとりました。どの大学に話をもちかけたらよいのかアドバイスをもらうために、その一部をチャック・ロング〔チャールズ・ロングの愛称〕に送りました。〔シカゴに〕帰ってきたら、必要なときにすぐ「資料」を利用できるように、あなたが送ってくれた文書資料の一部をコピーするつもりです[30]。

そのほか、同年三月三一日付けのエリアーデの手紙においては、クリアーヌがオランダのフロニンゲン大学からの招聘を受諾するか否かについて相談をもちかけていたこと、そしてエリアーデはオランダで一時的に職を得ることを勧めたが、アメリカにクリアーヌを招聘することをかたく約束していたことなどを確認できる。

親愛なるクリアーヌ

送ってくださったお手紙の一方だけにしか返事をしないことをお許しください。あなたはM・M〔ミルチア・マルゲスク〕とともに、パリにいたと思っていました。あなたからの三月二二日のお手紙に、とりあえず返信します。私があなたにできる唯一のアドバイスは、心がおもむくままに決めなさいということです（ユングがいったように、常に「直観」が知らせることにしたがえということです）。それぞれの道行には、有利な点も不利な点もあります。ローマでよりよい生活を送れるならばトゥッチやブレリチなどのより近くに行くことになり、優れた大学のポストも得られるでしょう――しかし……あなたがいったように、問題もあります。私は、ルーマニア語とルーマニア文学を〔フロニンゲン大学で〕教えることで、あなたがそれほどたくさんの時間を無駄にするとは思いません。履歴書によれば、あなたはとくに、ルーマニアの民間伝承詩や大衆文化などを研究したといえるでしょう。しかしくり返しますが、あなたの「霊感」にしたがって選びなさい。いずれにしてもあなたは、一年のあいだポストを得られるのです。私は、合衆国にも期待をもっています――しかし、チャールズ・ロングがふさわしい場所をみつけてくれるとしても、それは一九七七年の秋以降でしょう。いまのところ〔彼からの〕返事はありませんが――いろいろきいたり調べたりしてくれていることは間違いありません。あなたに関する私の「内密な報告」〔raportul confidențial〕を受けたあとでは、あなたをアメリカに迎えいれるための努力をしないなどということは考えられません。私は、若い研究者について、あなたのように報告したことなどまったくありません。成功しないわけがありません！[31]

エリアーデのいう「内密な報告」がどのようなものであるのかは、『往復書簡』から読み取ることはできない。しかし、クリアーヌをアメリカの大学に招聘するために、エリアーデが特別な努力をしていた可能性を示していると考えられる。

結局、クリアーヌはフロニンゲン大学からの招聘を受諾し、オランダへ赴いた。一九七七年五月二五日付けのクリアーヌの手紙では、フロニンゲン大学での勤務状況について報告されている。

このお手紙がうまく先生のお手元に届くかどうかは、ふたたびわかりません。とにかく、先生がパリに到着なさったときに受け取ってくださるといいのですが。快適な休暇をおすごしになられることを願っております。そして、六月の終わりに先生ご夫妻がまたパリにいらっしゃるようであれば、ふたたびお会いできることを望んでいます。

そのときにパリに行くのは、もっぱら先生がそこにおられるからですが、L・ママリガ氏には、氏の文学サークルの集まりに参加すると約束しました。〔中略〕。

オランダはとても快適な国ですが、関心があるとはいい難い仕事しかできないので、私はともかく亡命者であると感じます。より興味がわく方面の仕事の提案を受けましたが、学科長が出て行かせてくれるとは思いません〔中略〕。私は宗教学を語ることもできません――十分によい言語学者というわけでもありません。私は、さしあたり「賭け」に負けたとは思っておりません。すべては健康にのみ、すなわち今後に費やすことができるエネルギーの量にかかっています。それ以上に、メランのもとで博士論文を本にして出版できるかどうかにかかっているのです。[32]

クリアーヌに対するエリアーデの高い評価は、文通が行なわれた最後の七年間にはより顕著なものとなる。以下はそれぞれ一九七九年一月一八日と一九八三年一二月二一日付けのエリアーデの手紙である。一通目は、厳しい環境のなかで研究を続けていくことに挫けそうになったクリアーヌを励ました手紙である。二通目は、一九七五年六月二五日の手紙で言及された『エリアーデ世界宗教事典』についてふたたび話し合った手紙である。

まずあなたにいっておきますが、あなたの「敗北主義」に私は賛成しかねます。あなたが「謙虚」であることは嬉しく思います。しかしあなたは、第二のキュモン〔Cumont〕やミルチア・エリアーデを志す必要はないのです。わかりますね？　あなたは、彼らに追いつき、彼らを凌ぐあらゆる潜在性をもっているのです。さらに必要なのは、わずかばかりの幸運です（研究に専念するために、落ち着いて生活しなさい）。あなたの経歴から判断するに、運があなたを見捨てることはないと確信しています……。(33)

八―一〇年前の *Dictionnaire de l'Histoire des Religions*（そんな題名だったでしょうか）に関する私たちの計画を思い出してください。『世界宗教史』や『宗教百科事典』に忙殺されて、話が進んでいませんでした。〔中略〕。もし私が、途中で編集作業を続けることができなくなったならば、あなたがひとりで『世界宗教事典』を完成させ、私たちふたりの名前で出版してください。〔中略〕。この仕事にあなたは、それほど関心をもてないかもしれませんが、私は心底つぎのように思っています。すなわちあなたは、すでに真の宗教学者のひとりであり、危機にあるわれわれの学問にとって本当に必要である数少ない人間のひとりです。したがって、あなたは多くの同僚や学生たちにそのように認められているのです。(34)

以上、『往復書簡』の一部を読み解くことで、エリアーデとクリアーヌの関係の変化を確認してきた。手紙のやり取りをはじめた当初、エリアーデはクリアーヌに対してよそよそしい態度をとっていた。しかし一〇年後には、危機におちいっている現在の宗教学にとって必要不可欠な「真の宗教学者」であるとまでクリアーヌを賞讃するにいたった。このような評価の変化は、手紙のやり取りをとおして、エリアーデがクリアーヌの研究業績を優れたものと認めるようになったこと、そして、クリアーヌがエリアーデの期待に十分に応えたことに起因すると考えられる。[35]

第三節　クリアーヌのエリアーデ文学論

それでは具体的に、クリアーヌはエリアーデの思想をいかに理解したのであろうか。本節では、クリアーヌによる「体験、認識、イニシエーション―ミルチア・エリアーデに関する一考察―」と「ミルチア・エリアーデとその作品―神話による〈真実の物語〉―」というふたつの論文を読み解くことで、エリアーデ文学に関する解釈を確認したい。[36] 両論文はそれぞれ、一九七四年と一九八三年に発表されたものであり、そこにはエリアーデ文学に関するクリアーヌの見解が端的に示されているためである。

一　聖の解読者としてのエリアーデ

一九八三年の論文で、クリアーヌはエリアーデを“mistagog”と表現している。[37] クリアーヌによれば、“mistagog”はふたつの意味をもつ言葉であるという。ひとつ目は、古代のギリシアに由来するもので、儀礼を司る人間、つまり司祭という意味である。ふたつ目は、聖なる時空間をつくり出す人間という意味をもつ。すなわち“mistagog”という語によって、クリアーヌはエリアーデを、聖なる世界への導き手・宗教的シンボリズムの解読者であると同時に、聖なる世界をつくり出す創造者とみなしたことになる。エリアーデのこれらふたつの顔は峻別できるものではなく、クリアーヌも両者を区別せずに論じている。しかし本節では、論理展開を明確なものとするために、まず聖の解読者としてのエリアーデに関する見解を確認する。

クリアーヌが解読者と表現したのは、宗教学者としてのエリアーデである。とくにクリアーヌは、前近代社会における聖の役割と、近現代社会に擬装されている聖の解読に関するエリアーデの思索に着目している。

クリアーヌによれば、エリアーデは前近代社会における宗教の重要な役割のひとつを、規範秩序を確立してそれを正当化することでひとつのコスモス・世界をつくり出すことであると考えた(38)。このようなエリアーデの見解を、クリアーヌは『永遠回帰の神話』における苦難の正当化に関する議論をたどることで確認する。エリアーデは、第三章「不幸と歴史」の冒頭で、伝統社会に生きる人びとは軍事的災害や社会構造そのものに結びついた社会的不正、個人的不幸などをいかにたえ忍んできたのか、という問題を提起した。この問題に応えるために、エリアーデは伝統社会における宗教の意味付与的機能に着目した。宗教の意味付与的機能とは、社会を構成する事物に存在理由をあたえることで、規範秩序を備えたひとつの世界として成立させる文化的役割を意味する。社会における秩序体系は、それを共有する人間にとっては有意味な現実として働きかける。その現実としての信憑性を維持するためには、それらが超越的存在に由来することを説明する宗教的営為が要請される。クリアーヌはこうしたエリアーデの見解を端的に示す一文として、以下を引用した。

> 伝統文化に属する人間にとって、生きるとはいかなることを意味するのか。なによりもそれは、超人間的モデルにしたがって生きること、始源型と一致して生きることを意味する。その結果、十分に強調してきたように、始源型のほかに真実なる現実は存在しないのであるから、〔伝統文化に属する人間は〕現実のただなかにおいて生きるのである(39)。

この見地においては、超人間的モデルを提示する神話や儀礼は荒唐無稽なものではなく、人間の今日の状況の由来を明らかにし、それらをひとつの確固たる世界秩序として統合する役目をはたす。人間は、日常生活を営むためには、自身が属する状況に意味をあたえ、それらを秩序化する必要がある。とくに苦難や苦境に明確な意味を付与することがなければ、人間はそれらをたえ忍ぶことが非常に困難であるとエリアーデは主張する。

しかし現代社会においては、工業制度の拡大や官僚制の確立などに代表される近代化により、社会システムが大きく変化した。そのため近代以前の伝統的な共同体に存在していた規範秩序は、その役割をはたすことができなくなった。そのことは同時に、共同体の規範秩序を正当化していた宗教も、その役割を従来どおりにはたすことが困難になったことを意味する。それゆえに現代社会は、宗教による意味付与的機能なしで、不条理な歴史的現実に対峙することを強いられているとエリアーデは考える。クリアーヌは、このようなエリアーデの見解を示すために以下の一文を引用している。

現代人が誇る、歴史をつくりあげる自由とは、ほとんどの人類全体にとっては幻影である。人びとには、せいぜいふたつの手段のどちらかを選択する自由が残されているだけなのだ。(1)ごく少数者によってつくられつつある歴史に反対すること(この場合には自殺か国外追放かを選択する自由がある)。(2)人間以下の存在、あるいは脱走することに逃げこむこと。「歴史的」存在が意味する自由は——ある限界内ではあるが——近代初期には可能であった。しかし時代がより「歴史的」となるにつれ、それは実現不可能なものとなってきた。すなわち、われわれは超歴史的なあらゆるモデルとますます相容れないようになったということである。たとえば、マルクシズムとファシズムがふたつの型の歴史的存在、すなわち指導者型(ただひとりの真に「自由」なる人物)と従属者型の樹立へといたったことはごく当然のことである。従属者型(の人びと)は指導者の歴史的存在に、彼ら自身の存在の始源型ではなく、一時的に彼らにあたえられたしぐさの律法賦与者を見出すのである。[40]

ここからは、近代社会が意味する歴史とは強者によって管理されるため、力をもたない者はその支配に対して徹底的に抗うか、その支配を甘んじて受けいれるかという選択をせまられるというエリアーデの悲観的な見解を確認することができる。エリアーデが選択したのは前者であるが、その手段としてエリアーデは、現代社会に擬装された聖を解読する方法をとった。前述したようにエリアーデは、社会の近代化にともない宗教の意味付与的機能が大きく変化したことを認める。それゆえに、現代社会においては、宗教が前近代社会と同じように必要とされることはない。しかしそのように主張する一方で、現代人は完全に宗教性を喪失したのではけっしてないとエリアーデは主張する。

エリアーデによれば、現代人は歴史的次元(nivelul istoric)と神話的次元(nivelul mitic)というふたつの次元をもつようになったのである。(41) 現代人は、社会が提供する非宗教的な意味体系にしたがって行動する。これがエリアーデのいう歴史的次元である。その一方で現代人は、非宗教的な意味体系には還元できない意味世界を有する。エリアーデによれば、この意味世界には、宗教的シンボリズムや神話的モチーフが多数存在する。エリアーデはこれを神話的次元とよんだ。クリアーヌは、このようなエリアーデの見解をとりわけ重視して、『生と再生』から以下の文章を引用している。

近代人の空想力と夢の体験には、宗教的なシンボリズムや人物、テーマが依然としてみち溢れている。一部の心理学者たちが得意げに幾度も主張しているように、無意識とは宗教的なものなのだ。ある見地からすると、非聖化された社会の人間には、宗教は「無意識のもの」となっている。宗教は、人間存在のもっとも深い部分に埋没しているのである。しかしこのことは、宗教が心の営み〔in the economy of psyche〕において重要な役割をはたし続けていないということを意味するのでは決してない。通過儀礼のパターンに話をもどせば、これらが、近代人の空想や夢の生活に、ほかの宗教経験の構造とともに存続していることが認められる。また、近代人が経験する試練においても、この通過儀礼のパターンは認められる。近代人が経験する試練とは、精神的危機において〔in the spiritual crises〕孤独や絶望にたえ、万人がこれをとおして責任ある、真の創造的生活にいたるものである。たとえこうした試練に、通過儀礼的性格が顕著なかたちで認められなくても、人は一連のひどく困難で、危機でさえある状況を克服してはじめて自己形成をなし遂げるのだという真理は残っている。すなわち、「苦難」と「死」を体験してはじめて、べつの人生、再生するゆえに質的にも異なった人生を悟るのである。注意して観察するならば、人生はすべて一連の試練、「死」と「復活」からなることがわかるだろう。(42)

このような見解においては、現代人が生活を営む「現実」とは、非宗教的地平、エリアーデのいう歴史的地平のみに還元できるものではない。現実は、視点をおく場所によって、その性質を変化させて認識者の前にあらわれる。すなわちエリアーデが提示する視点に立つならば、宗教的シンボルが擬装された世界として現代社会を認識することが可能になる。そして現代社会における宗教的シンボリズムは、現代人が直面する苦難や苦悩を意味づけして正当化する役割をはたしているとエリアーデは考えるのである。

以上のように、エリアーデは現代世界の特徴を歴史的次元と神話的次元が並存していることにみた。そして神話的次元に、歴史の恐怖に抗う役割を期待した。宗教学者としてのエリアーデは、このような擬装された神話的次元を現代社会のなかに見出すことに努めた。一方、次節で考察する小説家としてのエリアーデは、神話的次元をみずからつくりだすことを試みたといえる。

二　聖の創造者としてのエリアーデ

前節では、クリアーヌの考察にしたがって、聖の解読者としてのエリアーデの側面を確認した。本節では、クリアーヌが聖の創造者とよぶ、小説家エリアーデについて考察する。

クリアーヌは、小説はけっして学者の気晴らしなどではなく、エリアーデにとってきわめて重要な思想表現の手段であったと考えた。そのことは、『往復書簡』で交わされた文学についての議論からも確認できる。たとえば、一九七九年八月一一日の手紙で、クリアーヌは『一九本の薔薇』の感想を述べているが、そこで彼は以下のように記している。

> 『一九本の薔薇』に関して。この小説にとても夢中になったことはすでにお話しいたしました。私は、これ以上のことをいうことはできません。というのは、先生がお書きになったものすべてに対する私の態度は、ある程度特殊であるためです。第一にそれは、先生がそのためにお書きになったところの歴史、物語のなかでふたたび叙述されているところの歴史に対してです。この場合、「価値判断」〔judecățile de valoare〕は意味をもちません。それどころか、「価値判断」があらわれるところでは理解の邪魔になるので、できるだけ早くそれを投げ捨てようと試みます。第二に、先生がお書きになったものは、文学としてではなく、またほかのものの表現としてでもなく、たまたまこうして伝えられたメッセージとしてなによりも興味深いということです。私は、このメッセージは、読み手にとって個人的性質をもつと思います。正直にいえば、ずっと以前に私は、先生がお書きになったものを理解することに失敗しましたが、理解することを諦めませんでした。このことは、もっとも重要な課題であると思っています。(43)

クリアーヌがこの手紙に記した「もっとも重要な課題」とは、歴史的な「価値判断」をもちこむことなく、個人に向けられたメッセージを解読することで、エリアーデ文学の理解に努めることであると考えられる。エリアーデ文学に関するこのような見解は、エリアーデが自身の文学作品について述べた言葉と対応する。エリアーデは一九七八年一月一七日付けのクリアーヌ宛ての手紙で、『ブーヘンワルトの聖者』と『ディオニスの宮にて』に対するクリアーヌの書評に感謝したあと、以下のように記した。

> たしかに、私の短編・中編小説はますます神秘的なものになってきています！　唯一可能である解釈は、意味（あ

るいは象徴の意味)を考えないことであり、それぞれの小説を特有の構造、形態、言語を備えた「並行世界」〔Univers paralel〕とみなすことです。しかしこれについてはいつか話さなければならないでしょう……。(44)

またエリアーデは、一九六八年三月五日の日記において以下のように記している。この引用は、『エリアーデ幻想小説全集』第二巻の解題でも引用されているが、そこで住谷春也が述べているように、エリアーデの文学論が端的に示された一文といえる。(45)

『ジプシー娘の宿』に関して出された書評に対する批判的注解をいつか書く必要があろう。この小説の本質が理解されなかったように思う。この物語はなにも「象徴化」していない。それは直接的現実を暗号によって変形してはいない。この小説は一九三〇―四〇年のブカレストの地理および社会からは独立したひとつの世界、ひとつの「宇宙」を創造している。いろいろなエピソードがわれわれの触れ得る現実のなかのなににあたるのか、あれこれの登場人物がなにを代表するのか、などについて詮索すべきではない。これは独自の法則をもつひとつの未曾有のあたらしい「宇宙」の提示であり、この提示は、審美的な意味においてだけではなく、ひとつの創造行為を構成する。あなたがこの「宇宙」のなかに浸り、それに精通して、それを賞味すると――なにかがあなたにみえてくる。(46)

これらの引用によれば、エリアーデは自身の小説が神秘的なシンボリズムにみちていることを認めていた。しかしそれらのシンボリズムは、実在の人物や作者エリアーデの伝記的出来事の比喩などではなく、俗的世界とは異なるがそれと並行して存在する神話的次元を構成するものであることをエリアーデは強調した。クリアーヌは、エリアーデのこのような発言を踏まえ、エリアーデ文学には聖なるシンボリズムが擬装されており、読み手はそれを解読することによって聖なる存在的地平へ移行することができると述べた。すなわち、エリアーデ文学によってつくり出された神話的次元に参与することで、読み手は歴史の恐怖をサボタージュする(a sabota istoria)ことが可能になるとクリアーヌは理解したのである。(47)

ただしクリアーヌによれば、エリアーデによるこのような目的意識は彼の文学作品に一貫して確認できるが、その表現手段は創作時期によって三つに分類できるという(前期、中期、後期)。(48)前期は、『セランポーレの夜』や『ホーニヒベルガー博士の秘密』、『蛇』などが執筆された時期である。これらの作品では、神話的次元は現世に存在する人間に対して超常的なもの、決定的に異なる性質をもったものとしてあらわれる。中期は、『ジプシー娘の宿』や『一万二千頭の牛』、『ムントゥリャサ通りで』などが書かれた時期である。この時期の作品では、神話的次元がより日常世界に近いものになり、そこへの移行が人為的に行なわれる過程が強調される傾向にある。最後の後期は、『ディオニスの宮にて』や『将軍の服』、『ブーヘンワルトの聖者』、『一九本の薔薇』、『若さなき若さ』に代表される時期である。クリアーヌは、この後期の作品を「スペクタクルと暗号解読の時期」(ciclul spectacolului și al criptografiei)とよび、もっとも重視した。(49)それは、エリアーデが宗教研究で主題化したテーゼが強く反映されている作品群であり、聖の解読者であると同時に創造者であるエリアーデの思想をもっとも顕著に示すとクリアーヌが考えたためである。(50)

三　後期作品についての考察

クリアーヌによれば、後期作品の特徴は、神話的次元に対する気付きが日常生活のなかで生じる過程が表現される点にある。(51)後期作品の登場人物たちは、日常の何気ない動作や事物によって神話的次元の存在を垣間みる。そしてその経験を、詩やスペクタクルによって表現することを試みる。たとえばクリアーヌは、後期の先駆的作品である『ディオニスの宮にて』について、つぎのような解釈を行なった。

『ディオニスの宮にて』は、一九六八年に発表された中篇小説である。物語には、アドリアンとレアナというふたりの主人公が登場するが、それぞれに関するストーリーは別々に語られ、最終部になってようやくふたつの展開が交差するというかたちをとっている。一文一文にシンボリックな意味がこめられたこの作品の梗概を書くことは無意味であろうが、クリアーヌの要約にしたがってあえて解説を試みる。(52)

最初の場面では、場末の酒場にいる数人の客の会話をとおして、レアナについて紹介される。彼女は二〇年も前からいくつかの酒場で歌っている歌手で、素性は一切不明である。わかっていることは、彼女がアドリアンという名の詩人を愛していること、アドリアンについて彼女はその名前以外にはなにも知らないということである。レアナは相応に年を重ねているはずだが、その風貌は年を取ったことを感じさせず、幻想的、神秘的な魅力によって人びとを惑わす。

アドリアンのストーリーはあるホテルで展開する。彼は、ある人物と一六時三〇分に会う約束をしていたが、その人物の名前を思い出せない。フロント係りにたずねると、オルランドという人物に会いにきたと勘違いされ、オルランドの部屋がある一二階にとおされる。エレベーターに乗りこむと二一階まで運ばれる。下降するためにふたたびエレベーターに乗ると、ひとりの婦人から「上昇するも下降するも同じこと」(drumul în sus şi drumul în jos sînt, de fapt, unul şi acelaşi lucru)という言葉をかけられる。またその婦人から、ホテルに滞在している芸術家の話をきく。その芸術家に会いに行く途中、ホテルのロビーでオルランドと出会う。アドリアンは詩の神秘的技法と救済論的機能に関する持論を話すが、オルランドはアドリアンが政治的秘密を隠しもっていると勘違いして、両者の会話はかみ合わない。

物語の終盤になると、ストーリーが急展開していくつかの秘密が明かされる。レアナとアドリアンは出会い、アドリアンは失われていた記憶を取りもどす。そして、レアナが歌っていた曲は、アドリアンが現代人を救済するために彼女に託した詩であること、しかしだれにも理解されなかったことなどが語られる。

クリアーヌは、このような内容である『ディオニスの宮にて』について、歴史的次元のただなかに顕れる神話的次元、ふたつの次元のあいだに存在する人間、歴史的次元に身をおく人間と神話的次元に身をおく人間との意識の断絶、などのテーマに着目することで解釈を試みる。すなわちクリアーヌは、アドリアンを歴史的次元と神話的次元の狭間に立つ人間として理解している。(53) アドリアンは、近代的な建築物であるホテルに居ながら、神話的次元に身をおく。それゆえに、アドリアンとそのほかの人間のあいだには、周囲の事物についての認識にずれがある。そのことをあらわす例が、エレベーターの出来事とオルランドとの会話であるとクリアーヌは主張する。クリアーヌによれば、エレベーターによる上昇と下降は太古の社会でなされた通過儀礼を象徴する(54)。たしかに、天空へ向う上昇のシンボリズムはエリアーデお気に入りの主題であり、それは現世とは異なる存在地平への移行、存在様式の根本的変容として説明される(55)。それにしたがえば、エレベーターによる上昇は歴史的地平の突破を象徴し、二一階からの下降は神話的地平から歴史的地平へふたたび回帰したこと(再生したこと)を意味する。そして、そのあとに続くオルランドとの対談は、歴史的次元に身をおく現代人と神話的次元に参与したアドリアンとの意識の相違、断絶を象徴するとクリアーヌは述べる。

アドリアンはこのオルランドとの対話において、詩の救済論的機能を論じるために、オルフェウス神話についての解釈を提示する。アドリアンによれば、オルフェウス神話の本質は地獄降りに関する部分にではなく、トラキアのオルフェウスに関する部分にある。地獄降りの神話は、最愛の女性エウリディケーを救うためになされた冒険という以外には、なんの意味ももたない。すなわち地獄降りのオルフェウスは、名前も知らない男女、老人や子どものために危険を冒したのではなかったとアドリアンは考える。それに対してトラキアのオルフェウスは、詩の救済論的機能による人間の変容を啓示しているという。アドリアンはそのことを、以下のように説明している。

> 野生動物とは自然のままの状態の人間のことです。そうしてさらに、文化的状態の人間のことでさえあるとつけ加えないわけにはいきません。いずれも、もしもロゴスに触れなければ、つまり、もしも彼らのあり方を根本的に変えることのできる唯一の魔法である詩に向き合わなかったならば、同じく野生なのです……。〔中略〕。オルフェウスをまつこと、その言葉で人間を精神へ開かせる〔se deschidă către spirit〕であろうあの天才詩人をまつことです。彼に、いい換えれば、世界のあらゆる宗教とあらゆる哲学が切望した変異を加速させる天才詩人をまつことです。詩人にだれが抵抗できましょうか？　どの猪が、オルフェウスをきいて、元の野生の猪のままでいられるというの

でしょうか？(56)

エリアーデは、アドリアンにこのような台詞を語らせることで、現代社会の日常に神話的次元を認識することの必要性を表現したと考えられる。

『ディオニスの宮にて』以降の作品では、神話的次元の文化的役割がより明確に表現されるようになる。とりわけ、スペクタクル三部作とよばれる『将軍の服』、『ブーヘンワルトの聖者』、『一九本の薔薇』においては、『ディオニスの宮にて』では詩に託された救済手段が、スペクタクルによって表現される。スペクタクル三部作の最初の作品である『将軍の服』は、ヨアン・クシャとヴィルジル・イエルンカによる編集でパリで刊行されていた亡命雑誌『エトス』(*Ethos*)に一九七三年に掲載された作品であるが、三部作すべてに登場する劇作家イエロニム・タナセと昆虫収集を趣味とする高校生ウラジミル・イコナールが第一次世界大戦の英雄ヤンク・カロンフィル将軍の軍服を盗み出すために将軍の未亡人の屋敷へ忍びこむ場面から物語がはじまる。イコナールは『ディオニスの宮にて』におけるオルランドの役割をになう。タナセはイコナールにスペクタクルが開示する世界について説明するが、イコナールはまったく理解しない。物語には、タナセの親族であり、芸術は神々を讃え神々に仕えるために編み出されるべきという信念をもつチェロ奏者マノラケ・アンティムやアンティムに強引に弟子入りするマリア・ダリア・マリアが登場する。このふたりは『ブーヘンワルトの聖者』をはじめとするほかの作品にも再登場する。本作品では、スペクタクルの具体的な内容や効果については明示されないが、悲劇的宿命と不運へ応答しそれらを引き受けることが創造的天才の前提条件であるというタナセの見解が示される。

スペクタクル三部作の二番目の作品であり、『エトス』に一九七五年に掲載された『ブーヘンワルトの聖者』も、きわめてシンボリックな記述が多い上に、『ムントゥリャサ通りで』に登場するオアナを描いた絵や『ディオニスの宮にて』のアドリアンとレアナに関する話が所々に挿入されるために、内容をあますことなく要約することは困難である。

物語は、『ムントゥリャサ通りで』の登場人物のひとりマリナ・ダルヴァリが、笑わなくなったある少女の救いを求めてイエロニム・タナセやマリア・ダリア・マリアのもとを雪が降るなか訪れることからはじまる。タナセたちは小屋にこもってスペクタクルの練習を行なっている。マリナは、タナセたちのスペクタクルの導入部分をみただけで、強制収容所を舞台にした内容であることをいい当てる。タナセのスペクタクルとは、一九三九年のブーヘンワルトに監禁された菩薩に関わるものであり、ブーヘンワルトで内面的自由を得る手段を示すという内容である。物語の前半では、タナセは菩薩が示す内面的自由の表現方法について決めかねていたが、マリナとの会話を重ねることでスペクタクル全体のみせ方を決定していく。最後には、外見上は認識不可能な内面的自由はいつどこでも擬装されたかたちで開示されるという確信をいだき、マリナとその考え方を共有するにいたる。本編においてタナセは、スペクタクルの役割をマリナに以下のように説明する。

「私たち少数のものは、だいぶ前に以下のような結論にたどり着きました。ただ演劇をつうじてのみ、つまりマイムや舞踏やコーラスを含むスペクタクルをつうじてのみ、つぎのことを示すことが可能になるであろう。すなわち、われわれはほかの国や大陸の同時代人と同様に条件づけられ、あらゆる面で制約されているけれども、ネズミ取りにかかったネズミとはちがう……（中略）。しかし、もし、私たちの信じるとおり、スペクタクルだけが現代の人間が罠にかかったネズミの状況と異なるということを示すことができるとすれば、どのような様態の自由があるのかをはっきりさせなくてはならない。たとえば、ブーヘンワルトのような極限状況で自由とは内面的自由以外にはないことは明らかです。それゆえに、周囲の他人がその自由を確認することはほとんど不可能です。また一方、その内面の絶対的自由は容易には得られません。本当のところ、その達成には、たとえば近代的牢獄からの脱走というような外面的自由の獲得とまったく同様に困難で……」(57)。

ここでは、不条理で悲劇的な歴史的現実に直面した人間が、スペクタクルを介して神話的次元に参与することで、その恐怖から解放されることが強調されている。クリアーヌは、後期作品によって示された、詩やスペクタクルのこのような文化的役割が、エリアーデの宗教研究における主題と一致することを指摘する。クリアーヌが着目した主題とは、『永遠回帰の神話』で明示されていた、不条理な歴史的現実に直面しそれをたえ忍ぶ宗教的人間の営為であった。クリアーヌによれば、エリアーデ文学においても同じ事柄が主題化されている。すなわちエリアーデ文学では、歴史的次元に顕現した宗教的シンボリズムの解読によって、神話的次元に視点をおいた現実に対する解釈を得ること、『ブーヘンワルトの聖者』で描かれていた内面的自由を獲得することが主題化されているのである。

以上の考察を経ることで、クリアーヌが、現代社会における神話的次元の擬装と役割に関するエリアーデの思索に注目していたことを確認できる。では、クリアーヌが注目するこの神話的次元とはいかなるものであるのか、また神話的次元に参与することで歴史をサボタージュするとはいかなることなのであろうか。この問題を考察する際に鍵となるのが、ルーマニア人亡命者としてのエリアーデの問題意識であると考えられる。

クリアーヌは、エリアーデの文学作品におけるテーゼを「生存するために、解釈学を実践しなければならない」(ca să supraviețuim, trebuie să practicăm hermeneutica) と要約している。[58] ここで使われた "a supraviețui" という動詞は、「生存し続ける」、「生き残る」という意味をもつ。"hermeneutica" とは、直訳すれば「解釈学」を意味するが、ここではエリアーデ文学で示されている神話的次元を認識するための手法という意味で用いられている。[59] クリアーヌは、「生存し続ける・生き残るため」に不可欠な営為という性質を神話的次元の解読にあたえることによって、それは単なる宗教研究上の理論や文学作品の主題であるだけではなく、エリアーデの生の営みと密接に結びついた精神的、文化的営為であると理解したと考えられる。すなわち、クリアーヌが理解する "hermeneutica" によって開示される神話的次元とは、エリアーデが異国の地でルーマニア人亡命者として生きるためにつくり出した領域、換言すれば、ルーマニア民族が存続するために亡命者が異国で切りひらいた領域であると考えられる。次節では以上のクリアーヌの見解に関して、エリアーデの日記資料や書簡を読解することで検討を加える。

第四節　生の了解としての解釈学

解釈学についてエリアーデは、宗教のさまざまな形態や体験の意味を現代人に知覚可能なものとして提示するために要請される手法と考えた[60]。宗教学的解釈学に立脚して、古代や非西欧社会において「宗教」が有した文化的利点を明示することで、西欧文化の行きづまりを打破することを目的としたのであった[61]。しかしエリアーデが解釈学の対象としたものは、古代の宗教や神話のみではなかった。日記資料や書簡では、自身や身近な人間の生の営みを解釈の対象とすることで神話的意味を付与し、その苦難をたえ忍ぶことに努めるエリアーデの姿を確認できる。たとえばエリアーデは、一九六〇年一月一日の『日記断章』に以下のように記している。

亡命者はみなイタカへの途上にあるオデュッセウスである。現実生活全体が「オデュッセイア」を再生する。イタカへの、中心への道。こういうことはみな昔から知っていた。いま突然発見したことは、任意の亡命者に対してあたらしいオデュッセウスになる機会が提供されているということである（まさしく彼が「神々」、すなわち歴史的地上的運命を決定する権力によって有罪を宣告されたがゆえに）。しかしこのことを悟るためには、亡命者は自分の数々の彷徨の隠れた意味を洞察し、それらを（神々によって望まれた）一連の長い通過儀礼的試練、また家（中心）へ自分を連れもどす途上の数々の障害物として理解する能力がなければならない。すなわち、毎日の苦しみ、失意、味気なさのうちにあるしるし、隠れた意味、象徴をみる能力。それらがそこになくても、それらをみて、読む能力。それらをみるならば、ひとつの秩序体系を構成して、事物の無定形の展開や歴史的事物の単調な流れのうちにひとつのメッセージを読むことができる[62]。

この引用文は、苦難にみちた亡命者としての自身の生に対するエリアーデの応答として理解することができる。近代国家は、力をもたざる者に対して無情に働きかける。故国を追われた亡命者は、異国の地で経済的にも精神的にも不安定な生活を強いられる。亡命者であるエリアーデにとって焦眉の課題であったのは、不条理な歴史的現実をいかに了解してたえ得るものとするか、ということであった。その際に要請されたのが、現代世界に擬装されている宗教的意味、すなわち神話的次元の認識であったと考えられる。

さらに、エリアーデは自身の生だけではなく、クリアーヌの生をも解釈学の対象とすることがあった。前述したようにエリアーデは、クリアーヌが困難に直面するたびに、彼を励ます手紙を送っていた。つぎの引用文は一九七三年六月一三日付けの手紙であり、クリアーヌがルーマニアから亡命した直後、イタリアの難民収容所で生死の境をさ迷った直後に出されたものである。

> 私はあなたについて、〔すなわち〕西洋世界のここ一五―二〇年で存在したなかでも最大級の苦難にあなたが直面したという事実についてしばしば考えました。〔中略〕。もっとも重要なこと、大切である唯一のことは、勇気を失わないことです。あなたはあれほどの試練をくぐり抜けたのです。私はその体験のいわば「通過儀礼的」性質を確信しています。したがってあなたの「将来」について、私はなんの疑い〔心配〕もいだいていません(63)。

この手紙に対して、編集者であるペトレスクは以下のような解釈を付している。「エリアーデは、彼独自の生の解釈方法によって、クリアーヌの生の営みを再構築しようとしている。すなわち、一連の通過儀礼的「迷宮的」試練、換言すれば死のシンボリズムとそれに続く復活を用いた解釈方法である。〔中略〕。善の前兆として悪を正当化するこの常套手段は、エリアーデがインドで学んだことのひとつである。〔中略〕。すなわち、『過度の苦難は解放への渇望をひきおこすという信念、「死んだこと」を感じれば感じるほど「救済」、すなわち解放に近づくという信念』(Eliade, *Memorii, 1907-1960*, ed. by Mircea Handoca, Bucureşti, Humanitas, 1997, p. 194.)〔石井忠厚訳『エリアーデ回想(上)』未來社、一九八九年、二六一頁〕である」[64]。エリアーデが悪を正当化する思想をインドで学んだのか否かについては再考の余地があろう。しかし、文学作品や宗教研究で通過儀礼的経験が有する神義論の役割をエリアーデが重視していたことを考慮すると、ペトレスクが指摘するように、エリアーデはこの手紙において、亡命者として生きることを余儀なくされた弟子クリアーヌの苦難に神話的意味を付与することで正当化しようと試みたと考えられる。

エリアーデが『ブーヘンワルトの聖者』で述べているように、ネズミ取りにかかったネズミとは異なり、亡命者はその身に降りかかった不条理な現実に翻弄されるばかりではない。たとえクリアーヌのように、異国の地で生きる場所を見出せずに生死の境をさ迷うことがあっても、神話的次元を認識することができるかぎり、宗教的人間は歴史の苦難に侵食されることのない領域を開示して、そこに生きることができる。換言すれば、解釈学によって人間は、歴史の恐怖の受難者から自己の生の場所を積極的に切り開く創造者へ変容することが可能になる。エリアーデのこのような信念は、亡命者の文化的役割に関する主張へ展開されてゆく。エリアーデは、一九七八年二月一三日付けの手紙で、クリアーヌに以下のように書き送っていた。

私のテーゼはつぎのようなものでした。亡命者は直接的な政治的地平においてはなにもなし得ない。われわれの唯一の「政治的武器」は文化である。いかなる重要なルーマニアの創造も、「民族の生き残り」〔supravieţuire a neamului〕のためのチャンスである。わが国では(〔ミハイ・〕ローラー〔Mihai Roller〕、ロシア化の時代)、歴史、哲学、文化史などが歪曲されていたので、「学問をする」ことこそがわれわれの義務であり、祖国の学者たちはすでに自由にものがいえないのだ、ということを示さなければならないのです[65]。

この引用文からは、ルーマニア人亡命者にかせられた使命は政治的活動ではなく、社会主義政権下におかれた同胞に代わって、「民族の生き残り」(supraviețuire a neamului) のための文化活動を展開することにあるというエリアーデの主張を確認できる。この主張は、「生き残るため」(ca să supraviețuim) の解釈学というクリアーヌのエリアーデ解釈とも一致する。すなわち小説家エリアーデは、ルーマニア人亡命者の苦難に宗教的意味を付与する神話を創造することを試みたと考えられる。しかし見方を変えるならば、ルーマニア人亡命者の救済のためには、現代世界にも聖なるものが擬装される必要があったこと、擬装されなければならなかったことを意味する。つまりルーマニア人亡命者としてのエリアーデの使命感は、エリアーデ文学を特徴あるものとする一方で、現代世界における聖のあり方を論じる際には宗教学者としての領分を踏み出す方向へとエリアーデを駆り立てたと考えられる。

第五節　小結

以上、エリアーデの文学および宗教学に関するクリアーヌの解釈という見地から、エリアーデ思想を捉え直すことを試みてきた。亡命者としての生をかせられた人間は、その苦難に対していかに対応することができるのか、祖国から受け継いだ文化精神をたずさえながら異国の地で生活することはできるのか、可能であるならばそのための方法としていかなるものがあるのか。エリアーデが文学創作と宗教研究にたずさわりながら常に念頭においた事柄とは、このような問題群であったと考えられる。そして、宗教学者エリアーデが研究対象とした宗教的シンボリズムや神話的モチーフは、作家エリアーデによって、亡命者が歴史的現実に抗うための領域を開示する「現代世界の神話」として描きなおされたと考えられる。

本章で確認してきたように、クリアーヌは、エリアーデ文学におけるこのような問題意識をいち早く読み解いた。そしてエリアーデの文学的・政治的問題意識を照射することで、宗教学者エリアーデのあらたな姿を示すことを試みたと考えられる。それは、エリアーデと同じくルーマニア人亡命者として生きたクリアーヌにとっては当然の試みであったのかもしれない。しかしその試みの根底には、自身の最大の後継者とまでエリアーデにいわしめた、エリアーデとクリアーヌのかたい信頼関係があったといえよう。その信頼関係をきずく過程において、エリアーデがクリアーヌになにを遺し、クリアーヌはそれをいかに受け取ったのかという問題を明らかにすることは、ポスト・エリアーデ時代といわれる現代の宗教学にとって重要な課題となるに違いない。本研究では、第III部においてこの課題に取り組む。

（1）最初に英訳されたエリアーデの文学作品は、一九七〇年に出版された *Two Tales of the Occult*, translated by William Ames Coates, (New York, Herder and Herder, 1970)である。『妖精たちの夜』が出版されたあとには、以下のような書評が発表された。Virgil Nemoianu, "Time out of Time" in *Times Literary Supplement*, (13, October, 1978). Joseph M. Kitagawa, *Parabola*, (August, 1978). Matei Călinescu, "The Disguises of Miracle" in *World Literature Today*, (Autumn, 1978), "Between History and Paradise" in *Journal of Religion*, (April, 1979). また、一九七八年にはNotre Dame Universityにて"*Coincidentia Oppositorum*: The Scholarly and Literary Worlds of Mircea Eliade"と題したシンポジウムが開催され、Matei Călinescu, "Narrative and Meaning: The Literary Universe of Mircea Eliade"やMac Linscott Ricketts, "Fate in *The Forbidden Forest*"といった発表が行なわれた。北米におけるエリアーデ文学の出版に対する反応については、M. L. Ricketts, "The United States' Response to Mircea Eliade's Fiction" in *Changing Religious Worlds: The Meaning and End of Mircea Eliade*, ed. by Bryan Rennie, (Albany, State University of New York Press, 2001)に詳しい。

（2）中村恭子「M・エリアーデ研究の一試論―初期の体験と著作―」『川村短期大学研究紀要』二号、一九八二年、七五頁。

（3）エリアーデ文学に関する海外での主な研究には、以下のものがある。Mac Linscott Ricketts, "On Reading Eliade's Stories as Myths for Moderns" in *Mircea Eliade: A Critical Reader*, ed. by Bryan Rennie, (London and Oakville, Equinox, 2006). またリケッツは、*Mircea Eliade, The Romanian Roots, 1907-1945*, (New York, East European Monographs, Distributed by Columbia University Press, 1988)においても、亡命以前に出版されたエリアーデの文学作品を数多く紹介している。Matei Călinescu, "The Disguises of Miracle: Notes on Mircea Eliade's Fiction" (in, Rennie, 2006). Rachela Permenter, "Romantic Postmodernism and The Literary Eliade" (in, Rennie, 2001).

（4）　わが国の研究としては、一九八〇年代の中村恭子によるいくつかの論文があげられる(「M. Eliadeの『聖ヨハネスの夜』」『川村短期大学研究紀要』三号、一九八三年、一五一–一六五頁。「『マイトレーイ』の一考察―M. Eliadeの自伝文学―」『川村短期大学研究紀要』七号、一九八七年など)。また近年では、奥山倫明の“Camouflage and Epiphany: The Discovery of the Sacred in Mircea Eliade and Ōe Kenzaburō” (in *The International Eliade*, ed. by Bryan Rennie, Albany, State University of New York Press, 2007)もエリアーデの文学作品を主題とした研究である。そのほか、作品社から出版された『エリアーデ幻想小説全集』全三巻のそれぞれの巻末には、沼野充義、池澤夏樹、佐藤亜紀らによる後書きが付されている。本章は、これらの先行研究との関係においては、エリアーデ文学に関するクリアーヌの解釈を積極的に評価することに力点をおく。

（5）　沼野充義「「聖」の顕現としての文学――ルーマニアの物語る〈宇宙羊〉を称えて」(住谷春也編集、直野敦・住谷春也訳『エリアーデ幻想小説全集』第一巻、作品社、二〇〇三年)五三六頁。

（6）　前掲書、五三二頁。

（7）　前掲書、五三七頁。

（8）　前掲書、五三八頁。

（9）　前掲書、五三八–五三九頁。

（10）　石井忠厚訳『エリアーデ回想(下)』未來社、二七三頁。

（11）　本章においてはエリアーデとクリアーヌの親密な関係のみに着目するが、両者のあいだには、鉄衛団に対する評価やルーマニアの政治動向をめぐって大きな意見の相違も存在した。したがって、両者の関係を「同志」という言葉のみによっていいあらわすことには問題があるが、両者の思想的な対立については第III部において考察する。

（12）　Eliade, *Journal 3, 1970–1978*, (Chicago and London, The University of Chicago Press, 1989), p. 228.　本章では、奥山倫明『エリアーデ宗教学の展開―比較・歴史・解釈―』刀水書房、二〇〇〇年、二五一頁の訳文を引用させていただいた。

（13）　『エリアーデ宗教学の展開』、二五二–二五三頁。

（14）　*Dialoguri întrerupte: Corespondență Mircea Eliade—Ioan Petru Culianu*, ed. by Dan Petrescu, (Iași, Polirom, 2004).

（15）　ブカレスト大学が、『往復書簡』の部分訳を発表しているのみである。

（16）　*Corespondență*, pp. 5-6.

（17）　Eliade, Pettazzoni, *L'histoire des religions a-t-elle un sens?, Correspondance, 1926–1959*, ed. by Natale Spineto, (Paris, Les Éditions du Cerf, 1994).

(18) カリネスクが指摘しているように、この『往復書簡』には、両者が鉄衛団運動について意見を交わした書簡が多数含まれている。それらの書簡は、エリアーデと鉄衛団の関係を考察する上で貴重な資料となる。また、エリアーデと鉄衛団の関係に強い関心をもったクリアーヌは、鉄衛団へのエリアーデの関与を主題とした論文や論説を多数執筆した。それらの論文、論説の読解は、クリアーヌのエリアーデ論を明らかにする上で不可欠な作業である。鉄衛団をめぐるエリアーデとクリアーヌの議論については、第六章において考察する。

(19) *Corespondenţă*, pp. 41-42.

(20) *Ibid.*, pp. 44-45.

(21) *Ibid.*, p. 46.

(22) *Ibid.*, pp. 47-48.

(23) *Ibid.*, p. 52.

(24) カリネスクによる指摘。*Ibid.*, pp. 9-10.

(25) Eliade, *Journal 3, 1970-1978*, (Chicago and London, The University of Chicago Press, 1989), p. 171. カリネスクによる引用は、*Corespondenţă*, p. 10.

(26) *Corespondenţă*, p. 10.

(27) *Ibid.*, p. 65.

(28) *Ibid.*, pp. 67-68.

(29) Eliade, Couliano, *Dictionnaire d'Histoire des religions*, (Paris, Plon, 1990). 奥山倫明訳『エリアーデ世界宗教事典』せりか書房、一九九四年。クリアーヌは名前の表記について、一九七九年八月三日付けのエリアーデ宛ての手紙においてつぎのように説明している。「編集の全般的なやり取りでは「クリアーヌ」〔Culianu〕の名前を使いますが、本の表紙ではわかりやすいように「クリアーノ」〔Couliano〕と記さなければならないことをはっきりと申し上げておきたいと思います」(*Corespondenţă*, p. 192.)。クリアーヌはこの手紙の記述どおりに、出版社から刊行された本では Couliano の名前を使い、亡命者組織の機関誌に掲載した論説や書簡では Culianu の名前を使った。

(30) *Corespondenţă*, p. 76.

(31) *Ibid.*, p. 78.

(32) *Ibid.*, pp. 99-100.

(33) *Ibid.*, p. 170.

(34) *Ibid.*, pp. 242-243.

(35) また、一九八三年三月三日付けの手紙には、編集者であるJ・P・パヨー(Jean-Luc Pidoux-Payot)にエリアーデが送った推薦文が同封されており、そこには以下のように記されている。「私の健康と気力は不安定なので、私はヨアン・ペトル・クリアーノと古くからの弟子たちに『世界宗教史』第四巻の編集を担当させることに決めました。……。I・P・クリアーノ教授は少なくとも一〇年以内に、当代の宗教学のもっとも重要な人物とみなされるようになるでしょう。彼は同時に、私の包括的な受遺者〔légataire universel〕でもあり、私は彼に、発表したものであれ未発表のものであれ、私が書いたものすべての管理を任せました」(*Ibid.*, p. 240)。

(36) Culianu, "Experienţă, cunoaştere, iniţiere—Un eseu despre Mircea Eliade—" (in Culianu, *Studii româneşti I*, Iaşi, Polirom, 2006, pp. 230-266). "Mircea Eliade şi opera sa—"Povestea adevărată a mitului"—" (in *Ibid.*, pp. 324-330).

(37) Culianu, 2006, p. 328.

(38) *Ibid.*, pp. 234-235.

(39) Eliade, *Le mythe de l'éternel retour: Archétypes et repetition*, (Paris, Gallimard, 1969), pp. 111-112. 堀一郎訳『永遠回帰の神話――祖型と反復』未來社、二〇〇〇年、一二八頁。クリアーヌによる引用は、Culianu, 2006, p. 234.

(40) Eliade, 1969, pp. 175-176. 『永遠回帰の神話』、二〇一―二〇二頁。クリアーヌによる引用は、Culianu, 2006, p. 235.

(41) Culianu, 2006, pp. 238-241.

(42) Eliade, *The Mysteries of Birth and Rebirth*, (New York, Harper and Brothers, 1958), p. 128. 堀一郎訳『生と再生』東京大学出版会、一九九八年、二五五―二五六頁。クリアーヌによる引用は、Culianu, 2006, p. 240.

(43) *Corespondenţă*, p. 196.

(44) *Ibid.*, p. 125.

(45) 住谷春也「解題」(住谷春也編集、直野敦・住谷春也訳『エリアーデ幻想小説全集』第二巻、作品社、二〇〇四年、五四七頁)。

(46) Eliade, *Fragments d'un Journal I, 1945-1969*, (Paris, Gallimard, 1973), p. 550. 石井忠厚訳『エリアーデ日記(下)』未來社、一九八六年、三四七―三四八頁。

(47) Culianu, 2006, p. 249.

(48) *Ibid.*, pp. 326-329.

(49) *Ibid.*, p. 327.

(50) 本研究では、エリアーデの文学作品に関するエリアーデとクリアーヌの議論内容を主題とするが、両者はクリアーヌの文学作品に関してもさまざまな意見の交換を行なっていた。たとえば、一九八〇年八月二九日付けのクリアーヌの手紙には以下のように記されている。「お約束していた小説を、先生にオランダで直接お渡しできない後悔の念とともにお送りいたします。私たちは先生を心よりおまち申しあげており、すでにお迎えする準備も万全です。

前置きはさておき、先生に是非ともお願いしたいことがございます。もし、先生が小説をつまらないとお考えでなければ、どこかの出版社をご紹介くださらないでしょうか。辛抱強く何トンもの紙の山にタイプで打ち続けて、いまやおよそ一五年にもなります。たとえば、ルネサンスに関する本です。一〇年でおよそ一〇〇〇頁書きましたが、現在までにそこから五頁の論文が出版されたのみです。たしかに多く〔の頁〕は場当たり的なものであり、残りは全体との整合性に欠けるものです。しかしながら、私の研究はあまりに認められず、機会に恵まれていないのではないでしょうか。文学については、いうまでもありません。一九七〇年以降、私はなにひとつ発表していません。とはいえ、私は十分にかなりの分量を書いてきました。亡命してからの作品のなかでも、少なくとも四作品は誇れるものと自負しております。長編小説は、おそらくそれほどではありませんが、ママリガ氏に手渡したものはたしかに出版できる出来栄えです。私は、なぜある文章について……反ユダヤ主義という印象をもった人がいるのかわかりません！！！

あたらしい小説をだれに送るべきか、ご教示くだされば幸いです。先生とタナセ、バルバネアグラ〔Barbăneagră〕、ママリガ、そしてパリュイのために、コピーを五部つくりました。アラン・パリュイ〔Alain Paruit〕の住所を教えてくだされば誠に幸いです。私は彼の住所を把握していないのです。先生は小説の原稿を、さらにだれに送るべきだとお考えでしょうか？」(*Corespondență*, p. 216)。この手紙で言及されている小説とは、ルーマニアのネミラ出版からの刊行を経て、ポリロム出版から二〇〇四年に刊行されることになる『ヘスペルス』(*Hesperus*)である。クリアーヌの小説に関して交わされたエリアーデとクリアーヌの議論内容、さらにルーマニア人亡命者組織における評価については、あらためて考察する必要がある。

(51) Culianu, 2006, pp. 327-328.

(52) *Ibid.*, pp. 258-259.

(53) *Ibid.*, pp. 259-260.

(54) *Ibid.*, p. 260.

(55) たとえば、Eliade, 1969, pp. 26-30. 『永遠回帰の神話』、二五―二八頁を参照。

(56) Eliade, *În curte la Dionis*, (București, Humanitas, 2008), pp. 236-237. 『エリアーデ幻想小説全集』第二巻、三一五頁。

(57) *Ibid.*, pp. 179-180. 住谷春也訳『エリアーデ幻想小説全集』第三巻、作品社、二〇〇五年、一五一一六頁。

(58) Culianu, 2006, pp. 329-330.

(59) *Ibid.*, p. 330.

(60) Eliade, *The Quest: History and Meaning in Religion*, (Chicago and London, The University of Chicago Press, 1969), p. 2. 前田耕作訳『宗教の歴史と意味』せりか書房、一九九二年、一五頁。

(61) *Ibid.*, p. 3. 前掲書、一七一一八頁。

(62) Eliade, *Fragments d'un journal 1, 1945-1969*, (Paris, Gallimard, 1973), p. 317. 石井忠厚訳『エリアーデ日記(下)』未來社、六一頁。

(63) *Corespondență*, p. 51.

(64) *Ibid.*, p. 52.

(65) *Ibid.*, pp. 130-131. また、エリアーデによる亡命者の文化的役割に関する同様の主張は、『日記断章』の一九四九年二月一六日の記述においても確認できる。「ホテルの部屋で一五人ほどのルーマニアの知識人と学生の集会。つぎの問題を議論するために私が彼らを招いたのである。今日、「知識人」は諸概念へ接近可能であるがゆえに最大の敵とみなされており、とりわけ明日も、ますますそのようにみなされるだろうという点、そして歴史は彼に(過去においてたびたびあったように)政治的使命をゆだねているという点においてわれわれの意見は一致するか否かという問題。われわれが巻きこまれているこの宗教戦争において、敵は「エリート」に対してのみ注意を向けている。よく組織された警察にとって、彼・彼女らはかなり容易に抹殺できるという利点があるためである。したがって、「文化をつくること」、これが今日の亡命者の射程にある唯一有効な政治である。伝統的立場は転倒される。歴史の具体的中心にいるのは、もはや政治家ではなく、学者、「知的エリート」である」(Eliade, 1973, p. 103.『エリアーデ日記(上)』、一二六頁)。

第五章　エリアーデ文学における「精神」概念に関する考察

第一節　問題の所在

本研究は、第Ⅰ部において、エリアーデの亡命者としての問題意識が宗教学者としての活動に大きく関わったことを、「精神」概念や「残存」概念に着目することで確認した。そして前章においては、亡命者としての問題意識が文学作品においても色濃く反映されていることを確認した。本章では、エリアーデの戦前と戦後それぞれの文学作品における「精神」概念の用例を比較することにより、戦後における文学創作活動が亡命者としての問題意識と強い関連性を有することをあらためて確認し、その関連性の特徴について検討を加えたい。

周知のようにエリアーデは、インド留学時の体験に基づいた自伝的小説『マイトレーイ』を一九三三年に出版した。『マイトレーイ』はベストセラーとなり、エリアーデはブカレストにおいて時代を代表する人気作家として認知されるにいたった。一九四〇年にルーマニアをあとにするまで、エリアーデは『楽園からの帰還』(一九三四年)、『令嬢クリスティナ』(一九三六年)、『蛇』(一九三七年)、『天上の婚姻』(一九三八年)などをほぼ一年ごとに出版した。また一九三九年には、戯曲「イフィジェニア」の執筆を開始している。エリアーデが在ロンドンの文化担当官として着任した一九四〇年には、『ホーニヒベルガー博士の秘密』と『セランポーレの夜』がブカレストで出版された。一方、亡命者となってからもエリアーデは多くの長編・短編小説を刊行し続けた。一九四五年以降に出版された作品には、『妖精たちの夜』、『ムントゥリャサ通りで』、『ジプシー娘の宿』、『将軍の服』、『ブーヘンワルトの聖者』、『若さなき若さ』、『一九本の薔薇』など題名をあげきれないほどたくさんのものがある。

エリアーデはこのように、第二次世界大戦をまたいで多くの文学作品の創作に力をそそいだ。それらの作品の内容は多岐にわたる。しかしエリアーデ文学の多くの作品には、ひとつの共通した特徴がある。それは、神話的・幻想的な世界と現実の世界が入り混じるように描写する手法である。この手法は、『蛇』や『令嬢クリスティナ』などの戦前の作品と戦後の多くの作品とにおいて共通して認められる。そのため、エリアーデの文学作品の多くは「幻想小説」としてくくられ、戦前と戦後をまたいで連続した主題を有するものとして解釈される傾向にあった。たとえば、中村恭子は『マイトレーイ』について論じた論文において、『マイトレーイ』と『妖精たちの夜』に描かれた宗教的シンボリズムの共通性を指摘した上で、『マイトレーイ』のもとになった「インド留学は、エリアーデの宗教学のみならず文学においても、原体験となったと言うことができるであろう」と述べている。このように理解される原因は、エリアーデ自身の言葉に依るところもある。エリアーデは『回想』において、戦前の短編小説『蛇』と戦後の長編小説『妖精たちの夜』（仏訳タイトルは『禁じられた森』）の連続性について、以下のように述べている。

> 私はこの小説〔『蛇』〕を一九三七年春、晩一一時から午前三、四時まで、一〇夜ほどで書きあげた。〔中略〕。この本を構成する二〇〇頁のうち唯の一頁も私は読み直さなかったが、それでもこれは私の最良の作品のひとつである。しかしもうひとつの事実も重要である。私は蛇のシンボリズムに関する相当な量の民俗学・民族学的資料を手もとにもっていたのに、それを参照することをしなかったのである。その労苦を惜しまなかったなら、『蛇』のシンボリズムはもっと首尾の整ったものになっただろう。しかし、その場合には、文学的創意の方は多分の被害を蒙むる

> ことになったのではあるまいか。〔中略〕。宗教史家としての私にはきわめて親しい主題であるにもかかわらず、私のうちなる作家は学者、象徴の解釈家との意識的な共同作業を一切拒んだのである。〔中略〕。『蛇』の経験は私にふたつのことを納得させた。(1)理論的活動は意識的、意図的に文学的活動に影響することはできない。(2)文学的創造の自由な活動は、反対に若干の理論的意義を開示し得る。実際、出版後『蛇』を読み直してはじめて長いこと、一九三二―三三年の『独語集』以来、私の頭を占めてきた問題(これを体系的に十分に解明したのははるか後年、『概論』においてである)を、それと知らずに解決してしまったことを知ったのである。奇蹟の擬装、聖の世界への介入は常に一連の《歴史的形態》の下に擬装されている事実、外見上はほかの何百万の宇宙あるいは歴史の現象と異なるところのない顕現(聖なる石は外見上はほかの石とは区別できない)が問題である。〔中略〕。『蛇』のこの《発見》から、ふたつの道が分かれる。一方は『概論』と『シャーマニズム』を経て、まだ体系化されてはいないが、《歴史への転落》に関する私の現在の仕事(『イメージとシンボル』ガリマール、一九五二年)に導かれる。他方は、純粋に文学的なもので、『天上の婚姻』と若干の中篇(『巨人』等)をとおって、まだ未完の長編『禁じられた森』へといたる。[1]

ここからは、聖なるものの擬装やその解読といった主題が戦前の『蛇』においてすでに無意識的に用いられたために、戦前の『蛇』と戦後の『宗教学概論』や『妖精たちの夜』との連続性をエリアーデが認めていたことを確認できる。

しかしながら、エリアーデがいかなる読者層を想定して作品を執筆したのかという点に留意すると、戦前と戦後の作品とでは大きく性質が異なっており、一括りにして論じることは決してできないと考えられる。すなわち、戦前の作品はルーマニア語を母国語とする不特定多数の人間を読者として想定して執筆されたのに対して、戦後の作品はエリアーデと同じく亡命したルーマニア人を読者として想定して執筆された。それゆえに、戦後の作品は亡命者としてのエリアーデの問題意識、すなわち、不条理な歴史や亡命者としての在り方に苦悩する同胞たちの助けとなる文化活動を展開しなければならない、また、社会主義政権下にある同胞に代わってルーマニアの民族文化を後世に遺すための文化活動を展開しなければならないという使命感が強く反映されていると考えられる。換言するならば、戦後における文学作品は、「幻想小説」というよりは、亡命者としての使命感が表現された政治性の強い作品群であるといえる。[2] 本章では、戦前と戦後の文学作品における「精神」の用例を比較することにより、この見解の妥当性に検討を加える。「精神」概念は、すでに確認したように、エリアーデの亡命者としての思索と強い関連性を有する概念であるためである。

以下では、エリアーデの文学作品の性質が一九四五年の亡命を境に大きく変化していることを、その前後の作品における「精神」概念の用例の変化に着目することで確認する。まず次節では、戦後の作品である『ディオニスの宮にて』と『一九本の薔薇』における「精神」概念について確認する。つぎに、戦前の作品である『マイトレーイ』、『令嬢クリスティナ』、『蛇』における「精神」概念の用例を確認する。そのあと、上記の考察を踏まえながら、ルーマニア人亡命者組織の機関誌『明星』(*Luceafărul*)に一九四五年に掲載された論説「著述と文学の使命」("Scrisul şi misiunea literaturii")を読解することにより、エリアーデの文学論をまとめる。

第二節　戦後の作品における「精神」の用例

本節では『ディオニスの宮にて』と『一九本の薔薇』を考察の対象とする。これらの作品は、戦後における代表的なエリアーデの文学作品であり、亡命者としての問題意識を明確にみてとれると考えられるためである。

一　『ディオニスの宮にて』

まず、『ディオニスの宮にて』に検討を加える。本書についてはすでに前章で確認したが、ニコラエ・ラデスク将軍の資金によりローマで設立されたルーマニア・アカデミカ協会の機関誌『ルーマニア作家雑誌』(Revista Scritorilor Rommâni)に一九六八年に掲載された。『ディオニスの宮にて』以外のエリアーデ作品では、「ゲオルジェ・ラコヴェアヌの死」などの追悼論説や記事のほか、『壕』、『アディオ!……』、『若さなき若さ』などの短編・中編小説が同誌にて掲載された。『ルーマニア作家雑誌』で発表されたこれらの作品では、歴史的苦難を前にした人間による宗教的生への参与、歴史的時間に身をおきながらも歴史を脱出する宗教的人間という主題がとりわけ大胆に表現されている。たとえば、一九六五年に発表された『アディオ!……』は、太古から神の死にまでいたる宗教史を表現するスペクタクルを演じる役者と観客とのあいだで起こる、スペクタクルの文化的役割をめぐる議論を主題とした作品である。役者と観客の議論では、神の死以降、歴史的時間を脱して真の認識を得ることができるのは役者のみに許された特権であることが強調される。

一九六三年に同誌に掲載された『壕』は、ソヴィエトへ降伏したルーマニア軍がソ連軍と連合し、ルーマニア国内でドイツ軍と交戦した一九四四年、ソ連・ルーマニア軍が接近する小さな村を舞台にした小説である。村人たちは戦線が近づいてくるなか、長老が八〇年近く夢見続けた、隠された財宝についての話にききいり、長老の空想なのか現実のものかわからなくなった財宝を探し出そうと壕を掘る。村を訪れたドイツ軍のフォン・バルタザール中尉は、長老の話と村人たちの行動の意味を探ろうと努める。中尉は南ロシアの戦線、ドン川屈曲部の第二次包囲戦で戦った英雄であるが、ブコヴィナ生まれの詩人でもある。中尉の解読が成功したか否かについては明確に描かれず、ソヴィエト軍が接近すると中尉は鐘楼の屋根から飛び降りて自殺する。

歴史的次元に顕現した神話的次元の意味の解読に努める詩人がになう文化的役割は、前章で確認したように、『ディオニスの宮にて』の主題でもあった。本書の内容についてはすでに確認したので、本章では「精神」概念に着目しながら再考してみたい。

本書において「精神」は、アドリアンとオルランドとの会話において、詩の文化的役割についてアドリアンが説く場面で以下のように用いられている。

もし詩さえも成功しないのならば、施す術はもはやありません。私はすべて試みた。宗教、道徳、預言、革命、科学、技術。これらの手段を私は順々に、あるいは一緒にすべて試みた、そしてひとつも成功しなかった。人間を変えることはできなかった。より正確には、真の人間に変容させることができなかった。ある観点からすれば——それは私が関心のある唯一の観点なのですが——われわれはオルフェウスがまだわれわれのところへ、狼と猪とトラキア人のところへ、まだこなかったときのままでした。〔中略〕。はっきりさせておかねばなりませんが、トラキア人よりも野生動物が問題なのです。オルフェウスがハープの伴奏で歌を歌って野獣をなだめたのを覚えていますね。トラキア人を文明化したことはそれほど重要ではありません。よりずっと重要なのは、狼や熊や猪を音楽と詩でなだめたという事実です。とりわけ詩によって。なぜならば、言葉が至高の魔法を構成するからです。〔中略〕。彼らをなだめることが重要です。そうしてすぐに翻訳しましょう——オルフェウスをまつこと、その言葉で人間を精神へ開かせる〔se deschidă către spirit〕であろうあの天才詩人をまつことです。いい換えれば、世界のあらゆる宗教とあらゆる哲学が切望した変異を加速させる天才詩人をまつことです。[3]

前章で確認したように、アドリアンは神話的次元に精通する記憶喪失の詩人である。それに対して、会話の相手であるオルランドは、歴史的次元に身をおく現代人の象徴として描かれている。この会話においてアドリアンは、自身をオルフェウスと重ね合わせながら、詩の救済的機能を説いている。すなわちアドリアンは、オルフェウスがつくり出す詩の役割を「『精神』へ開かせる」ことと定義して、現代人の意識を「『精神』へ開かせる」神話に代わる詩を現代世界において創造しようとしたのであった。そうすることで、歴史がもたらす苦難から現代人を救済する方法を提示しようとしたことは前章で確認した。

『ディオニスの宮にて』においては、「精神」は、神話的次元を重視するアドリアンと歴史的次元を重視するオルランドとの世界観の相違を表現することで詩の救済的役割を明確に描き出すというきわめて重要な場面で用いられた。本書以降の作品では、神話としての役割をになう現代世界の文化的営為は詩からスペクタクルへ変わるが、「精神」はそのスペクタクルがになう神話的役割に関する説明の場面においてより頻繁に用いられるようになる。

二　『一九本の薔薇』

本書は、『将軍の服』、『ブーヘンワルトの聖者』とともに三部作を構成する作品であり、亡命雑誌『エトス』の編集者であったヨアン・クシャの協力により一九八〇年にパリで発表された。書きあげたばかりであった本書の草稿をクリアーヌに送り、その感想を受け取ったエリアーデは、クリアーヌへ宛てた一九七九年八月三日付けの手紙において「最近もそれ(『一九本の薔薇』)を再読しましたが、いくつかの不注意と不手際を除けば(それらを直せるといいのですが)、私はこの小説を気にいっています」[(4)]と述べている。本書は、エリアーデ自身が認めているように、晩年における思想が大胆に表現された代表的な作品であるといえよう。

本書の舞台は社会主義政権下におかれたルーマニアである。『将軍の服』と『ブーヘンワルトの聖者』にも登場する天才的な劇作家イエロニム・タナセの手引きによってなされる国民的老作家ドミトル・アンゲル・パンデレの記憶回復(anamnézã)が物語の主軸となっている。物語はパンデレの秘書であるエウセビウの視点から語られる。パンデレは、自身の落とし子ラウリアン・セルダルとその婚約者ニクリナに導かれてタナセと出会い、彼から大きな影響を受ける。タナセは、古代の神話を延長して補完する戯曲・スペクタクルを現代世界において創造しようとしていた。そのようなスペクタクルによって、体制および歴史から脱出して絶対的自由を獲得することが可能になるとタナセは主張する。パンデレは、タナセのスペクタクル論に基づく戯曲の創作を決意する。

「精神」概念は、現代世界におけるスペクタクルの役割について議論がなされる場面に登場する。タナセとパンデレはエウセビウに、創作中のスペクタクルが「トルナー、レトルナー、フラートレ」(「もどれ、引き返せ、兄弟よ」という意味。torna, retorna, fratre!) というフレーズではじまる理由を以下のように説明している。このフレーズは、六世紀にビザンツの軍隊が敗走する際に、隊列のラバから積荷が落下したために、停止をよびかけるために使用されたという。

「ビザンツの歴史家の証言がわれわれルーマニア人にとってどれほど重要であるかは高校で習いましたね。それは古代のルーマニア語の、原ルーマニア語の最初の記録です。そうして「トルナー、レトルナー、フラートレ！(もどれ、引き返せ、兄弟よ！ torna, retorna, fratre!)」というよびかけが全軍に理解されたということは、同時にまた、六世紀に、バルカン半島に、いわば原ルーマニア人とよぶべき多数の住民が存在していた証拠です」。〔中略〕。「さて、もっと重要なことはこの事件のもつ二重の意味です。一面では悲劇です、――ローマのある軍隊の敗退――それはルーマニアの歴史編纂の史料のなかでももっとも貴重な、もっとも目覚ましい文献のひとつとなっています。他面、この文献は歴史編纂というものの不安定性、偶然性を見事にあらわしています。もしも例のラバが荷物を落とさなかったら、六世紀というこんな早い時期における原ルーマニア人と原ルーマニア語の存在の証明はなかったのです。しかしそれ以上に、これは歴史的事件一般の構造に光りを当てて解明します。つまり、どれほど無意味にみえ、あるいは滑稽にみえる偶発的なことでも、一民族の歴史に、さらに場合によっては――たとえばクレオパトラの鼻のように――、ひとつの大陸やひとつの文明の歴史に、重大な結果をおよぼし得るということです」(5)。

歴史編纂によってつくりあげられる歴史の不安定性という主題は、すでに確認したように、「歴史の恐怖」という概念を提示した『永遠回帰の歴史』においても主題とされていた。『永遠回帰の神話』では、「歴史の恐怖」に対して聖なるものの残存・擬装によって応じることをエリアーデは試みたのであった。本書において提示された方法は、スペクタクルである。イエロニムはスペクタクルの文化的役割について、ヘーゲルの歴史認識を批判しながら以下のように説明する。

> もちろん、私はヘーゲルが、歴史的事件イコール「世界精神」の表現という等式で足踏みして、分析をそのさきへ進めず、事件や出来事のシンボリックな意味を解明しなかったことを非難します。けれども、このシンボリズムの解明、解読、それは日常的で一見凡俗な出来事の殻を壊してそれを宇宙へと開くのですが、この精神的訓練〔exercițiu spiritual〕は、現代人にはそうそういつもはできません。われわれの身振りや、行為や、情熱や、さらには信仰のシンボリックな意味の啓示は、われわれの考えているような劇的なスペクタクルに――すなわち対話、舞踊、マイム、音楽、アクション、あるいはいうなれば「主題」を抱合したスペクタクルに参加することによって得られるのです。この種のスペクタクルをいくつか経験したあとにのみ、観客はあらゆる日常的事件あるいは出来事のシンボリックな意味の発見、超歴史的な意味の発見に到達するのです。[6]

タナセは、ここで述べているような精神的訓練(exercițiu spiritual)を「あらゆる物体または動作、または出来事のもつ宇宙的次元、いい換えれば精神的意味〔semnificația spirituală〕」[7]を啓示することと説明している。そして、このことこそがすべての芸術の使命であり、そのような使命を帯びたスペクタクルによれば「いかなる種類の事件でも、そのシンボリックな意味、ゆえに宗教的な意味の解読が、啓蒙の手段となり得ます。もっと正確にいえば、大衆の救済の手段となり得るのです」[8]と述べた。このイエロニム・タナセの台詞は、既述のエリアーデの亡命者としての問題意識と重なり合うものと思われる。不条理で悲劇的な歴史的現実に直面した人間は、スペクタクルを介して神話的次元に参与することで、その苦難から解放される必要があるというエリアーデの信条である。このことはタナセとエウセビウの以下のやり取りによって一層明らかに表現されている。

物語の語り手であるエウセビウは、神話的次元に対する認識を得ていないために、タナセのスペクタクルを理解することができない。そのため、タナセとパンデレがエウセビウにスペクタクルの役割を説明する場面が幾度かくり返される。その場面のひとつにおいて、タナセは、スペクタクルは絶対的自由を得るための脱出を可能にすると述べて、スペクタクルによる脱出の特徴について、以下のように説明している。(9)

いま君に話した脱出には、よその国も、町も、未知の大陸も関係ない。ただそれまで生活していた時間と空間から「脱出する」のです、不幸にもかなり近い将来に巨大な収容所の完全にプログラムされた生活と同じことになりそうなその時間と空間から。われわれの子孫は、もし脱出の技法を発見できなければ、そうして、肉体をもちながら自由な存在という、人間の条件の構造そのもののなかにあたえられてある絶対的自由〔libertatea absolută〕を活用することを知らなければ、われわれの子孫は自分たちが本当にドアも窓もない牢獄に終身禁固されているとみなし、――そうして、結局、死ぬでしょう。というのは、人間は、限定つきにせよなんらかの自由が可能であるとの信念がなければ、そうして、いつの日かその自由を獲得できるだろう、あるいは取りもどせるだろうという希望がなければ、生き残れないからです〔supravieţui〕。〔中略〕。絶対的自由、真の精神的自由〔adevărata libertate spirituală〕が危険なしに、迫害なしに、殉教なしに勝ち取れると考えるいわれはありません。(10)

これらの引用文において、「精神」は、スペクタクルによって歴史的次元から脱出するための技法、また脱出することによって得られる状態を表現するために用いられている。『一九本の薔薇』における「精神」概念は、不条理な歴史的苦難に直面した人間に、その苦難をたえながら生きるための方法を提示するというエリアーデの使命感と密接に結びつくと考えられる。

では、「精神」概念のこのような用例は、戦前の作品においても確認できるのであろうか。

第三節　戦前の作品における「精神」の用例

本節では『マイトレーイ』、『令嬢クリスティナ』、『蛇』を考察の対象とする。これらの作品は戦前におけるエリアーデの代表的な文学作品であるだけではなく、そのあとの小説家としての活動に大きな影響を与えた作品群であるためである。

一　『マイトレーイ』

『マイトレーイ』は、エリアーデがカシムバザールのマハラジャ、マニンドラ・チャンドラ・ナンディからの財政援助を受けてスレーンドラナート・ダスグプタのもとへ留学した際の体験に基づいて書かれた作品である(11)。当時の日記の記述を書き写した頁も多く、自伝的性質の強い作品といわれる。一九二八年一二月から一九三一年一二月までの期間にインドへ留学したエリアーデは、兵役を務めるために帰国したあと、国民文化社が主催した懸賞つきの小説募集広告に応募するために本書を書きあげた。本書は国民文化社から賞金として二万レイがあたえられ、一万部を売りあげるベストセラーになった。エリアーデは、本書の売りあげによって、人気作家として名をあげることになった。

周知のように本書は、ダスグプタの娘マイトレーイとの恋愛を軸にして話が進められている。エリアーデに相当する主人公アランは、デルタの運河会社の技術設計に勤めていた。ダスグプタは、上司である技師ナレンドラ・センという名前で登場する。アランは、アッサムでルムディン＝サディア線の盛土と橋梁にたずさわっていた際にマラリアを患い入院し、退院後はセンの勧めによって、セン家に身を寄せることになった。アランとマイトレーイは、互いの勉強を助けるようにセンからいいつけられ、ふたりだけで時間をすごすことが多かった。いつしかアランは、マイトレーイの異国情緒的な容貌と性格に魅せられるようになる。また、セン一家がアランを養子にしようとしていたことによる好意を、マイトレーイとの結婚を願っている証と思い違いをしたこともあり、アランとマイトレーイは大胆に愛し合うにいたる。しかし、マイトレーイの妹で病気を患っていたチャブが、ふたりの関係を意図せずに両親の前で明らかにしてしまう。センはアランに絶縁をいい渡し、家から追放する。セン家を追い出されたアランは、傷心のままヒマラヤ山麓を訪れて、ヨーガの修行に没頭しようとする。しかし南アフリカのケープタウンからヨーガの修行にやってきたチェロ奏者、ジェニア・イサークと肉体的な関係をもってしまう。インドの世界を理解する試みに破れたアランはインドを去り、新天地シンガポールにてマイトレーイとセン一家の消息を伝え聞いて物語は終わる。

本書には mind に相当する minte はいくつか登場するが、「精神」(spirit) はそれほど多く用いられていない。まず「精神」が確認できるのは二章である。それは、セン技師のもとで仕事に励んでいる場面である。

センが大勢の同国人でなく私を選んだのはなぜだろうという軽い疑問が浮かんだが、単純に、私の能力のためだと解していた。いつも、私は自分に建設者としての精神〔spiritul meu constructiv〕と、文明開化をになう白人としてのエネルギーがあり、インドの役に立っているつもりでいた。(12)

この箇所において、「精神」という語は、「未開地」であるインドに文明をもたらす開拓者としての高揚した心持や使命感といった意味で用いられている。それは日常的に用いられる際の意味以上のことをあらわしておらず、宗教学的に特別な意味をあらわすものではないと考えられる。(13)

七章と八章においても、「精神」概念は確認できる。そこではいずれも、マイトレーイがアランの視点からは異常と思えるほどに敬愛するタゴールへの言及に際して用いられている。七章において、マイトレーイはタゴールを「自分の精神の師、グル」(maestrul ei spiritual, guru)(14) と表現する。八章においては、マイトレーイとタゴールの関係に嫉妬したアランが西欧とインドの恋愛観の相違に関して考えた場面で、以下のように記されている。

われわれの知っている所有とは別種のもっと洗練され、もっといわくいいがたい所有が存在するのではないか。ちょっと触れただけで、また軽口ひとつでそれがふと得られるような……そのとき女は相手の情愛や精神にすっかり身を委ねる〔cînd femeia se predă total căldurii sau spiritului celuilalt〕。われわれ文明人のあいだでは、たとえ最高に決定的で熱狂的な愛のなかでも、それほどの完璧な没我に達することはできないのだ。そのあと長いあいだ、私が嫉妬を覚えたのは、センの家に集まるハンサムな若者たち、詩人や音楽家たちに対してではない。〔中略〕。私には、だれかの肉や精神〔spirit〕によってひそかに行なわれるレイプにマイトレーイが気づいていないような気がするのだった。そうして、すっかりいってしまえば、とりわけ精神的所有〔posesiunile spirituale〕が私を苦しめた。〔中略〕。そしてだれよりも、彼女の導師タゴール、ロビ・タクール。私は修辞の巧みを尽くして、マイトレーイが身を委ねすぎる、それが精神〔spiritul〕にせよ肉体にせよ、とほのめかしてみた。(15)

タゴールに関しては、一一章においてもマイトレーイの「精神的導師」(maestru spiritual)(16)と表現されている。しかしこれらの文脈においても「精神」は、恋愛による高揚した気分、また、ものの考え方や価値観といった一般的な意味で用いられていると考えられる。

そのほかに「精神」が用いられる箇所は、一〇章において、インドに対して差別的である白人の友人ハロルドにインドの魅力を説く場面において確認できる。

ハロルドはまじまじと私を眺めて、呆れたり、おもしろがったり、時に迷惑げな顔をした。返事の仕様がなかったのだ。長年私の頭につきまとっていた例の「白人の大陸の死」など理解の外だし、それに、早く町に出てしばらくご無沙汰したウイスキーをやりたくて、議論は上の空だった。やっとひとつ問い返した。

「でも君の宗教は？」

「ぼくにとっては、キリスト教はまだ誕生していなかったのさ。キリスト教会と教義があっただけで。キリスト教はここで生まれるのだ、一番神に近いインドで、人が愛と自由と理解を餓え求めるこの土地でこそ。自由抜き、精神性の優越抜き〔primatul spiritualităţii〕のキリスト教なんて考えられないんだ……」[17]。

この箇所においては、spirit ではなく spiritualitate (spirituality) の複数形が用いられている。senzualitate (sensuality) の対義語であるこの語は、宗教にたずさわることで育まれる信仰心、また宗教的営為の原動力となる要因を表現すると思われる。宗教の制度や教義ではなく、宗教を生み出すと同時に宗教によって豊かなものとされる普遍的な「精神」は、宗教学者エリアーデが主題としたものである。そのため、この箇所における「精神」の用例は、いままでの箇所のものとは性質が異なると考えられる。しかし、このあとには、「精神」について掘り下げて説明するのではなく、インドに対する情熱がマイトレーイに対する愛に由来していることを告白して反省する文章が続く。そのため、この箇所のみに基づいて戦後の作品におけるような「精神」の用例とみなすことは困難であろう。

以上、『マイトレーイ』における「精神」概念の用例を確認した。既述のように、本書は自伝的性質が強い作品であり、「幻想小説」が主であるエリアーデ文学においては異色の作品である。しかしながら、本書はエリアーデの代表的な文学作品とみなされてきたばかりか、宗教学者としての活動の萌芽を『マイトレーイ』に描かれたインド体験に見出そうとする試みもなされてきた。だが、「精神」概念の用例に着目するかぎりでは、亡命後の活動の萌芽をこの作品に見出すことは困難である。

二　『令嬢クリスティナ』

『令嬢クリスティナ』は、リアリズム的な自伝小説である『マイトレーイ』とは対照的に、「幻想小説」とよばれるジャンルに属する作品である。それは、一九〇七年の大農民一揆に巻きこまれて死亡した貴族の娘クリスティナの亡霊にまつわる物語である。クリスティナの妹であるモスク未亡人とそのふたりの娘は、クリスティナの肖像画を生前に彼女が使っていた寝室に飾ってあがめながら、屋敷に客人を宿泊させて生計を立てていた。その屋敷を青年画家エゴールと考古学者ナザリエが訪れた場面から物語がはじまる。エゴールがクリスティナの亡霊に愛され、モスク夫人の娘でクリスティナに取り憑かれた(ように思える)少女シミナの魅惑的な言動に翻弄されるうちに話が展開する。クリスティナがエゴールにいい寄る場面や、とりわけ幼いシミナがエゴールの服を剝いで足に接吻を強要する場面などがあるために、刊行当初、本書は官能小説との批判を受けた。そのことにより、当時ブカレスト大学で講義と演習を担当していたエリアーデは、教職を一時的に停止させられる事態にいたった。

既述のように、それまでの作品がリアリズム文学であったのに対して、本書は日常世界における超常的存在の顕現を描いている点で、亡命後の作品に近い構成といえる。しかし本書の主題は、俗なるものにおける聖なるものの擬装ではなく、令嬢クリスティナの亡霊がおよぼす恐怖と魅力に力点をおいているために、亡命後の作品群と同列において論じることはできない。本書と亡命後の作品との相違は、「精神」概念の用例からも確認できる。すなわち、『マイトレーイ』と同様に、本書には mind に相当する minte や soul に相当する suflet はいくつか用いられているものの、「精神」(spirit)はほとんど用いられていない。用いられるのは、一五章においてである。それは、エゴールの恋人であるために、クリスティナの嫉妬を受けて死に瀕しているシミナの姉サンダの容態を診察しにやってきた医師とともに、エゴールとナザリエが夜に異様な気配を感じ取り、恐怖する場面である。

「こんなところでなにを?」とナザリエ氏はかすれた声でたずねた。
「だれかがうろついている気がしました」と医師はささやいた。「だれかが外で壁を引掻くような気がして……。あなたにもなにかきこえましたか」。

「多分隣の部屋に鳥でもいるのでしょう」。

ナザリエ氏はそう応じたが、もちろん鳥などであるはずはない。その爪が壁面に加える力は生易しいものではなかった。

「なにかテーブルのものを探していましたか。私はびっくりした……」。

「私じゃありません」と医師はいう。「あれはきっと霊だ、悪霊です」〔Astea sunt spirit, sunt duhuri rele〕(18)。

引用文の該当箇所に関して、訳者の住谷春也は「霊」と訳しているが、原文では spirit である。ここでは、悪霊 (duhuri rele) のいい換えとして用いられていることから、現世に顕現した超常的存在という意味で用いられていると考えられる(19)。しかしながら、本書においては、超常的存在がおよぼす恐怖が強調されており、俗なる現世に擬装された聖なるものの文化的役割という考えを確認することはできない。また、歴史に擬装された神話的次元に参与することで、歴史から脱出するという、戦後の作品で描かれていた主題も確認することはできない。

三　『蛇』

『蛇』は一九三七年にブカレストにて出版された。本書は、ブカレスト近郊の修道院で男女数人によって行なわれた宴会が、しだいに神秘的・幻想的な次元と融合していくという筋書きである。一行に途中から加わったアンドロニクという謎の男の提案によって、夜中に修道院の近くの森であるゲームが行なわれる。このゲームを境に、日常的な世界が崩れ出し、日常世界の陰に隠れていた非日常的世界が出現しはじめる。

本書における主題は、俗のなかに擬装された聖の存在である。これは戦後の作品における主題と共通するものであり、エリアーデ自身もこの作品がのちの文学的、学術的主題の萌芽を有すると認めていたことは既述のとおりである。エリアーデは『令嬢クリスティナ』のフランス語訳の序文において、以下のようにも記している。

『令嬢クリスティナ』は私の幻想小説の特徴を代表するものではない。〔中略〕。それは要するに、二〇年前に死んでヴァンパイアとなった若い女性の恋物語である。『令嬢クリスティナ』のあとでは、自覚するともしないともなく、同じく民話の世界を探り続けながら、私は異なる語りの技法に訴えた。すでに、一九三六年に書いて出版した『蛇』のなかで、語りは、日常の凡俗のなかに隠れている「幻想的なもの」をしだいに露にしようとして、さまざまな面に展開する。そのとき以来、私のすべての幻想小説には、この同じ語りの方法を改良して、的確にするための努力が反映されている。日々の雑事にかまけ切った、多かれ少なかれ凡庸な人物たちが、あるとき気がつくと、自分が引きこまれた世界は慣れ親しんだものながら同時に見知らぬもので、そこで異様な理解できない冒険に遭遇する。〔中略〕。この技法はある意味で聖の弁証法を反映するともいえよう。聖は俗のなかにあらわれてもおり、同時にまた隠れてもいるということが、私がヒエロファニーとよんだものの特性である。[20]

たしかに本書は、エリアーデ自身が認めたように、聖なるものの擬装を主題としており、戦後の作品へつながるテーマを有するといえる。しかし本書においては、『一九本の薔薇』における意味を有したような「精神」という言葉はみうけられない。また、歴史的苦難と対峙する人間がその苦難をいかにたえるかという問題も主題とされているとはいい難い。それゆえに、「精神」概念や亡命者としての問題意識に着目するかぎりでは、本書と亡命後の作品に関して連続性を有するものとして解釈することは困難であると考えられる。

第四節　ルーマニア人亡命者組織において提示されたエリアーデの文学論

以上、戦前と戦後それぞれの代表的な作品における「精神」概念の用例を比較することで、戦後の文学作品が亡命者としての在り方と密接な関連を有するという仮説の提示に努めてきた。本節では、ルーマニア人亡命者組織の機関誌『明星』に掲載された論説「著述と文学の使命」を読解することにより、この仮説の妥当性に検討を加えたい。

本論説はエリアーデがパリに亡命した直後の一九四五年に発表した論説である。そこでエリアーデは、作家の使命を時間＝歴史的次元と闘うことと定義している。そして、時間のうちに身をおきつつも歴史的次元を超えるような事柄を主題としなければならない作家の使命について説いている。歴史的次元を超える事柄について、エリアーデは以下のように説明する。

作家は、すべての歴史的存在と同じように時間のうちを生きながらも、芸術家固有の使命によって、歴史的時間の次元を逃れ、「永遠」ではないにしても少なくともよりゆったりとしたリズムをもった時間、眠りの時間、たとえばすべての神話や始源的宗教の循環的時間〔timpul ciclic〕を再発見するように促されているのである。〔中略〕。「歴史的」ではない、すなわち出来事の流れや階級闘争、経済的必要性、政治的対立などによっては変更できない巨大な現実的領域も存在する。第一に、無意識や超意識のはかり知れない大海、集団的記憶と始源型の運び手〔purtător al memoriei colective şi al arhetipurilor〕、芸術的インスピレーションだけでなく、夢やノスタルジー、人類全体の至福の源が存在する。これらすべての人間の現実は、現代の「歴史的契機」〔momentul istoric〕だけでなく、人類すべての「歴史」に先行して、それらを超えている。なぜならば、それらは強烈な心的素材が源であるだけでなく、始源型の超越的領域が源でもあるからだ。〔中略〕。作家の使命とは、時間と闘うこと、時間に抗うこと、「歴史的契機」の無限のうちに時間によって断片化された全体性を再発見することなのである。(21)

ここで歴史と対置されている始源型(22)や循環的時間という概念は、周知のようにエリアーデの宗教研究においては、神話や宗教的営為の源泉、原動力を表現する言葉として用いられた。したがって、始源型に精通することで、現代世界において神話としての役割をはたす文学作品を創造することによって、歴史＝時間に抗う手段を現代人に提示することが作家の使命であるとエリアーデは考えたといえる。

このような文学論に基づきエリアーデは、国家や政党の政策を賞賛することのみを目的として作品を書くソヴィエトの作家たちを激しく非難した。

ソヴィエトの作家は、ソヴィエトに占領された祖国の作家と同様に、彼・彼女らの文学によって共産党の戦略を評するという義務、すなわち一九四二―四四年におけるロシアの歴史的英雄を讃える義務と、一九四七―四九年における「イギリス・アメリカ帝国主義のデカダン派の思想家たち」を馬鹿にする義務とを有している。もし明日にソヴィエトの至上の戦略が変更となったならば、作家たちが反映しなければならない「歴史的契機」も変更されるであろう。〔中略〕。この人間の隷属化という悲しい事態においては、もはや文学について語られないだけではなく、政治的、統治的な低俗文学についてさえ語られないのである。(23)

ここでエリアーデは、歴史的契機を超える主題を有する作品を書くことなく、国家的な政策に追随するだけであるソヴィエトや故国の社会主義政権下の作家を、作家の使命を放棄していると批判する。またエリアーデは、社会主義政権下にある作家をこのように批判する一方で、社会のなかに入りこんで政治的主張を展開する「作家のアンガージュマン」(“angajare” a scriitorului) を提唱するサルトルの運動をも、政治的状況によって作品の質が決定されるという点において、ソヴィエトの作家たちと同類であると批判している。(24)

エリアーデによれば、作家は歴史的時間ではない、「異なる時間の経験」、神話的時間とよべる別種の時間の経験を表現しなければならない。その神話的時間を表現した文学作品には、太古の時代から人間が経験してきた「精神的経験」(experienţă spirituală) が凝縮されるという。そのため読者は、神話的時間を表現した文学作品を読むことによって、歴史的時間を超えて普遍的に存在する始源型に基づいてなされた人間の「精神的経験」を追体験できるという。

> 読者は文学を読むという単純な事実によって、それとは知らずに、いかに時間と闘うかを学ぶのだ。すべての芸術作品が示している自由とともに、彼・彼女は、その上、時間の「凝縮」によって時間から脱出する手段〔posibilitatea de ieşire din timp prin “concentrarea” lui〕を発見するのだ。[25]

このように述べた上でエリアーデは、精神的経験が凝縮された文学作品を「精神の言葉」(cuvinte de spirit)といい換えている。[26] そして「精神の言葉」としての文学作品は、非聖化された現代世界において、神話としての役割をになうであろうと述べる。

> われわれが生きているきわめて「俗的な」、すなわち非聖化された時代にとって、文学的芸術がもたらすメッセージと範例は神秘的技法〔tehnică mistică〕とほぼ等しい。それは「陰気な生をおくる」近代人にも理解可能で利用可能なように低められているが、しかし神秘的技法、すなわち人間の救済の方法〔o metodă de salvare a omului〕と変わらないのである。[27]

神話の救済的役割が、本論説の四年後に出版された『永遠回帰の神話』において重要な主題となったことはすでに確認した。また、近現代人が救済的役割をになう神話を必要とするというテーマは、戦後の文学作品における中心的な主題であったこともこれまでの考察によって確認した。以下は、すでに引用した文章を含むものであるが、『一九本の薔薇』における一文である。[28] そこでは、神話の代わりとなるスペクタクルの文化的役割が、salvare に近い意味をもつ mântuire という語によって説明されている。

> 「だが劇的なスペクタクルによれば」とイエロニムはさらにつけ加えて、「いかなる種類の事件でも、そのシンボリックな意味、ゆえに宗教的な意味の解読が、啓蒙の手段となり得ます。もっと正確にいえば、大衆の救済の手段〔mântuire a mulţimilor〕となり得るのです……」。〔中略〕。このシンボリズムの解明、解読、それは日常的で一見凡俗な出来事の殻を壊してそれを宇宙へと開くのですが、この精神的訓練は、現代人にはそうそういつもはできません。われわれの身振りや、行為や、情熱や、さらには信仰のシンボリックな意味の啓示は、われわれの考えているような劇的なスペクタクルに――すなわち対話、舞踊、マイム、音楽、アクション、あるいはいうなれば「主題」を抱合したスペクタクルに参加することによって得られるのです。この種のスペクタクルをいくつか経験したあとにのみ、観客はあらゆる日常的事件あるいは出来事のシンボリックな意味の発見、超歴史的な意味の発見に到達するのです」。
> 「一言でいえば」とパンデレが割りこみ、「劇的なスペクタクルは、ごく近い将来に、あたらしい終末論あるいは救済論〔soteriologie〕に、つまりひとつの救済の技法〔o tehnică mântuirii〕になり得よう」(29)。

ルーマニア人亡命者組織の機関誌においてエリアーデは、文学作品に凝縮された「精神的経験」の読解が歴史からの救済をもたらすという見解を提示していた。既述のように、戦後におけるエリアーデの文学作品には、神話的なシンボリズムや「精神」という言葉が意図的に散りばめられている。亡命者組織におけるエリアーデの論説を読んでいた人間にとって、それらの文学作品は、同郷の者たちを歴史的苦難から救済することを目的としてエリアーデが提示した手段、すなわち「精神の言葉」として受容されたと考えられる。

第五節　小　結

以上、エリアーデ文学における亡命者としての問題意識の反映を、「精神」概念や救済的役割といった言葉に着目しながら確認した。本章における考察は、たしかに、エリアーデの文学作品すべてを網羅したものではない。また、戦後の作品のなかには、「精神」が用いられていない作品も存在する。エリアーデ文学に関する網羅的かつ詳細な考察は、これからの課題としなければならない。

しかし、本章で考察対象とした作品における「精神」の用例のみにかぎれば、戦前と戦後の作品では、外見的な類似にも関わらず、一括りにして論じることができないほどに性質が異なっており、その変化にはエリアーデの亡命体験が大きく関わっていることが想定される。すなわち戦前の作品は、インドのような当時のルーマニアにおいては未知の地域であった国を舞台にしたものから、ドラキュラを思わせる官能的な亡霊を主題としたものなど、ルーマニアの一般読者に受けいれられやすいであろう娯楽的な内容が主流であった。『ディオニスの宮』や『一九本の薔薇』などの戦後の作品の一部は、それとは対照的に、歴史的苦難のなかでいかに生きるかという問題に関して、聖なるものの擬装という手法によって切りこんだ構成となっており、不特定多数の人間というよりは亡命したルーマニア人を読者として想定した内容と考えられる。

（1）『エリアーデ回想(下)』、二七〇―二七一頁。
（2）もちろん幻想文学と亡命文学は峻別できるものではない。しかし本研究は、亡命者を想定して書かれたと思われる箇所を、エリアーデ文学から抽出し、その特徴を明確化することを目的とする。
（3）Eliade, *În curte la Dionis*, (București, Humanitas, 2008), pp. 236–237.　住谷春也編集、直野敦・住谷春也訳『エリアーデ幻想

小説全集』第二巻、二〇〇四年、三一四―三一五頁。

（4） *Dialoguri întrerupte: Corespondență Mircea Eliade—Ioan Petru Culianu*, ed. by Dan Petrescu, (Iași, Polirom, 2004), p. 194.

（5） Eliade, *Nouăsprezece trandafiri*, (București, Humanitas, 2008), pp. 46-47.　住谷春也編・訳『エリアーデ幻想小説全集』第三巻、作品社、二〇〇五年、三〇六頁。

（6） *Ibid.*, pp. 60-61.　前掲書、三二〇頁。

（7） *Ibid.*, pp. 59-60.　前掲書、三一九頁。

（8） *Ibid.*, p. 60.　前掲書、三一九―三二〇頁。

（9） クリアーヌは、一九七九年五月一七日付けのエリアーデ宛ての手紙において、『一九本の薔薇』で描かれた絶対的自由に着目している。「今日、私は大学に「よび寄せられた」気分でした。午前中にすでに大学に行っていたので、とくになにか用事があったわけではありません。また、H・レウィの著書 *Chald*〔*ean*〕 *Or*〔*acles*〕 *and Theurgy*〔『カルデアの託宣と降神術』〕を急いで読み終えなければなりませんでした。『一九本の薔薇』をみつけたとき、よび寄せられた理由がわかりました。一息で草稿を読みました。思考と情緒がゆさぶられました。それは、先生の最新のご本の再々読とは部分的に矛盾しますが。結局私は、先生をとてもよく理解しているが、完全にではないということです。〔中略〕

残念ながらまったく幻想なしに、現実の時代における「自由」は、どこであろうと、純粋な妄想であると私は考えます。先生は、お見受けしたところ、現代ルーマニアの社会主義政権がまさに避けがたく呪われたものであるとみなしていると私は理解します。社会主義政権は変わることはできない、唯一の希望は内側の変容〔modificarea lui internă〕であると先生はみなしておられます。しかし私は、いま非常に興味深い現象に居合わせていると感じます。それは、ヴェーバーなら「ひとつの状態の上昇」〔ascensiunea unei stări〕というようなものを多くの人びとにもたらすことができる現象です。ルーマニアの歴史全体が外からのみ支配されてきたのは本当です。国土統一〔Unirea〕がなされたことしかり、一八七七年もしかり、ブフテアにおける事実上の平和締結のあとの一九一九年もしかりです。（いかなる価値ある判断もない！）独自の強力な「ひとつの状態の上昇」は、あのふたつの戦争のあいだ、実際にはけっして「権力」を掌握しませんでした！　それゆえに、ルーマニアは、内的な勢い〔forțe interne〕によって、みずからの状況を変えることができないといえるのです。いまや、外的な勢い〔forțe externe〕によってますます……。私は考えが混乱しはじめており、それゆえつぎのようにいいたくなります。すなわち、形式的な自由はどこでも過去のものになっていると理解する。しかし「絶対的自由」とはなんでしょうか？　とりわけそれは、スペクタクルと正確にはどのような結びつきをもっているのでしょうか？　貧弱な解釈者として、非常に多くの仮説に悩まされます。

(1)自由というものは、技巧的な空間においてのみ可能である。しかしその場合、それは絶対的な自由ではあり得ない。
(2)自由というものは、意識のあたらしい領域の発見をとおしてのみ可能である。しかしこれは、アメリカの多くの集団のテーゼ(その理論家たちによれば〈意識III〉)である。その〔テーゼ〕は、エッセネ派とほとんど同じようなものであり、「悪の者たち」が自分たちを「食らおう」としてやってくるときに、神秘的な力によってのみ「戦い」に勝とうとするといえる。
(3)自由というものは、ある種の想像の領域が活性化される場合にのみ可能である。その領域は、生存に関わる遊戯的な諸根拠を生み出す(イエロニムの「フィルム」の場面のことです)。この三つ目の仮説は、最初のふたつを混ぜ合わせたものです。
(4)絶対的自由というのは、それが偶発的ではない計画によってのみ可能であることを意味する。しかしその際、そういった自由は、(伝統的宗教のものであれ、あるいはある種の超自然的な教義のものであれ)ある信仰の行為をとおしてのみ獲得することができる。

〔これらの仮説は〕おそろしく退屈なものだとしても、実際には生死に関わる問題であると思います。私は、先生がおっしゃることを理解したいのです。というのも、先生はとても多くのことを、私などよりもはるかに多くのことをご存じであると私は信じているからです！〔以下略〕(*Corespondenţă*, pp. 186-188)」。この手紙は、クリアーヌ自身も認めているように、内容が錯綜しており、「意識III」などが意味するところも明瞭ではなく、あらためて丁寧に読み解く必要がある。しかし、ここで言及された「内側の変容」が国内のルーマニア人たちによるスペクタクルを用いた文化的抵抗運動という意味で用いられているならば、クリアーヌは現体制下にあるルーマニア人たちがエリアーデのいうような絶対的自由を獲得することは不可能だと述べていると考えられる。Internă の形容詞である intern は internal に相当し、「国内の」という意味を有するためである。「内面的な」「精神的な」という訳の可能性もあるが、「社会主義政権」と対置されているために、社会主義政権によって統治されているルーマニア国内の人々を意味しているのではないかと考えられる。「内的な勢い」による変容が不可能であることの理由として提示されているように読むことができる「外的な勢い」がいかなるものであるのかを、この手紙から特定することは困難である。しかし intern が「国内の」を意味するならば、external に相当する extern は「外国の」「国外の」を意味すると考えられる。また、数行前で、ルーマニアが「外から」(din afară)支配されてきた歴史について言及されていること、また、一九七九年当時のルーマニアの状況を考慮するならば、「外的な勢力」がソヴィエトである可能性を考えることはできるであろう。クリアーヌはこの「外的な勢い」がルーマニアにどのように作用しているのかを明言することは避けている。明言を避けた理由は記されていない。エリアーデとの政治的見解の相違が鮮明になることをおそれたのであろうか。いずれにせよ、この手紙からは、クリアーヌはルーマニアとソヴィエトの関わりについて、エリアーデとは異なる見解をもっていた可能性が想定される。

(10) Eliade, *Nouăsprezece trandafiri*, pp. 133-134. 『エリアーデ幻想小説全集』第三巻、三九七―三九八頁。

(11) エリアーデはローマ図書館でダスグプタの『インド哲学史』を読んで感銘を受けたことでインド留学を決意したという。

(12) Eliade, *Maitreyi • Nuntă în cer*, (Bucureşti, Minerva, 1986), p. 18. 住谷春也訳『マイトレイ』作品社、一九九九年、一七頁。

(13) 住谷の訳では第三章において「精神」という語が以下のように使われている。「日曜日は、召使いたちが列車でシロンへ買い物に出かけているあいだ、昼まで眠る。目がさめても口のなかがべとつき、頭が重くて、一日中ベッドにごろごろしながら、メモを日記帳に書き写す。あとでアッサムでの白人の生活の実態を書いた本を出そうと思っていたから、できるかぎり的確な自己分析をした。無気力とノイローゼの日々がある一方、パイオニア精神と勇往邁進と発展成長の日々、もちろん、数にすればその方が多い」(*Ibid*., p. 23. 前掲書、二三―二四頁)。下線部は適切な翻訳であるが、原文では、"zilele mele de marasam şi neurastenie, alături de zilele, mai numeroase, fireşte, de pionierat, de orgolios efort, de creştere" と記されており、spirit という語は用いられていない。

(14) Eliade, 1986, p. 65. 前掲書、八九頁。

(15) *Ibid*., pp. 71-72. 前掲書、九八―九九頁。

(16) *Ibid*., p. 117. 前掲書、一六五頁。

(17) *Ibid*., pp. 101-102. 前掲書、一四三頁。

(18) Eliade, *Proză fantastică, volumul 1*, (Bucureşti, Editura Tana, 2007), p. 105. 住谷春也訳『令嬢クリスティナ』作品社、一九九五年、一八三頁。

(19) 住谷の訳では、一四章において「精神」という言葉が用いられている。それは、サンダの往診にきた医師が泊まっていくようにいわれて部屋に案内された際に、医師の視点から部屋の様子が描写された場面である。「まことに気に入らない部屋だ。だれかがついいましがた明け渡したという感じで、長く住んでいたその先住者の精神がいたる所に刻み付けられているようだ」(*Ibid*., p. 98. 前掲書、一七〇頁)。しかし「先住者の精神」という言葉は、原文では sufletul lui pretutindeni であり、「精神」という訳語よりは「魂」や「霊魂」といった訳語の方が適切であるように思える。

(20) Eliade, *Mademoiselle Christina*, (Paris, L'Herne, 1978), pp. 5-6. この一文は、『エリアーデ幻想小説全集』第一巻の「解題」において、住谷春也によって引用されている(前掲書、五五〇頁)。

(21) Eliade, *Împotriva Deznadejdii*, (Bucureşti, Humanitas, 1992), pp. 45-47.

(22) この概念に関しては、第八章においてあらためて考察する。

(23) Eliade, 1992, p. 44.

(24) *Ibid.*, p. 45.

(25) *Ibid.*, p. 50.

(26) *Ibid*.

(27) *Ibid*.

(28) ともに、salvation, redemption などの意味を有するが、salvare が rescue のように物質的、即時的な意味で用いられるのに対して、mântuire は宗教的、思想的な文脈で多く用いられる。

(29) Eliade, *Nouăsprezece trandafiri*, pp. 60-61. 『エリアーデ幻想小説全集』第三巻、三一九—三二〇頁。

第Ⅲ部　エリアーデとクリアーヌの関係

第六章　鉄衛団運動をめぐるエリアーデ批判とクリアーヌ

第一節　問題の所在

一九七八年にパリのベルフォン社から出版された『迷宮の試煉』(*L'épreuve du labyrinthe*)は、宗教学者エリアーデと文学者で批評家でもあるクロード・アンリ・ロケ(Claude-Henri Rocquet)の対談を収録したものである。[1] この対談においてロケは、エリアーデ宗教学の主要概念だけではなく、『ムントゥリャサ通りで』や『妖精たちの夜』などの代表的な文学作品についても的確な質問をエリアーデに投げかけている。この著書は、エリアーデが自身の宗教理論や文学作品について明快に語った入門書として高い評価を受け、一九八二年に英語訳が、一九九〇年にはルーマニア語訳が、そして二〇〇九年には日本語訳が出版された。エリアーデ自身も『迷宮の試煉』について、一九七八年九月二三日付けのクリアーヌ宛ての手紙において、「〔ロケとの〕対談〔Entretiens〕はよいものになるでしょう。この著書は素晴らしく、そして有益です」と述べている。[2]

しかし日本語訳に付された奥山倫明による解説「エリアーデを再読するために」で述べられているように、『迷宮の試煉』では一九三〇―四〇年代におけるエリアーデの政治的言動、すなわちエリアーデと鉄衛団運動(Garda de Fier,

Iron Guard, レジオナール運動ともよばれる）との関係については言及されていない。そのことを指摘した上で奥山倫明は、「エリアーデが語らなかったことと、エリアーデが語り、書き記したことを照らし合わせ、さらに時代背景についても改めて検討を加えることによって、この宗教学者・小説家の陰影に富んだ全体像が、今後、よりいっそう明らかになっていくにちがいない」と結論している(3)。

奥山倫明が指摘するように、今日、エリアーデを肯定・否定いずれの立場で論じるにしても、エリアーデと鉄衛団運動の関係（以下、鉄衛団問題と記す）をいかに解釈するかという問題は避けてとおることができない。鉄衛団運動とは、コルネリウ・ゼレア・コドレアヌを創始者とするルーマニアの民族主義運動の名称である。この運動は、東方正教会に敬虔であることやルーマニア民族のためにみずからの命を犠牲にすることなどを奨励する宗教的要素をもつ一方で、反ユダヤ主義や反共産主義を公言する極右の民族主義的性質を有したといわれる。また、一九四〇年一一月にジラヴァ刑務所に収容されていた、鉄衛団運動をかつて批判した政治犯およそ六〇人を数人の鉄衛団員が虐殺し、同年一一月二七日にはルーマニアの大歴史家ニコラエ・イオルガ（Nicolae Iorga）を暗殺するなどの殺戮活動を展開したために、戦後、鉄衛団運動はルーマニアのファシズム運動として批判されるにいたった。

今日、鉄衛団へのエリアーデの関与は疑いようのないものと考えるのが定説である。後述する、鉄衛団を賛美するエリアーデの論説が発見されたほか、死後に発表された日記などがその根拠である。たとえば、後述する友人ミハイル・セバスティアン（一九〇七―四五）の交通事故死の知らせを受けた一九四五年五月二九日の『日記』には以下の記述がある。

私たちの友情を思い出す。将来に関する私の夢のなかでは、彼やそのほかひとり、ふたりの人がいるからこそ、ブカレストはなんとかたえられる場所になるはずだった。私の鉄衛団との関係の最盛期（în climaxul meu legionar）においてさえ、私は彼に親近感を感じていた。彼の友情から得たものはこの上なく大きい。この友情があるからこそルーマニアでの生活、ルーマニアの文化にもどることができると当てにしていたのだ。(4)「私の鉄衛団との関係の最盛期」という記述からは、鉄衛団への関与をエリアーデ自身が認めていたと考えることができよう。

鉄衛団へのエリアーデの関与の有無は、一九七〇年代になってから一般に議論されるようになったが、それ以前にふたつの公的機関によって調査されたことがあった。最初に調査を行なったのは、一九三八年二月に独裁制を宣言したルーマニアのカロル国王であった。(5)一九三〇年にミハイ一世(在位:一九二七—三〇年)を継いで即位したカロル二世は、求心力の低下を危惧し、鉄衛団の運動を警戒した。一九三七年の選挙で鉄衛団が第三の政治勢力になると、カロル二世はコドレアヌをはじめとする幹部たちを、反乱を企てたという嫌疑により拘束して射殺した。そして、鉄衛団の支持者たちの一斉検挙を行ない、エリアーデの師であり鉄衛団のイデオローグであったナエ・イオネスクをはじめとする文化人、知識人たちを逮捕した。その際に、イオネスクの弟子であったエリアーデも、鉄衛団への参与を疑われて逮捕された。

警察本部で鉄衛団運動から手を引くことを誓約する書類への署名を拒んだエリアーデは、ミエルクレア・チュクルイ強制収容所におよそ四カ月間投獄された。政府は、知名度の高いエリアーデに鉄衛団から手を引かせることにより、鉄衛団弾圧のプロパガンダに利用しようとしたという。しかし同年七月にエリアーデが収容所内で吐血し、結核感染が疑われた。著名な作家・思想家を収容所内で死なせることはプロパガンダに逆効果と考えた政府は、エリアーデをサナトリウムに移動し、一一月一二日に帰宅させた。これらの出来事は、一九三〇年代のルーマニアにおいて、エリアーデが鉄衛団運動に近しい思想家であることは鉄衛団支持者のあいだでも反対者のあいだでも自明であったことの証左と考えられる。

第二の調査は、イギリス外務省とニュー・スコットランドヤードによって行なわれた。(6)既述のように、エリアーデは一九四〇年四月一〇日に在ロンドンのルーマニア公使館に文化担当官として着任した。しかしイギリス政府は、エリアーデを正規の公使館職員として承認することを問題視した。ブライアン・レニーはその理由として、公使館では親英派で勤続年数が長期におよぶ職員が大半を占めたなか、鉄衛団支持の疑いで拘束され、そのあとカロル国王政府からの推薦で配属されたエリアーデの身分が異質とみなされたことをあげている。

同年九月六日にイオン・アントネスク将軍がカロル国王を退位させ、鉄衛団指導者ホリア・シマを副首相に任命すると、エリアーデの立場はさらに複雑なものとみなされるようになった。ルーマニア国内でイギリス人が鉄衛団によって監禁される事件が起こると、イギリス外務省とスコットランドヤードは報復として拘束に適した在英ルーマニア人のリストを作成した。その際に外務省のP・L・ローズ(P. L. Rose)らによって、エリアーデを鉄衛団支持者としてリストに加えることが提案された。しかし、エリアーデの反ドイツ的言論を利用価値のあるものとみなす意見も出され、エリアーデの処遇は保留されたという。結局、イギリスとルーマニアが宣戦布告をする直前に、イギリス外務省のP・J・ディクソン(P. J. Dixon)やフィリップ・ニコルズ(Philip B. B. Nichols)によってエリアーデをリスボンに異動させることが決定された。これらのエリアーデの処遇をめぐる議論は、エリアーデが鉄衛団に近い思想の持ち主であることを当時のイギリス外務省や捜査機関が把握していたことを示している。しかしこれらの調査結果が、関係者外に公表されることはなく、鉄衛団へのエリアーデの関与が欧米諸国で一般に知られることはなかった。

一九七〇年代初頭、エリアーデが鉄衛団運動に関与していた可能性を示す資料が公になると、エリアーデの思想における反ユダヤ主義やナチズムとの親和性を指摘する批判がイタリアやフランス、アメリカにおいてまきおこった。鉄衛団運動にエリアーデが関与していた可能性を示す資料とは、ユダヤ系ルーマニア人作家でエリアーデの友人であったミハイル・セバスティアンの『日記』(7)やエリアーデが一九三〇年代に発表した「盲目の水先案内人」(8)などの論説である。前者を用いた代表的な批判としては、イスラエルの雑誌『トラドート』(*Toladot*)で発表された匿名の論文(以下、『トラドート』論文と記す)があげられる。(9)後者を用いた批判的研究としては、エイドリアナ・バーガー(Adriana Berger)の論文が代表的である。[10] いずれもそのあとのエリアーデ批判に大きな影響をあたえた研究であるが、両者ともきわめて偏った資料読解によって論を展開している。『トラドート』論文は、後述するように、事実検証が著しく不徹底であり、客観的な学術論文であるとはみなし難い。バーガーの論文も、エリアーデは反ユダヤ主義者であるという自説に都合のよい箇所のみを「盲目の水先案内人」から抜粋しており、資料の引用方法としてきわめて不適切である。

さらに時代がくだると既述のラッセル・マッカチオンが、ハイデガーやポール・ド・マンのナチス支持、反ユダヤ主義支持をめぐる議論に比べエリアーデの政治性はほとんど議論されなかったことを指摘し、エリアーデの文言を非政治的に読解するエリアーデ擁護派の研究方法にその原因があると批判した。[11] すなわち、エリアーデの諸概念がどのような政治的歴史的状況で構想されたものかを問うことなく、エリアーデを内在的に読解してきたことが鉄衛団問題を見逃す原因となった。したがって、エリアーデ宗教学が有する反近代性・反ユダヤ主義・親ファシズム・親民族主義の性質を明るみに出すことで「エリアーデ時代の終焉」を宣言しなければならず、さらにそのことは「宗教」を政治や経済から独立した種とみなす宗教学の学問的方法論の問題点を浮き彫りにすることになるだろうとマッカチオンは主張した。

それに対してリケッツは、エリアーデが鉄衛団の活動の一部に共感を示したことは認めるが、反ユダヤ主義を共有したことはなかったと主張する。[12] リケッツによれば、エリアーデは第一次世界大戦後の領土拡大によりルーマニア国内で増加したユダヤ人、ハンガリー人、ブルガリア人などの少数民族がルーマニア人の雇用を脅かす状況には批判的であったが、それが身体的・言語的特性に基づく人種差別につながることはなかったという。エリアーデが鉄衛団に接近したのは、団員の犠牲的な死によるルーマニア民族の救済・再生という宗教的思想に賛同したためであるとリケッツは述べる。ブライアン・レニーも、エリアーデが一定期間、鉄衛団運動を支持したこと、ルーマニア人の雇用や治安を脅かす少数民族の存在を好ましく思わなかったことは認めるが、それのみを根拠としてエリアーデを反ユダヤ主義と批判することはできないと主張する。[13]

わが国においては、竹沢尚一郎が鉄衛団運動へのエリアーデの関与を批判的に論じる研究[14]を発表したが、既出のバーガーの論文などの二次資料に大きく依拠しており、一次資料を丹念に読解することもなくエリアーデを「堅実な学術論文を作成する一方で、ファシズム運動にも深くコミットしていた」と批判している。[15]

このような研究動向において、本章では鉄衛団運動をめぐるエリアーデとクリアーヌの質疑応答に着目する。その意義は以下の三点である。

第一に、鉄衛団運動に関するエリアーデの直接的な発言を確認できる点である。鉄衛団問題に関する考察には、民族主義運動を生み出した一九三〇―四〇年代におけるルーマニアの時代状況を明らかにする作業と、鉄衛団運動に関するエリアーデの発言を丹念に読解する作業のふたつが不可欠と考えられる。エリアーデの言葉のみに基づく考察は客観性を欠く危険があるが、エリアーデの言葉を無視する考察は、『トラドート』論文やバーガー論文のように、独断的なバッシングになりかねない。しかし生前エリアーデは、鉄衛団運動について公の場で発言したことはなかった。また鉄衛団運動との関係を追及する批判者に対しても、エリアーデが直接反論したことはなかった。そのため、クリアーヌとのあいだで交わされた鉄衛団運動に関する質疑応答は、エリアーデが鉄衛団問題について個人的に語った貴重な資料であるといえる。

後述するようにクリアーヌは、リケッツやブライアン・レニーのように、鉄衛団問題に関する資料を豊富に入手していたわけではなく、この議論の中心にいたとはいい難い。[16]それゆえに、エリアーデとクリアーヌの対話に着目する本章の試みも、鉄衛団問題に関する最終的な見解の提示を目的とするものではない。本章では、エリアーデがクリアーヌに鉄衛団運動についていかに語ったのか、そしてクリアーヌはそのエリアーデの言葉をいかに受けとめたのかという点を明確化するにとどめる。

第二に、エリアーデとクリアーヌの思想的影響関係が明らかになる点である。エリアーデは、第四章で確認したように、研究面においても経済面においても、クリアーヌを積極的に支援した。たとえば第四章の脚注で引用した一文であるが、一九八三年にエリアーデはパリの編集者ジャン＝リュック・ピドゥ＝パヨーに「I・P・クリアーヌ教授は少なくとも一〇年以内に当代の宗教学のもっとも重要な人物とみなされるようになるでしょう。彼は同時に、私の包括的な受遺者でもあり、私は彼に、発表したものであれ非発表のものであれ、私が書いたものすべての管理を任せました」[17]と告げていた。この言葉どおりに、クリアーヌはエリアーデの没後、『世界宗教史』第四巻(*Geschichte der religiösen Ideen III/2*, Verlag Herder Freiburg im Breisgau, 1991)や『エリアーデ世界宗教事典』の編集を引き継ぐことになった。エリアーデからのこのような篤い信頼に応えたことによって、クリアーヌは、現代宗教学において、エリアーデに忠実にしたがった「弟子」とみなされる傾向にある。たとえばマッカチオンは、『エリアーデ世界宗教事典』に付されたクリアーヌの序文に基づいて、エリアーデの非還元主義的宗教概念を継承した擁護者とクリアーヌを評した[18]。また、『世界宗教史』第四巻の日本語訳では、クリアーヌはエリアーデの「愛弟子」と紹介されている[19]。そのほか、クリアーヌの *Expériences de l'extase. Extase, ascention et récit visionnaire de L'Hellénisme au Moyen Age*, (Paris, Payot, 1984)を訳した桂芳樹は、クリアーヌはエリアーデを「師事」していたと表現するほか、「エリアーデは才気煥発の後進の研究の進展に並々ならぬ関心を示し、クリアーノの師に対する傾倒ぶりは、その処女作がエリアーデの思想をテーマにした作品(一九七八年)であることからも窺えよう」[20]と述べている。

たしかに、本書第四章で確認したように、エリアーデとクリアーヌが親密な間柄であったことは間違いない。しかし両者の関係は、弟子が師に対して盲目的に服従するといった穏やかなものではなかった。後述するようにクリアーヌは、エリアーデと深い交遊をもつ一方で、時にはエリアーデの意思に反しながらも、師の過去に関する疑問を執拗に追及することを試みた。エリアーデとクリアーヌのあいだで交わされた鉄衛団運動に関する議論に着目することは、両者の政治的言論の相違やクリアーヌがエリアーデ思想をどのように継承し、さらには超えていこうとしたのかという問題を明らかにすることに資する。

第三に、戦後のルーマニア人亡命者組織における政治動向を視野に入れた鉄衛団問題に関する考察が展開できる点である。鉄衛団問題に関する従来の研究は、一次資料を精査することもなく、この運動が戦前・戦中におけるファシズム運動であったことを前提として、エリアーデの関与の有無について論じる傾向にあった。それに対して本章が着目するクリアーヌは、鉄衛団という文化現象を大戦間期および戦中のファシズム運動としてのみではなく、戦後のチャウシェスク政権、そして一九八九年のルーマニア革命後に成立したイリエスク政権の政策にも関与した、ルーマニア民族史・政治史における巨大な政治的・民族的運動として理解していたと考えられる。鉄衛団に参与した多くの者は、戦後、国外のルーマニア人亡命者組織で政治的な連帯を維持して、本国での復権を画策した。クリアーヌは亡命者組織におけるこの鉄衛団の活動を批判したと思われる。戦前の民族主義運動と戦後における社会主義政権、そのあとの民主主義政権を貫く政治的連続性のなかに鉄衛団を位置づけるクリアーヌの見解は、エリアーデをはじめとするほかのルーマニア人亡命者たちとのあいだに軋轢を生じるものであった。本章では、エリアーデやほかの亡命者たちとのあいだに生じたこの緊張関係を、エリアーデとクリアーヌの『往復書簡』のほかに、ルーマニア亡命者組織の機関誌に掲載されたクリアーヌの論説を読み解くことによって確認する。そのことにより、ルーマニア人亡命者組織の政治動向との関連において鉄衛団問題を考察するあらたな視点の提示を目的とする。

本章で取り組むこれら三つの課題は、ポスト・エリアーデ時代といわれる現代の宗教学において、エリアーデの思想を批判的に継承するためのモデルを提供するだけでなく、第二次世界大戦時の知識人による反ユダヤ主義やファシズムへの参与に関する再考といった現代的な問題に取り組むことにもなるだろう。

以下では、つぎの手順により論を進める。(1)鉄衛団問題の論点を確認するために、鉄衛団運動へのエリアーデの関与をはじめて公に指摘したイスラエルの機関誌『トラドート』における記事と、その記事をめぐってエリアーデとゲルショム・ショーレム(Gershom Sholem, 一八九七—一九八二)のあいだで交わされた書簡を紹介する。(2)鉄衛団問題に関するエリアーデとクリアーヌによる質疑応答を、ダン・ペトレスクが編集した『往復書簡』の読解によって確認する。(3)一九七八年に出版された『ミルチア・エリアーデ』(*Mircea Eliade*)にクリアーヌがつけ加えることを希望したがエリアーデによって拒絶された「補遺II」の内容と、一九八〇年代にポール・ゴマ(Paul Goma, 一九三五—)の依頼によって計画されたエリアーデとクリアーヌの対談の主題をめぐる両者のやり取りについて考察する。(4)エリアーデの死後、亡命者組織の機関誌に掲載されたクリアーヌの論説から鉄衛団に関する記述を抽出し、その特徴を明確化する。

第二節　エリアーデに対するイエルサレムからの批判

イエルサレムにおいてルーマニア語で出版された雑誌『トラドート』に、エリアーデは鉄衛団運動に参与することで反ユダヤ主義に加担していた、と糾弾する匿名の記事が一九七二年に掲載された。[21] この記事では、エリアーデを賞讃する文章をアメリカで発表していたショーレムも批判の対象とされた。『トラドート』論文の著者は、エリアーデが「反ユダヤ主義の過激派組織である鉄衛団の一員であった」[22] ことの根拠として、ルーマニア系ユダヤ人作家ミハイル・セバスティアンの『日記』を提示した。『トラドート』論文の著者によれば、セバスティアンは、エリアーデがしだいに反ユダヤ主義運動に深く関わるようになったためにエリアーデと訣別したのであり、彼の『日記』にはエリアーデの反ユダヤ主義的活動についての言及が多数確認できるという。以下、『トラドート』論文の著者がセバスティアンの『日記』から引用したいくつかの記述を確認する。

セバスティアンによれば、一九三六年ころからエリアーデはコドレアヌの運動に共感を示しはじめ、一九三七年三月二日には、「私は鉄衛団を愛していて、彼らに期待しているし、彼らの勝利を待望している」[23] とセバスティアンに直接語ったという。またセバスティアンは、反ユダヤ主義的な雑誌『受胎告知』(*Buna Vestire*)に掲載された「私はなぜレジオナールの勝利を信じるのか」と題されたエリアーデの記事を、エリアーデが鉄衛団支持を公に発表したことの証拠とみなしており、以下の文章をこの記事から引用している。

ルーマニア民族は、ユダヤ人に侵略され、外国人にずたずたにされて、貧困と梅毒に塗れて、その生を終えていくのであろうか？〔中略〕。レジオナールの革命はまさに至上の目的を有している。すなわちカピタン〔首領、コドレアヌ〕がいうところの民族の救済〔mintuirea neamului〕である。〔中略〕。私は自由と人間性と愛を信じている。それゆえにレジオナール運動の勝利を信じているのだ。(24)

この記事が掲載されてからおよそ一ヵ月後、セバスティアンはエリアーデを訪ねて記事についての説明を求めたが、エリアーデと理解し合えなかったと『日記』には記されている。

そのほか『トラドート』論文は、セバスティアンの『日記』に記された、ドイツのポーランド侵攻を擁護するエリアーデの発言や鉄衛団を賛美していると指摘されるエリアーデの戯曲「イフィジェニア」の公演、エリアーデが枢軸国側であるイタリアのローマ公使館へ異動するという噂に関するエピソードなどをふたりの関係が壊れていった証拠として引用している。そして、セバスティアンとエリアーデの関係が決定的に破綻した証言として、エリアーデがポルトガルからルーマニアに一時帰国した際の以下の記述を引用している。

一九四二年七月二七日、ミルチア・エリアーデがブカレストにいることはだいぶ前から知っていたが、ここに記すことを忘れていた(私には大して重要なことではなくなってきているのである)。彼が私に会おうとせず、なんの便りもよこさないことはいうまでもない。以前ならば、それは私には卑劣に思えたろう。たえがたく不条理にさえ。今現在はごく当たり前に思える。より単純で明らかなのだ。彼にいうべきこと、尋ねることはもはや本当になにもない。(25)

ここに記されているように、エリアーデは帰国しているあいだ、セバスティアンに会うことを拒否した。『トラドート』論文の著者はその理由を、イオン・アントネスク将軍とナチス政権とのあいだで交わされたユダヤ人の強制収容に関する条約をエリアーデが把握していたためと主張している。

『トラドート』論文は、セバスティアンの『日記』から以上のいくつかの文章を引用することでつぎのように結論している。

> セバスティアンの記述に対して多くをつけ足す必要はないと思う。ミルチア・エリアーデの反ユダヤ主義的姿勢は明らかとなった。それは一時的な支持、日和見主義あるいは純理論的なものではない。それはかつての親友への敵意となったのであり、単なる立身出世主義の外面的なあらわれなどではなく、より根深いエリアーデの内的な性質を明らかにするものである。M・セバスティアンが語った「非道徳」は、ミルチア・エリアーデの成功と高名によって覆い隠されているかもしれない――しかし非道徳は変わらずに存在し続けているのである。[26]

『トラドート』論文によるこのような糾弾に対して、ショーレムは一九七二年六月六日に、「私がこの問題に心を奪われてしまっていることをご理解ください。また、あなたの側からこの告発に反論して、当時のあなたの考え方、そして必要ならば考え方を変えた動機について説明してくださることを望んでいます。〔中略〕。私はあなたを誠実で正直な方だと思っておりますし、とても尊敬している方だからこそ、真実を語ってくださるようにお願いするのは当然のことであると思います。〔中略〕。とにかくこの攻撃に反論しなければなりません。確実にそれはイスラエル中に広がるでしょう。イスラエルには幾千人もの無名の士、ルーマニア系のユダヤ人が、鉄衛団とその活動を記憶しているのです[27]」と反論を要請する手紙をエリアーデに送った。

ショーレムからの要請に対して、エリアーデは一九七二年七月三日付けの手紙で返答している。エリアーデのこの手紙では、最初にいくつかの事実誤認が指摘された上で、『受胎告知』に掲載された論文「私はなぜレジオナールの勝利を信じるのか」は自分が書いたものではないことなどが主張された。

> あなたが知らせてくださった記事には、私がレジオナール政権のもとでリスボンの文化担当官に任命され、一九四一年の春にマドリードへ移転させられたと書かれています。実際には、私は鉄衛団の敵であったカロル国王の政権末期である一九四〇年四月にロンドンの文化担当官に任命されたのであり、ついで一九四一年の二月、レジオナールを一掃したアントネスクの政権のもとでリスボンへ異動したのです。そしてパリに腰を落ち着ける一九四五年九月までポルトガルにとどまりました。私がマドリードに着任したことはありません。一九四一年二月、マドリードの報道担当官は詩人のアロン・コトルシュ〔Aron Cotruș〕で、文化参事官はアレクサンドル・ブスイオチアヌ〔Alexandru Busuioceanu〕教授でした。
>
> イギリスとポルトガルに滞在していた時期（つまり一九四〇—四五年）に、ルーマニアの雑誌に論文を発表したことはありません。[28]

そしてエリアーデは、鉄衛団運動を支持したという誤解が生じた原因として、鉄衛団運動に賛同した友人が多数いたこと、編集を勤めていた日刊紙『言葉』（*Cuvîntul*）が一九四一年以降は鉄衛団の機関誌となったこと、師であるイオネスクが鉄衛団運動を強く支持したことの三点をあげている。

つぎにエリアーデは、セバスティアンとの関係について、「一九三八—四〇年にかけてセバスティアンと私が、互いの政治的方向性がどれほどかけ離れていたのかを幾度も確認しあったことは事実」[29]と認めながらも、一時帰国の際にセバスティアンに会わなかった原因は、『トラドート』論文で批判されているような反ユダヤ主義的政策によるものではないと主張する。そして同時に、エリアーデは以下のように記している。

> アルマンド・カリネスク〔Armund Călinescu〕の政府が鉄衛団に対して弾圧を宣告したときには、私自身もナエ・イ

> オネスクやほかの数百人の知識人や活動家たちとともに強制収容所に収監されました。たくさんの審理が行なわれ、被告には五年から一〇年の懲役がくだされました。彼らのうちの多くの者は、そのあとまもなく射殺されてしまったのですが。私の「文書」も取り調べられましたが、なにもみつからなかったのだと思います。私は、審理にかけられることなく、三ヵ月後にはふたたび自由になることができたのですから。私は、この「特典」を手にすることができた唯一の者でした。しかしながらこれらの災難は、予想されたように、世論の一部に対して私の立場を明らかにすることはできませんでした。「鉄衛団のシンパ」という誤解は長く続きました。一九四〇年四月に私はロンドンの文化担当官として送られ、一九四一年二月からはリスボンにいて、最大の激動の時期(一九四〇—四五年)にはルーマニアの雑誌に記事を掲載しなかったという事実、これらすべての事実は考慮してもらえませんでした[30]。

以上のようにエリアーデは、ショーレムの誤解を解くために多くの紙面を使って説明した。しかしながらエリアーデは、「包括的な真相は私の『日記断章』と自叙伝のすべてが出版されたあと、すなわち私の死後にならなければ明らかにならないとも思っています。このように思うことで、私は自分に許された晩年を心安らかに、穏やかにすごしたいのです」[31]と述べ、反論を促すショーレムの要請を退けている。事実、イオネスクの死やコドレアヌ、レジオナール運動に関する記述を含む『エリアーデ回想(下)』が、エリアーデの生前に出版されることはなかった。また、ショーレムは一九七三年三月二九日に、直接会って鉄衛団問題について話し合いたいという手紙をエリアーデに送ったが[32]、エリアーデがショーレムのもとを訪ねることはなかった。

ショーレム宛てのエリアーデの書簡からは、公の場で反論するようにとの要請をエリアーデが拒否した明確な理由を確認することはできない。また、エリアーデの主張と『トラドート』論文の主張の食い違いに関して、本章でその歴史的事実を確認することは目的としない[33]。しかし以下で考察する、鉄衛団運動をめぐるエリアーデとクリアーヌのやり取りは、エリアーデの沈黙の意味を考える手がかりを提供するであろう。

第三節　エリアーデとクリアーヌの『往復書簡』

クリアーヌによる最初の著書である『ミルチア・エリアーデ』(*Mircea Eliade*)は、一九七八年にイタリアのアッシジから出版された(以下、七八年『エリアーデ』と記す[34])。この著書は、当時出版されたばかりであったエリアーデの『世界宗教史』第一巻や『日記断章』、またルーマニア時代に出版された『アジアの錬金術師』(*Alchimia asiatica*, 1935)、『バビロニアの宇宙論と錬金術』(*Cosmologie şi alchimie babiloniană*, 1937)などを資料として用いることによって、エリアーデ宗教学の通時的かつ体系的な考察を試みた著作である。ルーマニア人がエリアーデ宗教学について論じた初の研究書ということもあり、七八年『エリアーデ』はエリアーデ本人から高い評価を受けた[35]。

この七八年『エリアーデ』の冒頭には、エリアーデの生い立ちや著書について、一九〇七年から一九六五年までの年譜が付されている[36]。クリアーヌがこの年譜の草稿をエリアーデに送った際に、エリアーデはいくつかの事実誤認を一九七七年一月一〇日付けの手紙で指摘した。現存する資料では、この一九七七年一月一〇日付けのエリアーデによる手紙が、ふたりのあいだで鉄衛団運動について意見が交わされたもっとも古いものである。

パリ、〔一〕九七七年一月一〇日

親愛なるクリアーヌ

「年譜〔*Cronotassi*〕」を読むと、いくつか間違いがみられます。

一九三〇年一月一日：市民戦争＝市民の不服従運動。

一九四〇年：一月三日「……死後」。間違い。N・I〔ナエ・イオネスク(N[ae] I[onescu])〕は、一九四〇年三月一五日に死亡。アレクサンドル・ロセッティが、ロンドンの文化参事官のポストを私に「用意して」くれ(G・

G・ジウレスク〔Giurescu〕は文化相だった〕、そこに私は一九四〇年四月一〇日に行きました。一九四一年二月一〇日〔ルーマニア国内における〕ドイツ軍の巨大な存在によって、イギリスがルーマニアと外交関係を断ったまさにその日〕にリスボンに移りました。

一九四二年：八月、サラザールとの長い会見のあと、一〇日間ブカレストに行きました。私は、アントネスク将軍への「ことづけ」をもっていたといえるでしょう。「非常に遠回しに」、サラザールは〔私をとおして〕アントネスクにつぎのように語りました：〔「あなたの力は軍隊にある。だから、なぜドン川河畔〔Cotul Donului〕やカフカスで軍を台無しにするのか。私があなた方の立場なら、ずっとあとまでむしろ多くの師団を国境内にとどめておくだろう……」〕。サラザールは、会見の翌日、私がブカレストに飛行機で発つときいたとき、「私がことづけを理解していると理解しました」〕。ゲシュタポとルーマニアの秘密警察が空港から接見場所に私を連れて行ったのは明らかです。イカ〔Ică〕との会談で、私は不用意にも〔アントネスク〕将軍への「ことづけ」をイカに伝えてしまいました。だから、もはや、「国家指導者〔アントネスク将軍〕」には会わなかったのです。〔たとえ会っていたとしても、彼は誠実でしたが、S〔サラザール〕の忠告にはしたがわず、ロシアとの戦いに熱狂的に参加し続けたでしょう。その夏には、彼はおそらくまだドイツの勝利を信じていました〕。

ミハイル・セバスティアンに会えなかったことに触れる必要はないように思います。〔マニウにも、ブラティアヌにも、そのほかの人びとにも、まったく会っていません〕「ママ」〔代名詞の複数形で記すべき箇所を単数形で表記している〕。

一九四六―四八年……「しかし、……はうまくいかない」。実際、ピュエシュとデュメジルは、もし私がフランス国籍を請願するなら身元を引き受けると提案してくれました。だから、この文は削除したほうがいいでしょう。

感謝――そして、ご自愛ください。変わらぬ友情を込めて、

敬具〔　〕[37]

ミルチア・エリアーデ[38]

この手紙の「一九四二年：八月」から始まる段落は、赤インクの括弧でくくられており「これはあなたにいっておきます。いかなる深読みもしてはいけません」と記されている[39]。ダン・ペトレスクによれば、この手紙をエリアーデから受け取った時点では、クリアーヌは鉄衛団問題に関する事実をほとんど把握していなかった。したがって、一九七七年一月当時のクリアーヌは、自分が言及した事柄に激しい批判が向けられているなどとは想像していなかったという。ただこの手紙には、ショーレムへ宛てた手紙ではほとんど語られることのなかったサラザールとの会談の内容について記されている。またエリアーデが、一時帰国した際にセバスティアンに会わなかった事実に言及することを強く拒んだことも確認できる。

クリアーヌが鉄衛団問題に関する具体的な情報を得たのは、一九七七年の一二月であるとペトレスクは述べている[40]。そのころにクリアーヌは、コドレアヌが鉄衛団の規則や目標について定めた「鉄衛団のために」(*Pentru legionar*)という文書を入手した。それとほぼ同じ時期にクリアーヌは、イタリアで出版された『ヨーロッパ百科事典』(*Enciclopedia Europea*, Garzani, 1976)のエリアーデに関する項目や、『宗教百科事典』(*Enciclopedia delle religioni*, Milano, Teti Editore, 1977)に掲載されたアンブロジオ・ドニーニ(Ambrogio Donini)による「宗教現象学」の項目において、鉄衛団運動に関与したとエリアーデが批判されている現状を知るにいたった。クリアーヌは、問題状況をエリアーデから直接ききだそうと一九七八年一月九日付けの手紙を送った。残念ながら、このクリアーヌの手紙は現存していないが、エリアーデがクリアーヌへ返信した一九七八年一月一七日付けの手紙からクリアーヌの手紙の内容を推測することができる。エリアーデの手紙には以下の記述がある。

つぎのことを認めなければなりません。C. Z. C.〔コドレアヌ〕に言及するのは、あまり好ましくありません。「混乱」を招く可能性があるからです(この点でスカニョ〔Roberto Scagno〕にも反論したことがありました。鉄衛団への共感は、ナエ・イオネスクをとおした間接的なものであり、私の思想や著作にはまったく影響をおよぼしていません。ブカレスト大学で私に講演させないための口実、また、とりわけ一九四四―六八年にかけてルーマニア内外で中傷するための口実にすぎなかったのです……。)C. Z. C. に関して、私はよくわかりません。たしかに、彼は誠実で、ある世代全体を覚醒させました。しかし彼は、政治的感覚に欠け、(カロル二世やアントネスク、共産主義者たちによる)相次ぐ弾圧を引きおこしました。それらの弾圧は、彼が「覚醒させた」世代全体の首をはねてしまったのです……。鉄衛団についての客観的な歴史や、C. Z. C. の人物像を描くことはできないと思います。入手できる資料が不十分です。しかも、「客観的な」態度というものは、書き手にとって致命的かもしれません。今日では、(さまざまな民族のごくわずかな熱狂者のための)弁明か、(ヨーロッパとアメリカの大多数の読者のための)断罪しか受けいれられません。ブーヘンワルトとアウシュヴィッツのあとでは、誠実な人びとでさえ、「客観的」であることなどもはやできません……。

この性急な「考察」に深入りするべきではありませんでした。適切でないように思われます。けれども、この手紙を送って、将来の長い議論のきっかけをせめてあなたにあたえておきたいと思います……。(41)

「鉄衛団に対する共感は、ナエ・イオネスクをとおした間接的なもの」という記述からは、クリアーヌが鉄衛団に関与したのか否かとエリアーデに問いただしたことが想定される。またこの手紙からは、鉄衛団運動とエリアーデの思想的影響関係や、コドレアヌがルーマニアにあたえた影響についても、クリアーヌがたずねたであろうことを推測できる。とくに、ショーレム宛ての手紙ではほとんど言及されていなかったコドレアヌに関して意見が述べられていることは注目に値する。そこからは、戦後の世界においては敗戦国ルーマニアの民族主義者を「客観的」に裁くことはできないというエリアーデの見解を読み取れる。

しかしながら一九七八年一月一七日付けのこの手紙においても、「C. Z. C. に言及するのは、あまり好ましくありません」と書かれているように、エリアーデは鉄衛団運動に関する話題に不快感を示している。沈黙を守ろうとする同様の姿勢は、一九七八年二月一三日付けのエリアーデの手紙からも確認できる。

以前に申しあげたように、私の政治的態度(あるいは政治的態度の欠落)に関する「議論」を私は好みません――なぜなら、誠実に余すことなく語るためには、数百頁とはいいませんが、数十頁は必要だからです――さらに、私には時間がないし、そうする熱意もありません。(42)

ショーレムに対しても、クリアーヌに対しても、鉄衛団運動については語りたくないというエリアーデの態度は一貫している。しかしクリアーヌは、エリアーデの拒否にもかかわらず、鉄衛団問題について質問することをやめなかった。以下の一九七八年三月一日付けのエリアーデの手紙においてそのことが確認できる。

親愛なるヨアン

取り急ぎ、数行でお返事します。『言葉』は、一九三八年までは順繰りに、民族―農本主義(一九二六―二九年)、カロル派(一九―三一年)、そして親鉄衛団(一九三三―三四年)――そのあと、非合法化された)でした。一九三八年の一月から三月に三ヵ月間だけ再刊されました。そのあとさらに、(私はロンドンにいたのですが)一九四〇年九月―一九四一年一月にかけて、アントネスク＝シマのもとで、P・P・パナイテスク〔Panaitescu〕を編集長としてさらに再刊されました。そのときには、この新聞は一〇〇%鉄衛団でした。

私は、反ユダヤ主義ではなかったし〔、〕親ナチでもありませんでした。『二千年以来』(43)をめぐる、G・ラコヴェアヌ〔Racoveanu〕との論争で、『時代』〔*Vremea*〕誌に、「ユダヤ教とキリスト教」というふたつの記事を書きました。そのほかもろもろ。しかし、そのような馬鹿げたことでどれほど不快な思いをしたかを思い出すと、もう我慢はできません(非難しろ、非難しろ、きっと[なにか]あるはずだ!……〔*calomniez, calomniez, il en restera toujours [quelqeu] chose!…*〕)。私は反論しなかったし、これからもけっしてしないでしょう。(44)

この手紙は上記の二通の手紙に比べると分量が少なく、否定する論法も「でない」(nu)という言葉を多用しており、論述が雑である。おそらくクリアーヌは、イオネスクとともにエリアーデが編集を担当していた『言葉』と鉄衛団の関係について質問したのであろう。(45)そして公の場で批判に応答することを進言したと推測される。それに対してエリアーデは、「私は、反ユダヤ主義ではなかったし、親ナチでもありませんでした」と反ユダヤ主義やナチズムとの関係をとにかく否定するのみである。この短い手紙は、クリアーヌからの執拗な質問攻めを早く打ち切りたいというエリアーデの願望をあらわしていると考えられる。

鉄衛団問題について公の場所で応答するか否かという両者のやり取りは、およそ一年後の一九七九年五月一一日と同年五月一七日に書かれたクリアーヌの手紙においても確認できる。これらの手紙は、イタリア人研究者のフリオ・イェシ(Furio Jesi)(46)の著書『右翼の文化』に端を発するイタリアにおけるエリアーデ批判について報告したものであり、五月一七日付けの手紙にはイェシの著書に関する書評のコピーが同封されていた。五月一一日付けの手紙には以下のように記されている。

ついに、フリオ・イェシが本性をあらわしました。彼の著作『右翼の文化』〔*Cultura di destra*〕[Milano,] Garzanti, 176 pp., 四五〇〇リラ、においてもっぱら犠牲となっているのは先生です。〔中略〕。行間から読み取れるのですが、著者はどうやら、イタリアのテロリズムが「右翼の文化」の発現と考えているようです。先生のことを論じている箇所から判断するならば、この「文化」において、先生はエヴォラよりはるかに「破壊的な」役割をはたしているということです。〔中略〕。しかし腑に落ちないのですが、彼は、どこからこの（確実に誤った）情報を得たのでしょうか？(47)

ペトレスクによれば、イェシは『トラドート』論文で引用された論文「私はなぜレジオナールの勝利を信じるのか」に依拠して、エリアーデを反ユダヤ主義でナチス支持者と批判した。クリアーヌはこれらの手紙を送った時点では、『トラドート』論文を入手していなかった。そのため、イェシがいかなる根拠に基づいてエリアーデを批判したのか理解できずにいるが、引用文からわかるように、エリアーデ擁護の立場を明確にしている。一方、書評のコピーが同封されていた五月一七日付けの手紙においてクリアーヌは、「その箇所をお読みいただければ、ここ数年のあいだ「〔先生に対する〕攻撃」の大きさを私が誇張してきたわけではなかったことや、むしろそれを過小評価していたことをおわかりいただけるでしょう(48)」と述べている。この記述は、批判に応えようとしてこなかったエリアーデを咎めていると解釈することもできる。

これらのクリアーヌの手紙に対するエリアーデの返答は現存していないが、イタリアにおける批判について言及した一九八一年一二月三日付けのエリアーデの手紙には以下のように記されている。

親愛なるヨアン

一〇月二七日と一一月一二日の手紙と著書（まだ読んでいませんが）に感謝します。私にイタリアの「状況をはっきりさせて」くれたことに対して、心からあなたに感謝しています。あなたも知っているように、その種の批判や中傷に応える努力を私はまったくしてきませんでした。というのも、当面なにもできませんし、腹を立てる権利もないからです。あの六〇〇万の焼死体のあとでは、いかなるユダヤ人の作家に対しても「客観的」であれと要求することなどできません。火葬場のトラウマがあまりにもひどすぎるので、彼らはいかなる「情報」にも納得させられることはありません。『回想』の下巻が出版されれば、おそらく事態が明らかになるでしょう。……ところで長く書きすぎてしまったので、右手を休めなければならなくなりました(一日に三―四頁、半分は判読不可能)。それゆえに大急ぎで、ほかの事柄について書きましょう。あなたに話したいことがとてもたくさんあるのです。[49]

この手紙からは、クリアーヌがふたたび、批判に対する反論をエリアーデに要請したことが想定される。それに対してエリアーデは、戦後の世界において鉄衛団運動を「客観的」に語ることが困難であること、また「客観的」に語る権利が自分にはないことを反論しない理由としてあげている。ひとつ目は、一九七八年一月一七日付けの手紙で述べられていたことのくり返しである。ふたつ目の「腹を立てる権利がない」がなにを意味しているのかについては、明確に述べられていない。「客観的」に語ることが困難であることが沈黙を守る理由になるのか、などこの手紙にはさまざまな異論が向けられるであろう。カリネスクは、『往復書簡』の序文において、エリアーデのこの手紙に関して、「かりに鉄衛団運動の客観的な歴史を記述することが七〇年代のイデオロギー的状況において不可能であったとしても、せめて(私信のなかで)簡潔な仕方であってもよいので、どのようにこの歴史を示すべきなのかを示唆することもせずに、なぜその不可能性を認めるだけで満足したのであろうか」と述べている。[50]

カリネスクが解釈したように「満足した」(se mulţumeşte)ことが鉄衛団について語らなかった理由であるのかについては検討の余地がある。「満足した」というよりは、「七〇年代のイデオロギー的状況」において自分の考えを表明する努力を怠った、あるいはそのことを諦めたと考える方が適切であるように思える。しかしいずれにせよ、クリアーヌも、エリアーデの説明に納得することはなかった。クリアーヌは、次節で確認するように、沈黙する師に代わって、みずからが鉄衛団問題について語ることを試みたのであった。

第四節　エリアーデとクリアーヌの中断された対話

一　七八年『エリアーデ』の「補遺II」をめぐる問題

前節では、『往復書簡』における鉄衛団問題に関する質疑応答を概観した。『往復書簡』からは、クリアーヌが鉄衛団問題に関する説明を幾度も求めたこと、批判に対して公の場で応答するように進言したこと、そして、エリアーデがこれらの要請に応えようとしなかったことなどが確認できる。しかしクリアーヌは、鉄衛団問題について、手紙による質疑応答のみを行なったのではない。七八年『エリアーデ』の出版直前であった一九七七年の年末に、クリアーヌは、コドレアヌを中心とする初期の鉄衛団運動や、その運動へのエリアーデの関与についてまとめた原稿を書きあげ、印刷段階にあった七八年『エリアーデ』に「補遺II」としてつけ加えることを希望したのであった。ペトレスクによれば、クリアーヌは、友人であったロベルト・スカニョが一九七二―七三年にトリノ大学へ提出した学位申請論文「ミルチア・エリアーデの思想における宇宙的宗教性と伝統文化」(“Religiosità cosmica e cultura tradizionale nel pensiero di Mircea Eliade” Torino)を入手することで、イタリアにおけるエリアーデ批判の論点を把握することができた[51]。その上で、『ヨーロッパ百科事典』におけるエリアーデ批判に対する反論として書いたのが「補遺II」である。

「補遺II」におけるクリアーヌの主張は、以下の三点にまとめることができる。(1)コドレアヌが中心であった初期の鉄衛団運動を右派と断定することはできない。(2)サラザールに対するエリアーデの接近は、ファシズム支持によるものではなく、ドイツと同盟することで対ソヴィエト戦に突入することをアントネスク将軍に思いとどまらせようとしたことによる。(3)エリアーデの政治的見解は、「イフィジェニア」や『ディオニスの宮にて』、『三美神』などの文学作品の読解により明らかとなる。

結局、エリアーデがこの原稿を印刷にまわすことに反対したために、七八年『エリアーデ』は「補遺II」なしで出版されることになった。エリアーデは一九七八年二月一三日付けの手紙の追伸において「補遺IIの解説を出版しなければならないとは思いません。ほかの事柄に集中するために、あなたは私の文学作品を論じていません。なぜいまさら、「イフィジェニア」や『サラザール』[52]をほのめかさなければならないのですか」[53]と述べることで、クリアーヌに「補遺II」を削除するように要請している。クリアーヌはエリアーデからの要請にしたがい、以下のような謝罪と弁解の手紙をエリアーデに送った。

> 数日前、もっぱらドニーニとチエの問題で先生を苦しめてしまったことをとても悲しく思います。それに対する私の対応は非常に不手際で、間際になって〔*in extremis*〕つけ加えられた最終的補論を削除するように電話で出版社に依頼しました。〔「補遺II」では〕先生が反ユダヤ主義やナチス支持者ではまったくありえず、むしろ親サラザール主義者であったと論じていました。しかし、かなり多くの人びとが、最後の部分の議論がうまくいっていないといいました。すでに申しあげましたように、電話をして、その本がすでに当該の補論なしで書店に出ていると知ったのは、(よい意味で)思いがけないことでした。私がそれを受け取りましたならばすぐに、先生のお手もとにも届くことでしょう。最後にさらに――私の愚かな弁護の結果として――私がおかしくなって鉄衛団を擁護しようと試みたのではなく、また、共産党当局のやり方を真似て先生の「名誉回復」を試みようとしたわけでもないと、モニカ・ロヴィネスク〔Monica Lovinescu〕とヴィルジル・イエルンカ〔Virgil Ierunca〕を説得しなければなりません……。知らず知らずのうちに私は、イタリアの雰囲気に毒されて、少しばかりの不信が私の生来の素朴さに上乗せされたのです(しかしこれには、ある種の不快が残りました……)[54]。

「補遺II」についての同様の弁解は、一九七八年一〇月一九日付けの手紙においても確認できる。この手紙は、*International Journal of Roumanian Studies* に掲載されたクリアーヌの論文 “Some Considerations on the Works of

Horia Stamatu”[55]が引きおこした問題に対する弁明としてエリアーデに送られたものである。ホリア・スタマトゥ（一九一二—八九）とは、ルーマニア出身の詩人で、一九四一年にルーマニアを亡命した人物である。戦後、スタマトゥは鉄衛団運動に積極的に関与したことを疑われ、厳しい批判にさらされた。クリアーヌはスタマトゥの詩に関する前掲論文を執筆したことにより、スタマトゥ本人から鉄衛団への関与を糾弾されたとの意図せぬ反論を受けた。この手紙には以下のように記されている。

> 私はレオニド（・ママリガ）に手紙を書き、以上述べてきた（H・S氏（ホリア・スタマトゥ）の）悲しい対応とは対照的に、先生のご配慮には深く感動したことを伝えました。それはまさしく、先生のいくつかの作品に対して、私が少なくとも一部で政治的な解釈をしてしまったときに示してくださったご配慮です。後日やっと、先生をどのような連中と一括りにしようとしていたのかを理解したときに、私は事態のおそろしさを自覚しました。先生が万事を理解し、私をゆるしてくださるならば幸いです。この気持ちに偽りがないことだけを申し添えておきます。すなわち、私が後日知った事態を把握している人の目からみれば、これは私の人生で最大の危機の話です。つまり、先生が私を愚か者とお考えになる（この場合はそれほど悪くはありませんが）か、卑怯者とお考えになる（この場合は致命的です）かもしれないということです[56]。

エリアーデが「補遺Ⅱ」の出版に反対した理由については、『往復書簡』から読み取ることはできない。しかしペトレスクによれば、クリアーヌは、エリアーデやスタマトゥのルーマニア時代に言及したことによって、一部のルーマニア人亡命者から非難されるにいたったという。そのためにクリアーヌは、エリアーデだけでなく、ルーマニア人亡命者の共同体における重鎮であったイエルンカやロヴィネスクにも謝罪の手紙を送ることで、事態の鎮静化に努めなければならなかった[57]。これらの手紙では、クリアーヌは鉄衛団問題から手を引くようにというエリアーデの圧力に屈してしまったように思える。実際、友人のジャンパオロ・ロマナート(Gianpaolo Romanato)へ宛てた一九七八年一一月九日付けのクリアーヌの手紙には、以下のように記されている。「エリアーデに関する私の著書〔七八年『エリアーデ』〕の翻訳の計画についてご報告すると、非は私にあるのですが(あるいは、さらにいえば真実を口にしたことが悪いのですが)、本当に災難です。〔中略〕。エリアーデは、彼の過去、またルーマニアの過去に関する私の調査が気に入らなかったので、私の本を彼の出版社に推薦してくれませんでした。〔中略〕。君は、調査によってエリアーデを怒らせてしまったのは馬鹿だというでしょう。〔中略〕。私は、(あらゆる観点からみても)どれほどエリアーデに世話になっているのか理解しているからこそ、注意深くさらに受けのよい態度をとってきたのです[58]」。

しかし次節でみるように、クリアーヌはエリアーデの反対に屈することなく、「補遺II」で提示した問題意識を公表する機会をまち続けたのである。

二　ポール・ゴマが企画したエリアーデとクリアーヌの対談

一九八二年にクリアーヌは、ルーマニア人亡命者の小説家であるポール・ゴマからエリアーデとの対談を準備するように依頼された。一九八二年一一月二九日付けのエリアーデの手紙には、ゴマから提案されたこの対談の計画について以下のように記されている。「ゴマから頼まれた著書に関して、*Dialogues*〔『対話』〕(おそらく「中断された(*interrompus*)」という副題が付く)というタイトルを提案しています。その本には私たちふたりの名前がM. E.—I. P. C.と記されるでしょう。私の「信仰と思想」〔credinţele şi ideile〕について話すので、あなたも自分の考えを述べてください。最初の長い導入部のあとには、「対話」が続き、そこではあなたの関心あるテーマを取りあげます。私たちのここ数年間のたくさんの会話を思い出すので、重要な「生《なま》の資料」をあつかうことになります。残念ながら五月の終わりと六月のはじめ以外には、パリに行くことができません[59]」。

この手紙で提案された「信仰と思想」とは、当時エリアーデが執筆していた『世界宗教史』の原題*Histoire des*

croyances et des idées religieuses を意識したものと思われる。そのため、この対談において当初エリアーデは、『世界宗教史』を補完するような、宗教学的主題に関する議論の展開を希望していたと考えられる。しかしながら以下のふたつの資料からは、クリアーヌが、鉄衛団問題をこの対談の主題とするようにエリアーデを説得しようとしたことが確認できる。ひとつ目の資料は、対談の準備のためにクリアーヌがエリアーデに送った二一の質問をリスト化したものである。[60] 以下にこの二一の質問事項からいくつかを引用する。

(1) 〔現在、〕先生のことを攻撃する者、裏切りさえする者がいますが、先生は相変わらず平然としたままで、何事もないかのようにしており、先生の方針にしたがって裏切り者を支援(物質的な支援さえ!)することを続けておられます。先生が恨みをおもちになることはまったくないのでしょうか?

(5) ナエ・イオネスクを介して、先生は右派の人間と会ったことはありますか? たとえば、コドレアヌ。先生と右派の人間たちとの関係はいかなるものだったのですか?

(6) 先生は右派の人間とみなされてきましたが、それはまったくの誤解であったに違いありません。鉄衛団員であった先生の友人が、先生が断り続けていた鉄衛団の支持を公言するようにと促す一方、〔先生の〕左派の友人が先生を激しく攻撃していたことを私は存じております。きわめて苦しい境遇であったに違いありませんが、どのようでしたか?

(13) 先生はかつてヒトラーになんらかの共感をおもちになったことがありますか? 先生の政治的行動から判断するに、共感したとはいえないと思います。しかし先生に対する批判にも理由があるようです。先生の友人のひとり〔中略〕は、ヒトラーが権力の座につくと即座にヒトラー支持を表明しました。先生はムッソリーニ政権を批判することはありましたが、このような動向からは距離をとっておいででした。

(20) 事実、私は先生を宗教学者として考察するつもりはございません。なぜならばルーマニアの源泉へ接近することで、西洋の「エリアーデ主義者」や先生に関心をもっている人びとに、〔従来とは〕異なった研究成果を提示できるのではないかと考えます。すでに私は、先生の壮大な学術研究に十分に親しませていただく機会を得てきました。またこれからも機会があれば、そのようにしたいと思っております。先生が許可してくださったこの対談では、これに先立つ著書と同じように、とりわけ大戦間期ルーマニアの知的、政治的状況のなかに先生を位置づけたいと考えました。それは私の見解を押しつけるということではまったくなく、さもなくば、先生がお喜びにならない試みであることは存じております。

ほかの質問事項は、ナエ・イオネスクのもとで編集にたずさわった『言葉』の政治性やクーデタにより政権をとったアントネスク将軍の歴史的功罪を問うものであった。この質問リストにおいて、最初にクリアーヌは、エリアーデが鉄衛団問題について沈黙する理由をききだそうと再度試みている。その上で、エリアーデの思想とイオネスクやコドレアヌ、ヒトラーとの影響関係について率直な質問を畳みかけている。そしてこの対談では、エリアーデの宗教理論を主題とするのではなく、ルーマニア人エリアーデの生き方を主題としたいという希望をはっきりと告げている。これまでの手紙におけるエリアーデの拒絶を考えると、クリアーヌは師の意志に反することを重々承知した上でこのような質問をしたのであろう。

ふたつ目の資料は、対談で論じる主題や順序をより具体的に記した計画表である。この計画表には以下の記述がある。

先生の小説では、多くの登場人物たちが政治（「老人たち」の仕事）に対する無関心、あるいは軽蔑を示しています。

しかしながらある登場人物たちは、さまざまな過激主義に集っています。たとえば、エレアザル〔Eleazar〕はレジオナール〔中略〕であり、エミリアン〔Emilian〕は無政府主義―共産主義〔中略〕です。私は、それぞれの時代におけるこれらの過激主義の誘惑について、先生にお話ししてほしいと思います。

先生個人は、過激主義をまぬがれることに成功した数少ない人間のひとりでした〔中略〕。それは、一九三三年以降、先生はあらゆる方向からの攻撃をまさに受けてきたということです。先生の小説の世界において一九三三年がなにを意味したのか、という問いかけからはじめることで、事態がいかに展開したのかについて詳しく語ってくださることをお願い申しあげます。(61)

ここでクリアーヌは、「補遺Ⅱ」において試みたように、エリアーデの文学作品から政治的見解を読み取ろうとしている。この記述からのみでは、クリアーヌが具体的にいかなる政治的見解を読み取ろうとしたのかを確認することはできない。しかし、クリアーヌがエリアーデ文学を読み解く鍵と考えた一九三三年とは、弾圧に対する報復として鉄衛団がドゥカ首相を暗殺し、イオネスクが軍団へ接近することでカロル二世と対立するようになった年である。クリアーヌは、エリアーデの文学作品と戦間期ルーマニアの政治状況を重ね合わせることで、政治的見解についてエリアーデに語らせようと試みたと考えられる。

当然エリアーデは、クリアーヌから提案されたこのような対談内容を快く思わなかった。以下の手紙は、対談集の序文、あるいはあとがきとして印刷される予定であった原稿の草稿をクリアーヌから受け取った際に書かれたエリアーデの手紙である。(62)上記の質問リストや計画表よりも以前に書かれた手紙と考えられるが、そこからは鉄衛団問題を主題とすることへの拒絶を読み取れる。

一九八三年三月三日

親愛なるヨアン

返事がこんなにも遅くなったことをおゆるしください！　一方で、金製剤注射によって気分が沈んでいました。

また他方で、なんとしてでも『〔世界〕宗教史』第三巻の一の最終章を完成させる必要がありました――これらのことによって、仕事の多くの可能性が失われてしまいました。（「思考すること」はいうまでもなく）執筆することはどんなことでも苦しみです。あなたとゆっくり話し合うためにも――終わりにしたいものです。しかし最終章の結論はずっと先送りにされています。つまり簡単にいうと、状況はつぎのようです。

（1）著書（序文――またはあとがき）〔クリアーヌの草稿〕は、あなたと見解が一致しないときでさえも、きわめて興味深いものです（たとえば「〔東方〕正教会」）。私にはそれほど有益と思われないものは……。

三月二八日

（一月）にパヨーへ送った手紙の数頁をコピーして同封しました。あなたにお願いもせずに、あなたを私の受遺者とはっきりと定めました。六月に、私の考えを説明します。また六月には、著書について話し合うこともできるでしょう。あなたは、私がナエ・イオネスクに対する行きすぎた愛着によって、二―三年だけ関心をもったにすぎない政治的事柄にこだわりすぎているように思います。しかもあなたは、（たとえば「政治」と比較すると）文学についてはほとんど論じていません。私は以下のような解決方法を考えました。（1）五月に、私はテクストを再読して注をつけます。（2）あなたにいくつかの質問事項を提案します。それらに対して私は、（『日記断章』からの文を用いて）「集中的に」答えます。あなたはそれらの返答を（話し合うことなどで）自由にふくらませます。あなたがよく知っていることだからです。こうして六月初めには、対話のために生《なま》の資料ができあがっているでしょう。それは、私たちふたりにとって納得のいくものになるだろうと確信しています[63]。

この手紙は、まず三月三日に書きはじめられた。しかしエリアーデは、クリアーヌの草稿に言及しかけた箇所で一端書くことを中断している。そして三月二八日にふたたび筆を取って、三月三日に使った便箋の裏に上記の内容を書き記し、三月三一日にこの手紙を投函した。手紙を中断した理由は記されていない。エリアーデ自身が述べているように、体調の悪化が原因であったのかもしれない。しかしクリアーヌが送った序文の草稿が、エリアーデの意に背く内容であったことが原因とも考えられる。いずれにせよ、エリアーデは鉄衛団問題にこだわるクリアーヌに対して不快感を示しており、対談の進行方法と質問事項をみずから提示することで主導権を握ろうとしているように読むこともできる。それに対してクリアーヌは、上記の質問リストや計画表を送りつけるほかに幾度も手紙を書いて、鉄衛団問題を対談の主題とすることをエリアーデに願い出ている。たとえば一九八四年九月一八日付けのクリアーヌの手紙には以下のように記されている。

> 最後は、『(作家)ミルチア・エリアーデ』〔クリアーヌの草稿〕のために先生と近いうちにもっとお話したいことを含めて、だいぶ前から頭にある五―一〇頁をまだ書いていないことをお詫びしたいのです。このような著書の構想は、先生をいくぶん飽き飽きとさせてしまうことを私は十分承知しております。しかし私は――私だけではありません――この著書が、作家ミルチア・エリアーデのごく最近の時代、つまり、神話の大いなる解釈者の影のもとにおかれた時代によびおこされた関心を考えるならば、無益ではないと思っております。〔中略〕。とにかく、私のために少しでもお時間を割いてくださることを願いながら、編集済みの原稿をたずさえてパリへ向かいます。原稿を読んでくださる時間があるように、到着したらすぐにお渡ししたいと思います。この本の構想が先生を喜ばせるものでないことは承知して〔ştiu, know〕――もっといえば悟って〔intuiesc, intuit〕――おります。[64]

これらの手紙からは、対談の主題に関するクリアーヌの提案に対してエリアーデからの強い反対があったであろうこと、しかしそれでもクリアーヌはみずからの提案を撤回しなかったことを確認できる。エリアーデとクリアーヌのあいだで対談内容に関して意見の一致をみなかったことが原因であるのかは不明だが、ポール・ゴマを仲介者とするこの対談は結局実現しなかった。しかし対談の主題をめぐるエリアーデとクリアーヌのやり取りからは、師の意思に反して行動する弟子の姿が浮かびあがってくる。

第五節　ルーマニア人亡命者組織でなされたクリアーヌによる鉄衛団への言及

では、エリアーデの死後、クリアーヌは鉄衛団問題についていかに論じたのであろうか。

一九八六年四月にエリアーデが死去すると、クリアーヌはルーマニア人亡命者組織において政治的な発言を行なうことが多くなった。クリアーヌの論説が掲載された亡命者組織の機関誌は、フィラデルフィアを拠点として出版された『自由なる世界』(*Lumea Liberă*)や『広場』(*Agora*)、ミラノの『展望』(*Panorama*)、『労働者の世界』(*Mond Operaio*)などである。そこにおけるクリアーヌの主張は、知や情報を操作する権力に対して異議を申し立てる必要をうったえるものであり、チャウシェスク政権やイリエスク政権がその主な批判対象とされた。代表的な論説には、「精神に対する罪」(“Păcatul împotriva spiritului”)、「一一項目にみるルーマニアの未来」(“Viitorul României în unsprezece puncte”)、「アンドレイ・プレシュへ宛てた公開書簡」(“Scrisori deschise către Andrei Pleşu”)、「死者たちの対話」(“Dialogul morţilor”)、「空想科学政治」(“Fantapolitica”)、「国王は死んだ――後継者に注意せよ」(“Regele a murit—atenţie la urmaş”)などがある。しかし同時にクリアーヌは、鉄衛団に関する情報を隠蔽しようとした、エリアーデをはじめとする一部のルーマニア人亡命者に対しても同様の批判を行なっていた。

エリアーデの死亡直後、クリアーヌは鉄衛団問題を主題とする「ミルチア・エリアーデの秘密」(“Secretul lui Mircea Eliade”)[65]という論説を発表した。この論説は、エリアーデが人びとからどれほど慕われていたかを述べることでこの世を去った恩師の人柄を褒め称えたものであったが、後半において鉄衛団問題へ話題が転換し、鉄衛団について明確に説明しないままにエリアーデは死去したと述べることで締めくくられている。これまで確認したように、生前のエリアーデが鉄衛団問題について触れることを拒絶していたことを想起すると、エリアーデの死のすぐあとにこのような論説を発表したことは、沈黙を強いるエリアーデの圧力がいかに強力であったのか、また、その圧力に抗したいというクリアーヌの願望がいかに強いものであったかを示していると考えられる。

クリアーヌは「ミルチア・エリアーデの秘密」のあとにも鉄衛団問題に関する論説を多数発表した。一九八六年以降における鉄衛団問題に関するクリアーヌの主な論説には以下のものがある。「ミルチア・エリアーデとナエ・イオネスク」("Mircea Eliade şi Nae Ionescu")、「一九三七年から一九四五年までのミルチア・エリアーデ」("Mircea Eliade din 1937 pînă în 1945")、「唯一の機会」("O şansă unică")、「世界で最重要のルーマニア人」("Cel mai mare român în viaţă")、「ファンダメンタリズム」("Fundamentalism")、「正統クークラックスクラン」("Ku Klux Klan Ortodox")、「自由なるジョルマニア」("Jormania liberă")、「ヨアン・ペトル・クリアーヌとの対話――ガブリエラ・アダメシュテアヌによるインタビュー」("De vorbă cu Ioan Petru Culianu—Interviu realizat de Gabriela Adameşteanu")。

なぜ、クリアーヌはこれほどまでに鉄衛団問題にこだわったのであろうか。鉄衛団問題について論及することは、クリアーヌにとって、師エリアーデへのスキャンダル的な批判へ反駁すること以上に重要な意味があったのではないであろうか。

このように考える根拠を、「自由なるジョルマニア」において見出すことができる。「自由なるジョルマニア」はルーマニア体制転換直後の一九九〇年四月に『広場』において掲載された短編小説であり、一九八六年に書きあげていた「ジョルマニアへのツォラブの侵略」("Intervenţia zorabilor în Jormania")[66]の続編として書かれたものである。「ジョルマニアへのツォラブの侵略」は、ルーマニアのチャウシェスク政権を揶揄した風刺小説であるが、一九八九年の「革命」を予見するような内容を含んでいる。本編の舞台は、マクリスト帝国の傀儡国家であるジョルマニアというルーマニアに相当する架空の国である。マクリスト帝国とは、マクラトゥスという思想家がつくりあげた思想を掲げる強大な国家であり、ソヴィエト連邦に相当する(マクラトゥスはマルクスであり、マクリストはマルクシズムである)。ジョルマニアを統治するのはゴロガンという独裁的な大統領とその妻モルトゥ夫人であり、モデルはチャウシェスクとエレーナ夫人である。

ジョルマニアは、ゴロガンの無能と浪費とによって、経済的に破綻してしまった。傀儡国家の経済的破綻がマクリスト体制の欠陥を露にすることをおそれたマクリスト帝国は、ゴロガンを殺してあらたな政権をつくることにした。しかしジョルマニアは、マクリスト・イデオロギーがもっとも浸透している国家のひとつと公言されていたので、軍隊の派遣による直接的介入という方法をとらずに、ソヴィエトのＫＧＢに相当する秘密警察BEDEKERによる裏工作によってゴロガン政権を転覆させることが決定された。BEDEKERは、猫を改造したツォラブという動物兵器を用いてゴロガンやその側近たちを殺害し、最終的にゴロガン政権に代わるあらたな傀儡政権をつくることに成功した。

以上が「ジョルマニアへのツォラブの侵略」の概要である。その続編である「自由なるジョルマニア」は、ゴロガン政権崩壊後に反マクリスト的な政権をつくろうとしたが権力闘争に破れ亡命したボバという人物が、「革命」はマクリスト帝国の主導によるクーデタにすぎなかったという暴露本を出版したという設定で書かれている。本編はボバの著書の内容を紹介しながら進むのであるが[67]、途中、鉄衛団について言及される箇所がある。それは、ボバの暴露本に対してジョルマニア本国で巻き起こった批判を描写する場面であり、鉄衛団は「木衛団(Garda de Lemn)」という名で以下のように言及される。引用文に登場するアナンギャ総司教とラムパンという人物は、キリスト教に相当する教会の聖職者であり、体制転換後の政権に協力しているという設定である。

故アナンギャ総司教の友人であり、トラピストの司祭であるラムパンは、ボバには真のジョルマニア人の血が流れていないこと、彼の素性が怪しいこと、得体の知れない怪物であることをこれらのこと〔ボバに対する批判〕につけ加えた。真のジョルマニア人だけがこの国土の聖なる伝統、カルタン山脈の青き戴き、神々しいほかの風景や感情を理解できるのだと。（アナンギャ総司教とラムパン司祭は、木衛団のメンバー〔membri ai Gărzii de Lemn〕であったのであり、またゴロガンの民族主義的政策の同志〔partizani ai politicii naționaliste a lui Gologan〕でもあった。〔中略〕。おそらく単なる偶然の一致であろうが、この詳細はトラピストとゴロガンの排外的政策、木衛団、〔ジョルマニアの聖なる伝統に対する〕神々しいほかの言葉や感情とのあいだにある強力な繋がりを当然ながら示している」[68]。

さらにこのあとに、アナンギャ総司教とトラピストの聖職者たちについて「彼らはともに木衛団と共産党の管理にもたずさわっていたのであろう」[69]とも述べられている。これらの記述によれば、鉄衛団のイデオロギーはチャウシェスク政権の排外的政策と結びついていただけではなく、チャウシェスク政権の体制を引き継いだ（とクリアーヌが考えていた）イリエスク政権においても利用されていたことになる。すなわちクリアーヌの思想においては、鉄衛団をめぐる議論と、チャウシェスク政権とイリエスク政権への政治的批判は別々の問題ではなく、密接に結びつくものであったと考えられる。

クリアーヌのこのような説に関する歴史学的な検証はあらためて行なう必要がある。しかしクリアーヌの言葉にしたがうならば、鉄衛団問題を論じるためには、戦前・戦中の資料のみではなく戦後のルーマニア人亡命者組織における資料を精読することで、エリアーデは自身の言葉が亡命者組織の人間によっていかに理解されると考えていたのか、あるいは亡命者組織においてエリアーデの言葉が鉄衛団の政治目的に利用されたことはなかったか、利用された事実があった場合にはエリアーデはそれを黙認していたのか、といった問題をさらに解明する必要があろう。

第六節　亡命者エリアーデの思想とエリアーデ宗教学

一　「ロシア化」と『永遠回帰の神話』

すでに第I部において確認したように、エリアーデは、ルーマニア大使館の文化参事官として勤務したポルトガルにおいて、ルーマニアがスタリングラードにて敗北し、そのあとソヴィエトの統治下におかれるようになった現実を突きつけられた。自身が生まれ育った環境と価値観が根底から覆され、その政情不安定な故国に家族や友人を残して亡命せざるを得なかった事実は、祖国の人間に対する消えることのない罪責意識を生じさせたと考えられる。

フランスに亡命してからのエリアーデは、その罪責意識に突き動かされるようにルーマニア人亡命者組織の設立と運営に尽力し、それらの機関誌に論説と小説を掲載した。そこでエリアーデは、亡命者が政治的利害を超えて団結するための共通価値として、ルーマニアのフォークロアに描かれている民族的「精神」の重要性を強調した。エリアーデは、国外に身をおく亡命者たちが祖国の同胞に代わって民族的「精神」を枯渇させないための文化活動を継続しなければならないと「ロシア化」や「絶望に抗して」などの諸論説において主張したのであった。

その一方、「歴史の恐怖」や「精神」概念が、「ロシア化」と同年に出版された『永遠回帰の神話』において重要な主題となっていたことも第I部においてすでに確認した。本書の第四章では、さまざまな歴史的苦難の宗教的な由来を明らかにし、それらをひとつの確固たる世界秩序として統合する神話の機能が現代社会において「残存」する理由について、以下のように述べていた。なお、エリアーデはこの「残存」(survival)という概念を、のちに、現代世界における聖なるものの「擬装」(camouflage)とよぶようになり、彼の現代宗教論の中核として位置づけるようになる。

われわれはたとえば、〔歴史上の〕単純な理由によって、受難し〔歴史上から〕姿を消してきたかくも多くの民族が、いかにその苦しみと滅亡をたえ忍びかつ正当化することが可能であるのか、知りたいと思う。〔中略〕。たとえば、南東ヨーロッパが、アジアからの侵略者たちの、あとには隣国のオスマン帝国の侵入経路に位置したという単にそれだけの理由で、幾世紀にもわたって受難しなければならなかった〔中略〕という事実を、いったいどのようにして正当化できるのであろうか。そして現在、歴史的圧力がもはやいかなる逃避をもゆるさなくなっているとき、人びとは、歴史の破局と恐怖――国外追放、大量殺戮から原子爆弾まで――を〔中略〕いかにしてたえてゆくことができるのであろうか？〔中略〕われわれの意見では、以下のただひとつの事実が重要である。すなわち、このような見地〔神話的見地〕によって、幾千万の人びとが幾世紀ものあいだ、絶望におちいることなく、自殺することなく、同時に常に歴史の相対主義的、虚無主義的見解にともなう精神的枯渇〔sécheresse spirituelle〕におちいることなく、大きな歴史的重圧をたえ忍んできたという事実である(70)。

聖なるものや神話が擬装されたかたちで現代世界に残存するという見解に対しては、エリアーデが提示する方法論を採用しなければその擬装の読解は不可能であるという主張を含みもつゆえに、客観的な学問とはみなし難いなどのさまざまな批判がなされてきた(71)。しかし、「ロシア化」におけるエリアーデの主張を把握していた人間にとっては、「残存」・「擬装」概念は単なる学説理論であるのみならず、「歴史の恐怖」をたえ忍ぶための方法、また、民族的宗教文化の破壊に着手した社会主義政権に対する批判として解釈されたはずであり、エリアーデも亡命者たちによってそのように受容されることを意図していたと考えられよう。

二　亡命者エリアーデの思想とルーマニア民族主義

しかしながらエリアーデによるこれらの主張は、自民族やその文化の存続のみを目的とする過激な民族主義運動を助長する危険性を有すると解釈することも可能である。事実、ルーマニアの民族的「精神」という概念は、鉄衛団においても用いられたものであった。エリアーデが、鉄衛団と自身の関係について明確に説明することなく、このような概念を用いて亡命者に団結をよびかけたという事実は、鉄衛団の活動を助長した可能性があるために、批判をまぬがれることは困難であろう。しかし、祖国との結びつきを失って生きなければならなかったエリアーデの亡命者としての苦悩を考慮せずに、戦後における活動のすべてを鉄衛団問題のみに還元して論じることは、資料読解の面でも大いに問題があると思われる。

エリアーデの思想における、ルーマニア人亡命者としての生き方にこだわった局所的で特殊な側面と普遍性を志向する側面との相反する二面性に関する考察は、これからのエリアーデ研究が取り組むべき重要な課題のひとつであると思われる。そしてこの問題に取り組む上で、ルーマニア人亡命者組織におけるエリアーデと鉄衛団に関するクリアーヌの見解を整理することは重要な作業になろう。

第七節　小結

以上、鉄衛団問題に関するエリアーデとクリアーヌのやり取りを確認した。エリアーデとクリアーヌの関係は複雑である。クリアーヌは「補遺II」において、「エリアーデが（国家や民族のための）犠牲について語ったことは、レジオナールとして行なったことではなく、また犠牲を強く賞讃したことは全体主義政権の熱狂的な支持者として行なったのではないということは、断言できる」[72]（強調は訳者。つぎの引用文における強調も同様）と述べている。また、ゴマから依頼された対談のための質問リストや計画表においても、「先生は右派の人間とみなされてきましたが、それはまったくの誤解であったに違いありません」、「先生個人は、過激主義をまぬがれた数少ない人間のひとりでした」と述べている。この点において、クリアーヌはエリアーデに忠実な弟子であり、われわれはクリアーヌの言葉を「弟子」としての忠誠によって歪曲されたものとして理解しなければならない。しかし、エリアーデから幾度となく拒否されながらも、クリアーヌは鉄衛団問題について質問することをやめなかった。この点において、クリアーヌはエリアーデの意のままにはならない反抗者であったといえる。

クリアーヌ自身が一九七八年一〇月一九日付けの手紙で認めていたことだが、彼は鉄衛団問題についての「統覚」(apercepție)、すなわちことの全体像を有していなかった。[73] そのため今日のわれわれは、クリアーヌが提示するエリアーデ―鉄衛団論をそのまま受け取ることはできない。しかしエリアーデと鉄衛団運動の関係を論ずるためには、クリアーヌのように幾度拒否されようともエリアーデに問いかけ続けることが必要なのではないだろうか。

エリアーデと鉄衛団運動との関係は、一九三〇―四〇年代におけるファシズムの台頭や反ユダヤ主義の拡大、知識人による戦争の肯定などといった諸問題を含んでいる。それらの問題をどのように受けとめ、解釈するかということは、現代社会における重要な課題である。しかし、それゆえにこそ、もはやみずからの口で弁解することのできない死者の責任を追求する際には最大限の慎重さが要求される。後世の人間は残された資料を精読することによって、過去の人間の思索に近づく努力を積み重ねることしかできない。その努力を続けるかぎり、過去の人間を安易に断罪することなどはできないはずである。エリアーデに対する信頼と懐疑のあいだでゆれ動きながらも、沈黙するエリアーデに問いかけ続けたクリアーヌの姿は、そのひとつのモデルとみなせよう。

（1）Eliade, *L'épreuve du labyrinthe: Entretiens avec Claude-Henri Rocquet*, (Paris, Belfond, 1978). 住谷春也訳『迷宮の試煉』作品社、二〇〇九年。

（2）*Dialoguri întrerupte: Corespondență Mircea Eliade—Ioan Petru Culianu*, ed. by Dan Petrescu, (Iași, Polirom, 2004), p. 154.

（3）『迷宮の試煉』、二八七頁。

（4）Eliade, *Jurnalul portughez și alte scrieri, volumul 1*, ed. by Sorin Alexandrescu, (București, Humanitas, 2006), pp. 365-366.

（5）カロル国王によるエリアーデの拘束については、*Memorii, 1907-1960*, (București, Humanitas, 1991). 石井忠厚訳『エリアーデ回想(下)』未來社、一九九〇年のほか、Mac Linscott Ricketts, *Mircea Eliade: The Romanian Roots, 1907-1945*, (New York, East European Monographs, Distributed by Columbia University Press, 1988)などを参照。

（6）以下、Bryan S. Rennie, *Reconstructing Eliade: Making Sense of Religion*, (Albany, State University of New York Press,

1996), pp. 143-177を参照。

（7）Mihail Sebastian, *Journal 1935-1944*, Translated from the Romanian by Patrick Camiller, (London, Pimlico, 2003).

（8）Eliade, "Piloții orbi" in *Vremea*, 19 September 1937. リケッツによる英語訳"Blind Pilots"が、*Mircea Eliade: Critical Reader*, ed. by Bryan Rennie, (London and Oakville, Equinox, 2006)に収録されている。

（9）Eliade, *Europa, Asia, America…Corespondență, Volumul 3, R-Z*, ed. by Mircea Handoca, (București, Humanitas, 2004), pp. 133-139.

（10）Adriana Berger, "Mircea Eliade: Romanian Fascism and the History of Religions in the United States" in *Tainted Greatness: Antisemitism and Cultural Heroes*, ed. by Nancy A. Harrowitz, (Philadelphia, Temple University Press, 1994).

（11）Russell T. McCutcheon, *Manufacturing Religion: The Discourse on Sui Generis Religion and the Politics of Nostalgia*, (Oxford and New York, Oxford University Press, 1997), chapter 3を参照。

（12）Ricketts, 1988, chapter 22を参照。

（13）Rennie, 2006, pp. 8-11.

（14）竹沢尚一郎「「聖なるもの」の系譜学——デュルケーム学派からエリアーデへ」（竹沢編集『宗教とモダニティ』世界思想社、二〇〇六年）。バーガー論文と竹沢論文の問題点については、すでに奥山倫明が「エリアーデを再読するために」において言及している（『迷宮の試煉』、二八八頁）。

（15）『宗教とモダニティ』、七九頁。

（16）マテイ・カリネスクによれば、クリアーヌはリケッツに鉄衛団問題に関する資料をみせてもらうことで問題状況を把握したという（Matei Călinescu, "Culianu: Eliade: Culianu" in *Ioan Petru Culianu・Omul și opera*, ed. by Sorin Antohi, Iași, Polirom, 2003, p. 243）。しかし、Ted Anton, *Eros, Magic, and the Murder of Professor Culianu*, (Evanston, Northwestern University Press, 1996)によれば、クリアーヌはほかのルーマニア人亡命者との独自の人脈を有していたようであり、鉄衛団問題に関する詳細な情報を得ていた可能性は否定できない（*Ibid*., p. 87などを参照）。

（17）*Coresponțentă*, p. 240.

（18）McCutcheon, 1997, pp. 52-53, pp. 113-114.

（19）エリアーデ原案、クリアーヌ／ヘルダー社編、奥山倫明・木塚隆志・深澤英隆訳『世界宗教史7、8』（筑摩書房、二〇〇〇年）の裏表紙に記された紹介文を参照。

(20) I・P・クリアーノ、桂芳樹訳『霊魂離脱とグノーシス』岩波書店、二〇〇九年、三三三頁。

(21) ショーレムの手紙によれば、著者はイスラエル在住のルーマニア系ユダヤ人史家 Theodor Lorwenstein である。

(22) Eliade, *Europa, Asia, America*… *Volumul* 3, 2004, p. 133.

(23) *Ibid*., p. 135.

(24) *Ibid*., p. 136.

(25) *Ibid*., p. 138. しかし、Patrick Camiller による英語訳では、この記述は一九四二年七月二三日付けである（Mihail Sebastian, *Journal, 1935-1944*, Translated by Patrick Camiller, London, Pimlico 2003, p. 498）。『トラドート』論文に記されたセバスティアンの『日記』と Patrick Camiller の英訳版とのあいだには、これ以外にもいくつかの相違点が存在する。たとえば、「イフィジェニア」の初演に関して、『トラドート』論文ではエリアーデの妻ニーナと電話で会話したと記されているが（Eliade, *Europa, Asia, America*… *Volumul* 3, 2004, p. 137）、英訳版ではニーナの連れ子であるジザと電話したと記されている（Sebastian, 2003, p. 323）。また、『トラドート』論文では、コドレアヌが殺された日付が一九三八年一〇月三〇日と書かれているが（Eliade, *Europa, Asia, America*… *Volumul* 3, 2004, p. 136）、英訳版では同年一一月三〇日に「コルネリウ・コドレアヌは射殺され、夜のうちに埋められた」と記されている（Sebastian, 2003, p. 191）。そのほか、『トラドート』論文の著者は「一九三六年一一月二七日に、セバスティアンはミルチア・エリアーデとの議論を書きとめている。これは、エリアーデが右派へとしだいに道を踏み外していく様を証明した最初の記述である」（Eliade, *Europa, Asia, America*…, *Volumul* 3, 2004, p. 135）と述べているが、『日記』の英語版には、一九三六年一一月二七日付けの記述は存在しない。

(26) *Ibid*., p. 139.

(27) *Ibid*., p. 140.

(28) *Ibid*., p. 122

(29) *Ibid*., p. 125.

(30) *Ibid*., pp. 124-125.

(31) *Ibid*., p. 126.

(32) *Ibid*., pp. 140-141.

(33) ミルチア・ハンドカ（Mircea Handoca）は、『トラドート』論文は事実を故意に歪曲して書かれており、この論文を根拠にエリアーデを批判することの危険性を強調している（*Ibid*., pp. 127-128）。

(34) クリアーヌは一九七八年の『ミルチア・エリアーデ』とはべつに、一九八二—八三年にも『知られざるミルチア・エリアーデ』(*Mircea Eliade necunoscutul*)という著書を書いている。本研究では一九八二—八三年に書かれた『知られざるミルチア・エリアーデ』と区別するために、一九七八年の『ミルチア・エリアーデ』を七八年『エリアーデ』と記すことにする。

(35) エリアーデがクリアーヌの功績を讃えた一九七七年五月三日付けの手紙の一部は、七八年『エリアーデ』の序文として掲載されている。

(36) Culianu, *Mircea Eliade*, Translated by Florin Chirițescu, and Dan Petrescu, (Iași, Polirom, 2004), pp. 15-18.

(37) 原文では、“Cu veche prietenie, al D-tale[,]” となっており、本来付けるべきコンマをエリアーデが省いているために、編集者がそれを修正している。本研究では、文法上の誤りや誤字は手紙の書き手であるエリアーデの状況(読み返す時間がないほど急いで書いた、あるいは誤字を気にするような心境ではなかったなど)の反映と考えるため、修正することはせず、編集者あるいは訳者による補いを付すことにする。

(38) *Corespondenţă*, pp. 89-90.

(39) *Ibid*., p. 90.

(40) *Ibid*., pp. 126-128.

(41) *Ibid*., pp. 125-126.

(42) *Ibid*., p. 130.

(43) 『二千年以来』(*De două mii de ani*)は、ルーマニア人として生きるユダヤ人を主題としたセバスティアンによる文学作品である。ユダヤ人としての生き方を好意的に描いた本書は、イオネスクをはじめ多くの文化人たちからの批判にさらされた。エリアーデは、イオネスクに抗してセバスティアンを擁護する立場をとった。

(44) *Corespondenţă*, p. 134.

(45) 竹沢尚一郎は「「聖なるもの」の系譜学」において、なんの根拠も提示せずに『言葉』を「コドレアヌ系の新聞『クヴィントゥル』[ママ]」と断定して論じている(竹沢編『宗教とモダニティ』、七九頁)。しかし、『言葉』編集部の歴史的変遷を無視したこのような断定が乱暴であることは、この手紙からも確認できる。

(46) フリオ・イェシは、『世界宗教史』のイタリア語への翻訳を担当していた。エリアーデは『日記』の一九七九年六月六日付けの記述で、イェシについて以下のように記している。「シカゴから転送されたクリアーヌの手紙で、フリオ・イェシが、最近出版した彼の著書『右翼の文化』において一章を私に対する中傷と侮辱にあてていることを知った。私はずっと以前から、イェシが私を反ユダヤ主義でファシスト、鉄衛団員などとみなしていることを知っていた。おそらく彼は、ブーヘンワルトのことでも私を非難するのであろう。それなのに彼は、私の『〔世界〕宗教史』の翻訳者としてRizzoliに名乗りをあげたのだ。去年私は、伝えられるところによると、彼が以下のようにいっているときいた（「内部情報」）。「私がこの〔宗教学の〕シリーズの監修者であるかぎり、エリアーデの著書が出版されることはないであろう」」(Eliade, *Journal 4, 1979-1985*, Chicago and London, The University of Chicago Press, 1990, p. 17)。

(47) *Corespondenţă*, p. 182.

(48) *Ibid*., p. 188.

(49) *Ibid*., p. 229.

(50) *Ibid*., p. 20.

(51) *Ibid*., p. 129.

(52) 一九四二年に刊行された『サラザールとポルトガルの革命』(*Salazar şi revoluţia în Portugalia*)は、エリアーデがサラザール政権について詳細に論じた著書であり、在ポルトガルの文化参事官としての代表的成果である。サラザールが政権を掌握するまでのポルトガルの歴史と文化についてまとめられている。一五章から構成され、一―七章までは、教会勢力に反対する自由主義者から支持されたペドロと、絶対主義王政と連携する教会から支持されたミゲルによる王権をめぐる一九世紀の内戦、立憲王政、第一共和政の樹立までの歴史が記述されている。八―一五章では、サラザールの「新国家」政策が第一共和政の反動として論じられている。エリアーデがサラザール政権を高く評価した理由は、第一共和政により弾圧されたカトリック教会や伝統文化を保護したサラザールの「新国家」政策が、ソヴィエトの侵攻により存続が危ぶまれるルーマニアの宗教文化を後世に伝えるためのモデルになると考えたことによると思われる。

(53) *Corespondenţă*, p. 132.

(54) *Ibid*., pp. 136-137.

(55) この論文のルーマニア語訳が、Culianu, *Studii româneşti 2*, (Iaşi, Polirom, 2009), pp. 98-119に収録されている。

(56) *Corespondenţă*, p. 159.

(57) しかしクリアーヌは、エリアーデの死後、一九九〇年にフィラデルフィアを拠点とする亡命者組織の機関誌である『自由なる世界』(*Lumea liberă*)に「唯一の機会」("O şansă unică")という論説を掲載した。この論説は、ホリア・スタマトゥが鉄衛団への関与を隠し続けたことを批判したものである。晩年において、クリアーヌが鉄衛団の問題にふたたび言及するようになったことについては、本章の五節において考察する。

(58) G. Romanato, "Amintirea unui prieten: Ioan Petru Culianu" in *Ioan Petru Culianu • Omul şi opera*, ed. by Sorin Antohi, (Iaşi, Polirom, 2003, pp. 101-161), pp. 134-135.　この手紙にはスタマトゥからの批判がまったく予期せぬもので的はずれであることが記されている。引用した一文は、Ted Anton, *Eros, Magic, and the Murder of Professor Culianu*, (Evanston, Northwestern University Press, 1996), p. 100 においても英訳されている。さらに同書 pp. 114-120 では、スタマトゥとのあいだに生じた確執の背景についても報告されている。

(59) *Corespondenţă*, p. 236.

(60) Culianu, 2004, pp. 291-299.

(61) *Ibid.*, pp. 304-305.

(62) この草稿はのちに『知られざるミルチア・エリアーデ』となるもので、当初は序文かあとがきとして対談集に付される予定であった。

(63) *Corespondenţă*, pp. 238-239.

(64) *Ibid.*, p. 257.

(65) Culianu, *Studii româneşti 2*, (Iaşi, Polirom, 2009), pp. 156-159.

(66) Culianu, *Păcatul împotriva spiritului*, (Iaşi, Polirom, 2005), pp. 17-31.

(67) たとえば、「革命」当日の様子に関する箇所では以下のように述べられている。「第二章は、われわれを革命のまさに渦中へと誘ってくれる。ゴロガン大統領は彼の癖で〔〔トイレなどで〕水を引くときのように腕を動かしながら〕ジョルジャン〔ジョルマニアの首都、ブカレストに相当する〕中心の国王宮殿のバルコニーでどなって顔をしかめていたが、群衆からの罵声に絶句してしまった。各国のテレビ局はこのシーンを、また、ゴロガン大統領に反対するたて看板が群集によって自然と〔自発的に〕立てられたことを放映した。〔それに対して〕ボバは、大衆の自発性に疑いの目を向けて、たて看板一枚を制作するだけでもふたりがかりで六時間はかかると主張した。彼のもうひとつの仮説はさらに説得力があると思われる。すなわちゴロガンに向けられた罵声は、群衆から発せられたものではなく、数秒前にまきおこった万歳〔という声〕をマイクロフォンで流したのだという。〔中略〕。たしかにレコードのテープはすり替えられたのだ。そこでボバは質問を投げかける。だれがテープを取り換えたのだ？」(*Ibid.*, p. 34)。

(68) *Ibid.*, p. 33.

(69) *Ibid.*, pp. 34-35.

（70）Eliade, *Le mythe de l'éternel retour: Archétypes et répétition*, (Paris, Gallimard, 1969), pp. 169-170. 堀一郎訳『永遠回帰の神話』未來社、二〇〇〇年、一九四―一九六頁。

（71）「擬装」概念に関する近年の研究には、奥山倫明「「擬装」の解釈と創作」（『エリアーデ宗教学の展開―比較・歴史・解釈―』刀水書房、二〇〇〇年、二四三―二五四頁）や拙稿「エリアーデ文学における宗教思想―クリアーヌのエリアーデ文学論を通して―」（『宗教研究』三五八号、二〇〇八年、一―二四頁）、Moshe Idel, "The Camouflaged Sacred in Mircea Eliade's Self-Perception, Literature, and Scholarship", (in *Hermeneutics, Politics, and the History of Religions: The Contested Legacies of Joachim Wach and Mircea Eliade*, ed. by Christian K. Wedemeyer and Wendy Doniger, Oxford and New York, Oxford University Press, 2010, pp. 159-195) などがある。

（72）Culianu, 2004, p. 333.

（73）*Corespondențǎ*, p. 158.

第七章　ルーマニア社会主義政権との闘争におけるエリアーデとクリアーヌ

第一節　問題の所在

本章は、ルーマニア人亡命者組織の機関誌に掲載されたクリアーヌの論説と短編小説における社会主義政権批判を考察の対象とすることにより、これまで取りあげてきたエリアーデによる社会主義政権批判との論調の異同を明らかにするものである。そうすることによって、故国の政治状況をめぐる両者の宗教学者としての立場の異同を明確にする。

亡命者組織におけるエリアーデの活動については、これまでの考察によって確認してきた。一方、エリアーデの「弟子」であるクリアーヌも、アメリカに亡命したあと、『自由なる世界』(*Lumea liberă*)などの機関誌でいくつかの論説を発表した。以下では、チャウシェスク政権や一九八九年のルーマニア体制転換後に成立したイリエスク政権に関するクリアーヌの思索を、短編小説と政治的論説の読解によって整理し、その特徴を明確化する。

資料としては、一九八六年にクリアーヌが書きあげ、のちに『エメラルド・コレクション』(*La Collezione di Smeraldi*, Jaca Letteraria, 1989. ルーマニアではネミラ出版からの刊行を経て、ポリロム出版から『透明な羊皮紙・最後の物語』*Pergamentul diafan・Ultimele povestiri*, Polirom, 2002. として刊行)に収録された短編小説「ジョルマニアへのツォラブの侵略」

("Intervenţia zorabilor în Jormania"[1])と「トズグレク」("Tozgrec"[2])という二編の短編小説のほかに、以下の政治的論説を取りあげる。すなわち、一九八七年に『広場』(*Agora*, Philadelphia)に掲載された「精神に対する罪」("Păcatul împotriva spiritului"[3])、一九九〇年に『自由なる世界』の六六号と六七号、九一号、一〇二号に掲載された「一一項目にみるルーマニアの未来」("Viitorul României în unsprezece puncte"[4])、「アンドレイ・プレシュへ宛てた公開書簡」("Scrisori deschise către Andrei Pleşu"[5])、「死者たちの対話」("Dialogul morţilor"[6])、「エリ・ヴィーゼル」("Elie Wiesel"[7])、ミラノの『展望』(*Panorama*)に一九九〇年二月に掲載された論説「国王は死んだ——後継者に注意せよ」("Regele a murit—atenţie la urmaş"[8])である。これらの資料には、チャウシェスク政権やルーマニア革命、イリエスク政権に関するクリアーヌの思索がとりわけ明確に示されているためである。

クリアーヌは、一九九〇年一月から同年一二月まで『自由なる世界』でルーマニアの政局に関わる二六本の論説を発表したほか、『展望』や『労働者の世界』(*Mond Operaio*)などにおいてもいくつかの論説を掲載した。これらの論説からクリアーヌの政治的見解を読み取ることは、晩年における宗教研究を考察する上でも重要な作業になると考えられる。なぜならば、これらの論説を発表した時期は、クリアーヌが『エリアーデ世界宗教事典』[9]の編集にたずさわると同時に、『グノーシスの樹』*The Tree of Gnosis: Gnostic Mythology from Early Christianity to Modern Nihilism*, (New York, Harper Collins, 1992)や『この世の外』*Out of this World: Otherworldly Journeys from Gilgamesh to Albert Einstein*, (Boston and London, Shambhala, 1991)を出版することでエリアーデから独立した独自の宗教理論を提唱しようと試みた時期と重なり、この時期の一致には偶然以上の意味があると思われるためである。

クリアーヌの宗教理論の特徴は、人間のすべての思考パターンを有する次元を想定して、個々の宗教現象や思想活動をその次元が歴史的地平に顕現したひとつの形態とみなすものである。本章では仮説として示唆するにとどめるが、このような特徴を有するクリアーヌの宗教理論は、思想や宗教活動を規制する社会主義政権に対する異議申し立てとして提示されたと考えられる。すなわち、さまざまな思想や宗教を無限に生み出し続ける次元、システム(system)を提示するクリアーヌの宗教理論は、社会主義的政策に反する思想を抑圧するルーマニアの政権と激しく対立する点において、亡命者組織の機関誌で発表された政治的見解と目的を共有すると考えられる。

今日の宗教学においては、時代・地域横断的にさまざまな資料をかき集めてそこから「宗教」の普遍的形態を抽出するエリアーデ的方法論は、普遍主義的で本質主義的、それ自体が宗教的であるため、ポスト・エリアーデ時代の宗教学者は政治的・経済的利害関係が生じる社会や歴史のなかに「宗教」を位置づけ直すことでエリアーデ的普遍主義の構図を解体しなければならないと批判される傾向にある。エリアーデの「弟子」クリアーヌに対しても師エリアーデの擁護者とみなされ、同様の批判が向けられた。たとえば、マッカチオンが、『エリアーデ世界宗教事典』に付されたクリアーヌの序文を根拠として、エリアーデの非還元主義的宗教概念を継承した擁護者とクリアーヌを評したことはすでに確認した。(10)

しかし、宗教概念をめぐるこのような批判においては、社会主義政権との闘いという「政治的」場所においてクリアーヌがいかなる活動を展開したのか、そこにおける政治的言論と宗教理論はいかなる関係にあるのかといった問題に関しては、まったくといってよいほど注意が向けられてこなかった。価値規範としての「宗教」概念のにない手である宗教学者がこの概念をどのような場所において構築して、いかに用いたのかという問題を主題化する宗教概念再考論においては、ルーマニア人亡命者組織におけるクリアーヌの活動を明らかにする作業が不可欠であるはずである。本章は、このような研究史の隙間を埋めて、不均衡を是正する役割をはたす。

以下ではつぎの手順にしたがって考察を進める。(1)一九八九年のチャウシェスク政権崩壊前におけるクリアーヌの政治的言論を、「ジョルマニアへのツォラブの侵略」と「精神に対する罪」の読解によって明らかにする。(2)チャウシェスク政権崩壊後におけるクリアーヌの政治的言論を、一九八九年の体制転換直後に発表した論説の読解によって明らかにする。(3)クリアーヌの政治的言論と宗教理論の関連性について、短編小説集『エメラルド・コレクション』に収録された「序」と「トズグレク」を手がかりにして考察する。

第二節　一九八九年以前におけるクリアーヌの政治的言論活動

一　「ジョルマニアへのツォラブの侵略」

クリアーヌは、一九八六年一月に「ジョルマニアへのツォラブの侵略」という短編小説を書きあげた。[11] この小説の続編である「自由なるジョルマニア」については前章で鉄衛団問題との関連という視点から取りあげたが、本章ではチャウシェスク政権に対する批判という視点から本編を考察する。暗示的表現が多用されており、登場人物同士の複雑な関係[12]が描かれている本編を要約することは困難であるが、以下に本編の概要を記す。

本編は、ジュレス・ビルスティクというペンネームの人物が二〇〇四年に『アウモデウス』という雑誌の三六巻にて発表した特集記事という形式で書かれている。既述のように舞台は、マクリスト帝国の傀儡国家であり独裁的な大統領ゴロガンによって統治されるジョルマニアという架空の国である。ゴロガンの統治を邪魔に思いはじめたマクリスト帝国は、ゴロガンを殺してあらたな政権を樹立することを一九八八年に決めた。しかしジョルマニアは、マクリスト・イデオロギーがもっとも浸透している国家のひとつであると公言されていたので、軍隊の派遣による直接的介入という方法はとられずに、秘密警察 BEDEKER による裏工作によってゴロガン政権を転覆させることが決定された。BEDEKER は、この任務において、ツォラブという動物兵器を使った。クリアーヌはツォラブの特徴を以下のように描いている。

あなたはかつてツォラブなどというものをみたことはあるであろうか。私はボルビシュハン〔小説に登場する架空の国。アフガニスタンに相当する。BEDEKER によってツォラブの実験台にされた〕の南方で死んでいる一匹のツォラブをみたことがある（写真）〔本編はビルスティクが入手した、あるいは撮影した写真が掲載されているという設定である〕。そのツォラブは、射殺される前に、オオカミ一匹とラクダ一頭、三人の農民を殺したのであった。それは、かつて猫が二〇〇万年、三〇〇万年前にそうであったほどに凶暴な猫なのだ。ツォラブは目に直接飛びかかって、鋭い爪でそれを突き破る。そして殺戮機械のように首の静脈に噛みつくのだ。これらすべては、長くても一分もかからない。ツォラブは瞬く間もないほどにすばやく、屠殺場の包丁のように血に塗れる。ツォラブは帝国のBEDEKERのもっとも恐るべき、そしてもっとも効果的な動物兵器〔arma zoologică〕なのである。[13]

ツォラブは、一年で一八回も妊娠するほどに繁殖力が強い。BEDEKERは、このようなツォラブをジョルマニアに送りこんでゴロガン政権の転覆をもくろんだのであった。まず最初に狙われたのは、首都ジョルジャンのゴロガンの住居である。BEDEKERはババと名づけた一匹のツォラブを、大統領夫妻に贈り物として手渡していた。ババは、大統領夫妻のもとで四ヵ月ほどは、人懐っこい愛くるしい猫として振る舞った。しかしある晩、ババはツォラブとしての本能に目覚めて、大統領夫妻の殺害に着手した。

ツォラブが子猫の仮面を取り去る運命の夜がやってきた。〔中略〕。とにかく、この場合、そのツォラブがゴロガン王朝滅亡の直接的原因となったことは事実である。軽率にもモルトゥ夫人によって半開きとなっていたドアは、ツォラブのババに作戦をやり遂げることをゆるしてしまった。ババン〔ゴロガン大統領の親衛隊〕が到着したときには、崩れ落ちたゴロガンの身体は頭部から足まで血が噴き出す傷で一杯であった。ババはあまりに残忍であったので、このような作戦のために特別に訓練したわけではなかったのだが、ゴロガンを去勢するほど（写真）であった。モルトゥ夫人に関しては、喉が掘りぬき井戸のように変形しており、痙攣をおこして泡を吹いていた。〔ツォラブに襲われた〕彼らはみな、そばの建物に宿泊していた医療班が到着する前に息絶えた。ゴロガンはジョルマニアの多面的な発展のために最後の確定的な指示を出そうとしたが、モルトゥ夫人が穏やかになにかをささやきながら死んでいったのとは対照的に、苦しそうにこと切れた。小さな影がババンの足のあいだをすり抜けて、なんの障害にも遭わずに出口まで廊下をすばやく走り抜けていった。その影は、折り目正しい猫の仮面を被ってみなに知られていたツォラブのババであった。(14)

ゴロガンの死亡後、一九八九年四月三〇日、ジョルジャンは無数のツォラブとナツォラブ(水中を移動できるように改造されたツォラブ)によって占領され、首都としての機能を失った。ゴロガンの息子であるジャカンは、地方の政権を司る七八氏族とよばれる一群と連携することで大統領に就任し、事態の鎮圧に努めた。しかし、BEDEKER の妨害工作によって、ジャカンの試みは不成功に終わる。ジャカンが政権を放棄すると、ジョルマニア労働者自由組合の創始者であったがゴロガン政権によって国を追われていた作家のボバという人物が四二グループという集団を引き連れて帰国し、あらたな政権を組織するための抵抗運動を開始した。しかしこの抵抗運動も、過激な反マクリスト的政策を提唱するボロヴァンと、マクリスト帝国との直接的対立を避ける穏健な政策を提唱するグズガンとのあいだで分裂をおこして頓挫する。結局、ボロヴァンの側近であったボスタンという人物がマクリスト帝国にそそのかされるようにしてボロヴァンを裏切り、政権の座に就く。ボスタンは四二グループと協力して、反マクリスト勢力からの援助のもと、ツォラブの排除や食料の確保、経済の建て直しに努めるが、マクリスト帝国からの直接的援助を受けたブラン将軍のクーデタによってジョルマニアから追放された。ボスタンは国外にて、ふたたび亡命していたボバと協力しながらブラン政権に抗するプロパガンダを展開したが、ブラン政権あるいはマクリスト帝国によって殺害されたことが暗示されて本編は締めくくられる。

既述のように、本編は一九八六年に書かれたものである。一九八九年四月三〇日にジョルジャン＝ブカレストが陥落するという記述は、一九八九年一二月におけるチャウシェスク政権の崩壊を予見したものと読解することも可能である。

本編における登場人物や出来事と、実際の体制転換の展開を照らし合わせる作業は、クリアーヌの予知能力を検討するという意味で、興味深いものになろう。[15] しかし本章では、以下の一点を強調することにとどめる。すなわち、クリアーヌは一九八六年という早い時期から、チャウシェスク政権はソヴィエト主導のクーデタによって崩壊するが、チャウシェスクがつくりあげた独裁的な体制は依然として存続するであろうという見解を有していたことである。クリアーヌは、チャウシェスク政権の崩壊後、この見解に対する確信をさらに強めた。そして、「革命」直後の一九九〇年一月から『自由なる世界』や『展望』において自説を公に発表するようになったのであった。

二　「精神に対する罪」

しかしクリアーヌは、チャウシェスク政権やソヴィエトをただ風刺するだけではなく、これらの政権に抗するための手段についても思索していた。一九八七年に『広場』に掲載された論説「精神に対する罪」には、クリアーヌのこのような思索を確認することができる。

本論説においてクリアーヌは、チャウシェスク政権を痛烈に批判している。すなわち、チャウシェスク政権がつくり出す世界は死と直結しており、未来を有しておらず、「文化的大量虐殺」と同義であり、[16] それは「精神に対する罪」に由来すると述べることで、以下のような批判を展開した。

〔チャウシェスク政権下における〕共産主義は――たとえばナチズムのような、ほかの革命的なユートピア的理想の形態すべてと同じように――思想〔idee, idea〕の完全なる停止状態と一致する。思想の停止とは、文化的大量虐殺〔genocidului cultural〕のいい換え、つまりは精神に対する罪〔păcatului împotriva spiritului〕のいい換えである。

このおぞましい状況に対する処方箋は存在するのであろうか？

死に対する処方箋を人類はみつけてこなかった。しかしながら奇蹟は間違いなく存在する。思想を生み出す大胆さは、生へ到達するであろう。そして、思想を生み出す唯一の方法は、凍りついた世界〔universul înghețat〕を今日のルーマニアにかたちづくっているものを否定することである。(17)

ここからは、チャウシェスク政権が犯した大罪は思想や文化を生み出す自由を人びとから奪ったことであり、この「文化的大量虐殺」に対する唯一の対処方法は社会主義政権による文化破壊を打ち消す思想活動の展開であるというクリアーヌの主張を確認できる。

みずからの力で思想を生み出すことができなくなり、社会主義政権の統治をただ受けいれるだけである無力な人間の姿は、「ジョルマニアへのツォラブの侵略」においても描かれていた。そこでは、ゴロガン政権の崩壊後に発生したジョルマニア難民の多くが、アメリカや西欧からの支援をまつだけであり、ジョルマニアの文化や思想を忘れ去り、ジョルマニア人としての自覚を失った人びととして描写されている。独裁政権に抗する自由な思想活動を手段とした闘争というクリアーヌの批判的言論は、チャウシェスクの処刑後に成立したイリエスク政権に対しても向けられるようになる。

第三節　一九八九年以後におけるクリアーヌの政治的言論活動

一　『自由なる世界』における政治的論説

一九八九年一二月一六日にティミショアラで発生した反体制運動に触発され、二〇日にブカレストでも同様の反体制運動がおこった。チャウシェスクは二一日に共産党本部のバルコニーから演説をして反体制運動を鎮めようとしたが失敗し、二二日には群衆が共産党本部になだれこんだためにヘリコプターで脱出した。同日にイオン・イリエスク率いる救国戦線(Frontul Salvării Naționale)が政権を暫定的に掌握し、救国戦線評議会が設置された。チャウシェスクは二三日に逮捕され、二五日に妻エレーナとともに処刑された。チャウシェスクの処刑後、救国戦線評議会は暫定政権となり、イリエスクが議長を務めた。暫定政権の指導者層の大半は、旧共産党幹部と軍人によって占められたという。

クリアーヌは「革命」後に成立したイリエスク政権に対しても激しい批判を行なった。一九九〇年に『自由なる世界』の六六号と六七号、九一号、一〇二号に掲載された「一一項目にみるルーマニアの未来」、「アンドレイ・プレシュへ宛てた公開書簡」、「死者たちの対話」、「エリ・ヴィーゼル」はその代表的な論説であり、クリアーヌはそこで暫定政権に対する批判とルーマニアに真の民主主義をもたらすための具体的な政策とを提示している。

「一一項目にみるルーマニアの未来」は、チャウシェスクとエレーナ夫人が大量虐殺と本国を破産させた名目で処刑され、同じく幾千人もの秘密警察が処罰を受けようとしている現在、一九三七年以来はじめて自由がもたらされた故国において、「民主的な統治」が実現されるための見解を提示することを目的としている。[18] クリアーヌが取りあげた一一項目とは、政治、経済、軍隊、司法、報道、テレビ放映、警察、秘密情報部、少数派、教育、宗教である。クリアーヌはこれらの一一項目に関して、複数の政党から構成される強力な議会に基づく民主政治、チャウシェスク時代に進められた工業に依存する経済政策に代わる農業と観光業に立脚した経済活動の促進、私有財産の保証、徴兵制度に依らない職業的軍隊の組織、民主的憲法の草案と職業的法律家の育成、報道の自由の承認、私営化された出版社やテレビ局の設立、民主的憲法に基づく警察制度と秘密情報部の運営、民族的少数派にもルーマニア国民と同等の権利をあたえるようにとの提言、私立学校や大学教育の奨励、信仰の自由や政教分離の実施、などを提言した。

「アンドレイ・プレシュへ宛てた公開書簡」においては、チャウシェスク政権崩壊の二週間前にイギリスのＢＢＣからの依頼によってクリアーヌが作成したアンドレイ・プレシュへ宛てた一九八九年一二月七日付けの公開書簡と、[19] チャウシェスク政権崩壊直後の一九九〇年一月七日付けの公開書簡が掲載されている。この論説においてクリアーヌは、チャウシェスクおよびその政権を「ルーマニア人が知っているなかでももっとも残忍な独裁政権」、[20] 狂っていて凡庸な独裁者(21)、世界の恥、悪魔のような独裁者(22)と批判するのみならず、暫定政権に対する批判をも展開した。クリアーヌは冒頭において、体制転換後のルーマニアを「当面は共産主義政権が主張しているように、少しも「自由」ではない(23)」と表現し、さらに結論では以下のような主張を展開した。

私はあなた〔プレシュ〕ができるだけ早く、真の自由を有したルーマニアの大臣に〔ふたたび〕なるために、〔現職から〕身を引くことを願っています。

しかし、もちろん、新政権の政策の大半を受けいれないであろう学生たちと手を結ぶことに成功したならば、また共産主義政権によって保持されてきた情報の独裁に早期に裂け目をつくることに成功したならば、その際には現職にとどまった方がよいでしょう。私たちはあなたを支持しておりますし、真の民主主義によって導かれるルーマニアをまち望んでいます。その際に、彼らのうちにあなたがいることを考えると慰めとなるのです(24)。

この一節からはクリアーヌが、革命政権によっては真の自由と民主主義がルーマニアにもたらされることはないと考えていただけではなく、革命政権に代わるあらたな政権の樹立をも提案していたことを確認できる。

「死者たちの対話」は、一九八九年一二月の体制転換によって大統領の座を追われ同年一二月二五日に処刑されたチャウシェスクと、体制転換後に政権を掌握した救国戦線のリーダーであるイリエスクが対話するという形式で書かれている。体制転換後の一九九〇年五月に議会を設立するための自由選挙が行なわれたが、中立であるはずの救国戦線が政党として参加することを主張して自分たちに有利な選挙体制をつくろうとした。救国戦線のこの動きに反発した市民、学生たちは激しいデモ運動を展開した。しかしブカレストの工場労働者とジウ渓谷の炭鉱労働者たちが、学生を中心とするこのデモ運動に抗してイリエスクを支持する運動を展開した。両者の対立は暴動にまで発展した。結局、総選挙は救国戦線の圧勝に終わり、イリエスクが大統領に就任することになった(25)。

ジウ渓谷の炭坑は、チャウシェスク時代に激しい反体制運動を展開したために、チャウシェスクによる弾圧を受け秘密警察が多数送りこまれた場所である。クリアーヌは総選挙の翌月に発表した本論説において、イリエスクがこのジウ渓谷の炭鉱労働者たちを利用して反体制運動を鎮圧し、総選挙を不正にとり行なったことを主張した。本論説は冒頭からイリエスク政権とソヴィエトの結びつきを強調している。

KGBによって開発された特殊な技術の助けをかりて、イオン・イリエスク議長は、最近、ニコラエ・チャウシェスクと、故人〔チャウシェスク〕が数ヵ月前から身をおいているきわめて深い地平において会う機会をもった。その会談は、新聞が「同志の」〔会談〕と一般に名づけそうな性質をもっていた。すなわちその会談は、叫び声とヒステリーによってはじまって、そのあとには短い困惑のときが続き、最後には慈愛と感情の吐露、きわめて個人的な性質の助言によって特徴づけられ、「友好的」と定義できるものになった(「私を忘れるな、イオアネ!〔Ioane, Ion の愛称〕」、「どうして忘れましょうか、ニクル!?〔Nicule, Nicolae の愛称〕」)。(26)

ここで述べられているように、会談がはじまった当初、蘇ったチャウシェスクが自分を裏切って殺害したイリエスクに対して敵意をあらわにしたために、会話は成立しなかった。しかしイリエスクが五月の選挙について話をはじめると、チャウシェスクは関心をもってきくようになる。イリエスクは、選挙でいかに首尾よく不正をやってのけたかを得意げに話し、また、それが成功したのはチャウシェスクのおかげであった点を強調した。

「ニクル、私は過日おこったことをあなたに話すためにやってきました……。選挙が行なわれたのですがご存知……」。

チャウシェスクは、そのときも敵意をもち続けていたが、だれからもその話をきいていなかったので、元同志が話す情報に耳を傾けた。チャウシェスクは話をきくにつれて、関心をもつとともにますます釈然としない様子を示した。投票施設に関してＦＳＮ〔救国戦線〕が行なった操作に話がおよぶと、チャウシェスクは興奮をおさえることなく大声をあげる。

「すべての投票箱をごまかしたというのか？」

「いいえ、すべてではありません……」。イリエスクは小声でいう。「ご存知のように、〔すべてである〕必要などなかったのです」。〔中略〕。

〔イリエスクがチャウシェスクに〕「あなたのイデオロギー的な準備がなければ、大衆はまるでチェコスロヴァキアで投票されたように知識人に投票したことでしょう。あるいはもっと悪い場合には、ドイツでなされたように民主主義者・キリスト教徒たちに投票されたでしょう。あなた以外にだれが、これほどのおののきを、生に対するこれほどの不信感を、そしてこれほどの懐疑をふたたび〔大衆に〕うえつけることができましょうか？」[27]。

このあとイリエスクは、選挙後に市民がおこした反体制運動を弾圧するために、ジウ渓谷の炭坑労働者たちを扇動して利用したこと、新聞社に圧力をかけることによって世論を操作していることなどをチャウシェスクに話してきかせた。そして、これらのことはチャウシェスクによってつくりあげられた統治制度を引き継ぐことで可能になったという点をイリエスクは強調した。最初はイリエスクに対する憎しみでいっぱいであったチャウシェスクは、しだいにイリエスクをみずからの後継者として認めるようになっていく。本論説は、チャウシェスクとイリエスクが和解する以下の場面で締めくくられている。

「もはや時間がありません、ニクル。あなたをこの腕に抱くことをおゆるしください……。ご覧ください。友人たちから勲章をあなたにもっていくように頼まれました。上位勲章です……第一級ルーマニア国民の……。また、

『革命』の英雄であることに対する賞状も授与します……。救国戦線ではそのようなものがばら撒かれたので、偽物であるということもあるかもしれませんが、しかしご覧ください。ここに私が〔以下のように〕直筆で署名します……。『ニク〔Nicu, Nicolae の愛称〕へ、その存在なくしては革命も勝利も不可能だったニクへ……』。抱擁することをおゆるしください、ニクル、接吻することも……。いえ、口にではなく、そこは青ざめています……。こめかみが、そう、銃弾の穴のところのほうが……」。

感動したチャウシェスクは、上位勲章をイリエスクの手から受け取り、接吻をゆるした。

「ご理解してくださいましたか……」。イリエスクは身を離しながら囁く。「代償は大きなものでした、とくにあなたにとっては……。しかしチャウシェスクが死んでもチャウシェスクがつくったものは勝利するのです！　われらの命、われらの経験、なつかしさ……、英雄……」。

亡霊は、ますます青白くなり、涙を流し、慟哭のうちに消えていく。

「私を忘れるな、イオアネ」。

「どうして忘れましょうか、ニクル」(28)。

既述のように、本論説は一九九〇年五月の「自由選挙」の一ヵ月後である同年六月に『自由なる世界』で発表された。イリエスクがチャウシェスクに「第一級ルーマニア国民」の証である「上位勲章」を授与して抱擁し、銃弾で穴のあいたこめかみに接吻するという締めくくりは、イリエスク政権に対するこの上ない皮肉であると同時に、「ジョルマニアへのツォラブの侵略」で提示した予見に対する確信をクリアーヌがさらに強めた証と考えられる。

さらに、一九九〇年の九月一五日に『自由なる世界』の一〇二号に掲載された「エリ・ヴィーゼル」においては、エリアーデの見解との相違を強調することで、クリアーヌの亡命者としての主張がより明白なかたちで示されている。冒頭には以下のように記されている。

戦後、ある作家が、一定の成功をおさめた本で、すべての亡命者はオウィディウスと一体化しなければならないと主張した。すなわちミルチア・エリアーデは、彼と見解を異にし続けることを受けいれてくれるという多大な幸運を私にあたえてくれたのだが、そのエリアーデは『日記断章』において、すべての亡命者はオデュッセウスと一体化しなければならないと述べている。私は、すべての亡命者はエリ・ヴィーゼルと一体化しなければならないと考える。ヴィーゼルが道理を有しているならば、すべての亡命者が彼と一体化しないなどということがあり得ようか。(29)

クリアーヌが言及しているエリアーデの亡命者論とは、『日記断章』における一九六〇年一月一日付けの以下の記述であろう。「亡命者はみなイタカへの途上にあるオデュッセウスである。現実生活全体が『オデュッセイア』を再生する。イタカへの、中心への道。こういうことはみな昔から知っていた。いま突然発見したことは、任意の亡命者に対してあたらしいオデュッセウスになる機会が提供されているということである（まさしく彼が「神々」、すなわち歴史的地上的運命を決定する権力によって有罪を宣告されたがゆえに）。しかしこのことを悟るためには、亡命者は自分の数々の彷徨の隠れた意味を洞察し、それらを（神々によって望まれた）一連の長い通過儀礼的試練、また家（中心）へ自分を連れもどす途上の数々の障害物として理解する能力がなければならない。すなわち、毎日の苦しみ、失意、味気なさのうちにあるしるし、隠れた意味、象徴をみる能力。それらがそこになくても、それらをみて、読む能力。それらをみるならば、ひとつの秩序体系を構成して、事物の無定形の展開や歴史的事物の単調な流れのうちにひとつのメッセージを読むことができる」(30)。

クリアーヌは、『この世の外』の第八章でオデュッセウスを、大地母神崇拝を中核とする古ヨーロッパ文化を破壊した罪人と厳しく批判している。「古ヨーロッパ文化の視点からすれば、オデュッセウス、すなわち、悪知恵によって、訪れる土地で略奪をはたらいて死をもたらす黒い船の殺人者は、明らかに犯罪者であった」(31)。『この世の外』におけるオデュッセウス批判は、エリアーデの亡命者論と直接の関係をもつものではない。しかしクリアーヌは、エリアーデがオデュッセウスを亡命者の模範とみなしていたことを熟知していたことは間違いない。それゆえに、「エリ・ヴィーゼル」においてクリアーヌは、亡命者の生を通過儀礼的試練とみなし、隠された意味が「そこになくても、それらをみて、読む能力」を要請するエリアーデの秘術的亡命者論とは異なる独自の亡命者論を展開する意志をはっきりと示したと考えられる。では、クリアーヌ独自の亡命者論とはいかなるものなのであろうか。

それは、政治的圧力や権力に屈して沈黙することなく人間の悲惨と抑圧に関する声をあげること、という主張を根底におくものといえる。クリアーヌが亡命者の模範として提示したエリ・ヴィーゼルとは、ルーマニア生まれのユダヤ系作家で、第二次世界大戦時に体験したオシフィエンチムやブーヘンワルドの強制収容所での生活をもとにして著書の執筆や講演活動を行なった人物である(32)。クリアーヌが、ヴィーゼルの活動においてもっとも高く評価した側面は、沈黙せよという政治的圧力に屈することなく亡命者として体験した抑圧や悲劇に関して語り続けたことであった。クリアーヌはヴィーゼルについて以下のように述べている。

ヴィーゼルは、その最高傑作『誓い』〔*Jurământul*〕において、アウシュヴィッツの地獄を生き残ったあらゆる人間存在、あらゆるユダヤ人の存在、そしてさらにヴィーゼル自身の精神として、故国でこうむった不当のために亡命した人間の存在をも描いている。その存在は、ただ時がすぎるにまかせて沈黙せよという命令と、人びとが悲劇の知識を得られるように声をあげよという命令との板ばさみに常におかれている。一〇年間の沈黙のあとに、ヴィーゼルは犠牲者の静かな断腸の叫びをくり返さないためにも声をあげるという、預言者としての運命を引き受けたのである。これこそがエリ・ヴィーゼルと一体化しなければならない理由である(33)。

われわれにとっては、ヴィーゼルの模範は、この上ない残忍さと想像を絶する悲しみにみちたルーマニアの事例、すなわちその開かれた門からは解放された囚人が出でくることのない収容所の事例にあてはめるべきものである。〔中略〕。沈黙に対して声をあげることを選ぶということは、一切の妥協なく共産主義政府の悪行を次々と明るみに出すことを意味している。すなわち自由と民主政治の完全な勝利のみを追求し、すべての不当な権力に対して声をあげていくのである。(34)

ここでクリアーヌは、沈黙せよとの圧力に屈することなく亡命者が受ける苦難について積極的に発言するヴィーゼルの姿勢を高く評価している。しかし見方を変えるならば、これらの発言は、エリアーデをはじめとするこれまでのルーマニア人亡命者は「不当な権力」に屈して声をあげなかったということを意味する。「エリ・ヴィーゼル」は、クリアーヌが沈黙せよという圧力に屈することなく彼自身の声を積極的にあげる意志を公言した、エリアーデからの離反をなによりも象徴する論説であると考えられる。

二　「国王は死んだ――後継者に注意せよ」

「国王は死んだ――後継者に注意せよ」は一九九〇年二月にイタリアの『展望』に掲載された論説である。クリアーヌは本論説において、チャウシェスク政権の崩壊後に成立したルーマニアの政権を「君主制の頭と共産主義の胸、ファシズムの足、民主主義の名前をもつ動物」(35)と表現することで、独裁政権との闘いは依然として続いていると主張している。クリアーヌは本論説の冒頭において、イリエスクが組織した救国戦線を以下のように批判した。

ようやく残忍な独裁者が大統領の座から引きずり下ろされたのだが、あらたに組織された政府は救国戦線〔Frontul Salvării Naționale, FSN〕と名乗った。これほど悪い冗談はない。この名前は、その類似性によって、一九三七年にカロル二世が議会を解散して独裁を宣言したあとに組織した、ファシズム的性質を帯びた独自のあの政党、民族再生戦線〔Frontul Renașterii Naționale, ＦＲＮ〕を思い出させる。ルーマニア人は、五〇年以上もかかって、〔昔の〕独裁から〔現在の〕独裁へ移行した〔にすぎない〕のだ。前国王ミハイは、スイスへ亡命していたのだが、あらたな組織の名前を〔自分への〕合図と解釈して、ルーマニアにもどる意志があることをただちに宣言した。望郷の念にかられた多くの亡命者たちが、ルーマニア人にはしたがうべき父権的人物が必要であるということを根拠にして、前国王を支持した。実際のところ、われわれは、ルーマニア人たちが法的な手段によって、狂人的な父権の人物にこれ以上〔政権を〕託すことのないことを、そして、あらたな「悪魔」がはいあがることを許さない議会を有するイタリアのような政府形態を選ぶことを望んでいる。(36)

このあとクリアーヌは、チャウシェスク政権のプロパガンダに加担した文化人たち、すなわち「物書きで剽窃者のエウゲン・バルブ〔Eugen Barbu〕、マニエリズムの画家であるサビン・バラシャ〔Sabin Bălașa〕(大統領夫妻が身体にぴったりと合った軍服を着て――人類の完全なる模範である――アダムとイブのような代表者として描かれている巨大なフレスコ画の書き手)、詩人アドリアン・パウネスク〔Adrian Păunescu〕、大衆の扇動家で文化の管理者、映画監督のセルジウ・ニコラエスク〔Sergiu Nicolaescu〕」(37)などを批判する一方で、ダン・ペトレスク(Dan Petrescu)、ミルチア・ディネスク(Mircea Dinescu)、ポール・ゴマ(Paul Goma)らのようにチャウシェスク政権に異を唱えた小説家や詩人たちの作品に基づく文化運動を提唱している。また同時にクリアーヌは、自身の作品「ジョルマニアへのツォラブの侵略」について以下のことを述べた。「独裁者に対するもっとも激しい文学的攻撃(ここでは政治的論説は含まない)は、おそらく私の物語「ジョルマニアへのツォラブの侵略」であり続けているであろう。そこで私は、一九八九年一二月におこったあの出来事、大統領夫妻のおぞましい最後にきわめて類似した事柄を予見したのだった」(38)。

クリアーヌはこれらの文化活動に着目することによって、これからのルーマニアに必要なものは、よい教育による知識の伝達と文化の創造であることを以下のように主張し、本論説を締めくくっている。

今日、ルーマニアの現状が混乱しているとしても、慰めが存在する。すなわち、未来はさらに混乱したものになるであろう。適度な悲観主義をもつことは当然だ。革命の幸福感がすぎ去ったあと、国は無能力者どもによっては教化され得ず、統治され得ないことが明らかとなっている。記号〔semne, 知や情報を伝達するもの〕[39]の混乱状態を制度化するしっかりとした文化がなければ、ルーマニアはあらたな破滅へ陥ってしまうことになるであろう。〔中略〕。彼ら〔あたらしい政治勢力〕は正しい教育、理念の普及と議論、知を伝達して普及するための自由でよい報道を促進することに努めるのであろうか。これは数年前から答えられていない質問である。私の物語「ジョルマニアへのツォラブの侵略」の結末のように、劣悪な結果とならないことを心底願っている。

民主主義的記号を使うことの無能のせいで、ふたたび憎しみとテロルへ行き着くことがないことを願っている。[40]

本論説において提示された、創造的な文化的営為がルーマニアの復興のために不可欠であるという主張は、前節で確認した「精神に対する罪」における主張と関連するものとみなせる。クリアーヌは、独裁政権を痛烈に批判したり風刺したりするだけではなく、独裁政権による知や情報の操作に抗するための思想活動、文化活動の重要性を説いたのであった。

では、クリアーヌによる上記の政治的言論と宗教理論は関連性を有するのであろうか。関連性があるとしたら、それはいかなるものなのであろうか。次節において、この問題に対する仮説的見解を提示する。

第四節　クリアーヌの政治的言論と宗教理論

一　クリアーヌの宗教理論

クリアーヌは、前節で確認した短編小説や論説を起草した時期に、『エリアーデ世界宗教事典』や『この世の外』、『グノーシスの樹』といった著書を編集・出版することで、独自の宗教理論を提示していた。その宗教理論では、「思想体」(ideal objects)や「認知的伝播」(cognitive transmission)、「システム」(system)といった独自の諸概念により人間のすべての思考パターンを有する超次元的存在が主題化され、個々の宗教現象や思想活動はその超次元的存在の歴史的地平における顕現とみなす方法論が提示された。『エリアーデ世界宗教事典』の「序論 システムとしての宗教」において、クリアーヌは自身の宗教理論を詳しく説明している。

人間の生活は、場面ごとにおけるいくつもの選択肢のなかからある行動を選ぶことによって成り立つ。個々人はひとつの選択肢を取ることしかできず、選ばなかった選択肢はほかの人間が選ぶことになる。同様に、歴史上の個々の宗教現象は選択肢のひとつをあらわすことができるのみであるが、多数の選択肢によって構成される全体を、システムとしての宗教とクリアーヌは表現する。クリアーヌによれば、システムの全体をみとおすことができれば、そのシステムにおいて過去におこったことから未来におこることまでを共時的に把握することが可能になる。すなわち、ある人間の思想や宗教があらわれるはずだということを、それらがあらわれるに先立って予見できるというのである。なぜならば、それらの宗教や人間が採用する選択肢は、システムにおいては共時的に存在するからである。クリアーヌは、歴史にあらわれた個々の宗教をたどることで、このようなシステムそのものへ接近することを宗教研究における重要な課題であると考えたのである。

クリアーヌがこのような方法論を提示した目的のひとつは、類似した宗教現象の遍在を歴史上の伝播として説明する伝播仮説が帯びるイデオロギー性を批判することであった[41](伝播仮説に対するクリアーヌの批判については次章で取りあげる)。しかしルーマニア人亡命者組織における言論活動を念頭においてクリアーヌの宗教理論を解釈すると、チャウシェスク政権やイリエスク政権との闘いという政治性が浮かびあがってくる。既述の「精神に対する罪」においては、思想や文化の創造によってチャウシェスク政権の「文化的大虐殺」からルーマニアを蘇生する必要性が強調されていた。「国王は死んだ――後継者に注意せよ」においても、文化的営為による独裁政権との闘いという同様の見解が提示されていた。これらの主張を踏まえると、クリアーヌは、宗教や伝統文化、思想を厳しく規制する独裁政権に対して、武力弾圧によっては封じこめることができない思想や宗教の無限の広がりを示すために「システムとしての宗教」を提示したと考えられる。

たとえば、『グノーシスの樹』はグノーシスについて観想する人間の普遍的営みに着目した著書である。クリアーヌは本書において、世界中に遍在する二元論的世界に関する類似した思想や表象を、歴史学的に伝播経路を研究したり心理に還元して説明したりする方法を取らずに、人間のすべての思考パターンを包摂する超次元的存在から派生した断片として考察する方法を提唱した。本書の序文において、クリアーヌは以下のように述べている。

> 人類学者たちは、神話が無数の変種のなかに存在し、それらの神話は互いが互いの変換〔transformations〕であり、しかもそういった変換が人間精神の作用においていかなる状況下でも独立して生じ得ることをずっと以前に認めていたのである。このかぎりでグノーシス神話は、「二元論的」として知られる広い範囲の一連の神話に属するひとつの特殊な変換なのである。したがって、グノーシス主義神話の「起源」を曖昧なところがないように確立しようとするはてしなくまた欲求不満をおこさせる探求は、余計なものとして打ち捨てられる。なぜなら神話のあらゆる変換はどれも、定義上、認知的起源〔cognitive origin〕を有するからである。西洋二元論の「起源」からグノーシスのシステム〔system〕それ自体へ強調を根本的に移動させることが必要となるのであり、本書はそのような移動をなしとげることを意図している。(42)

人間のすべての思考パターンを含む超次元的存在である「システム」などというものを前提とするクリアーヌの宗教理論は、学問としての宗教学というよりは、それ自体が宗教的な信仰、あるいはＳＦ的な物語とみなされるかもしれない。しかし、なぜクリアーヌがこのような突拍子もない（といわれるであろう）学説を提示したのかという問いについて、ルーマニアの政局をめぐる発言と重ね合わせて考察すると、都合の悪い思想を抑圧して知や情報を意図的に操作する政治権力に対する強い異議申し立てという狙いが垣間みえてくる。このような仮説を提示する根拠を、クリアーヌの短編小説集『透明な羊皮紙』に収録された「序」と「トズグレク」を読解することにより示したい。クリアーヌの短編小説には、「システム」の表象と解釈できると思われるものがルーマニア社会主義やソヴィエトに抗する力として描かれているためである。

二　クリアーヌの短編小説における「システム」

二〇〇二年ポリロム出版から刊行された『透明な羊皮紙』はクリアーヌの短編小説を収録したものであり、本章の第二節で取りあげた「ジョルマニアへのツォラブの侵略」を含むものであるが、それらの短編小説は相互に関連性を有する設定で執筆されている。本書の冒頭における「序」には、「ジョルマニアへのツォラブの侵略」の語り手であったジュレス・ビルスティクが登場する。ビルスティクはＨ市という町で外交官として勤めている設定であり、彼は以下のように自身を紹介している。

一九九…年以来、ジョルマニアの廃墟に民主主義政権を再建しようとするボバ、ボロヴァン、ボスタンなどによる企てに、私は積極的に参加した。ジョルマニアは、まずゴロガン大統領の命令によって、そのあとはマクリスト帝国が早くから戦いに送りこんだ動物兵器によって破壊されたのである（のちに掲載した記事「ジョルマニアへのツォラブの侵略」をみよ。その記事は、私がジュレス・ビルスティクというペンネームで、『アスモデオ』誌［As-

modeus〕の最新号に書いたものである)。私は、山岳地帯で、ジョルマニア軍の残党、ツォラブ、武装集団などと戦った。私は三回負傷し、かなり重傷を負ったが、戦線は離脱しなかった。私は第一部隊に属しており、その部隊はボバやボスタンとともに、ジョルジャンに入った。ジョルジャンはジョルマニアの首都で、その当時「黒死病の街《ネクロポラ・ペスティレンツィアラ》」〔necropola pestilențială〕とよばれていた(これは「大統領の街《メトロポラ・プレズイデンツィアラ》」〔metropolă prezidențială〕という古称をもじったものである)。この街にはよい時代もあり、その時には「カルタナのパリ」とよばれたものだった(地名については、たったいま触れた記事を参照)。

「花の革命」のあいだ、私はボスタンの臨時政府に外務書記官という肩書きで加わった。選挙後、みずからの徹底した反マクリスト主義的な態度のせいで、私は国の中枢からはずされてしまった。そうして私は、学生時代をすごしそのあとジャーナリストとして働いていたH市に、今度はジョルマニア大使として左遷されたのである。それ以来一〇年経ったが、このあいだわれわれの自由と民主主義を求めるあらゆる夢が潰え去るのをみてきた。いまこの国は、あらたなマクリスト傀儡の圧政〔sub jugul unei alte marionete maculiste〕にうめき苦しんでいるが、ここではその憎い名前〔nume odios〕には触れずにおこう(とりあえず私の上述の記事をみよ)(43)。

ビルスティクは、H市においてH教授という人物と出会い、エメラルドのコレクションを託される(44)。そのエメラルドは不思議な力を有するもので、「大地の形成までさかのぼる無限の記憶が詰めこまれ」ており、それを所有した者は世界でおこった出来事やこれからおこるであろう出来事を正確に把握できるようになるという。ビルスティクは、このエメラルドを所有することによって、自己と、過去における人間の記憶や出来事とが融合する体験をもった。

私がそこで、つまり、大地の形成にまでさかのぼる無限の記憶〔o memorie infinită〕がつめこまれたたくさんのエメラルドの前で体験したことは、人びとが(誤って)「転生」とか「前世」とよぶものとは似ても似つかないものだった。その体験において、私は個人として人類の歴史の存在のひとつを生きたのではなかった。そうではなく、人類の歴史が一気に示され、そこでは登場人物たちの区別は幻にすぎない〔deosebirile dintre actori sînt doar iluzorii〕。私は、毎週日曜日の決まった時間に大聖堂の扉口でコジモ・デ・メディチ〔Cosimo de' Medici〕からお金を恵んでもらっていた盲目の翁だった。しかし同時に、私はコジモだった。コインだった。投げられたコインの軌跡だった。コインが通過する空気だった。扉口の石、石のひび割れ、祭壇、会衆、聖杯に向けられた司祭の視線、「これが主の体である」という言葉、口に聖体を入れた少女、唾液、味、祈り、その少女の舌の樹状突起、彼女の右足のちょっとした横への動き、未知のみえざる力がいままさに響かせようとしている鐘の音の予感。私はこれらすべてだった。

まるで貯蔵庫のなかをめぐり歩いているようだった。事実上無限の貯蔵庫のなかを〔depozit, practic infinit〕。かつて世界でおこったことすべてに触れることができた〔tot ce s-a ptrecut vreodată în toate lumile era accesibil〕、そんな貯蔵庫である。だがそこにいるときには、視線は消失する。なにかを認識したり記録したりできるいかなるものももはや存在せず、視線もまたほかのおびただしい対象のうちのひとつでしかない。だから、私のその記憶は漠然としたものでしかなく、実のところまがい物にすぎない(45)。

人間が歴史上で行なうあらゆる行動、思索、出来事は、「無限の貯蔵庫」に存在する記憶に基づいている。「登場人物たちの区別は幻にすぎない」、「かつて世界で起こったことすべてに触れることができた」という記述からは、その貯蔵庫においては、人間が歴史上で別個なものとして認識する経験が時間や空間に制約されることなく存在しており、認識の主体と客体の区別も撤廃されることが読み取れる。そのため貯蔵庫のなかを垣間みた者は、あらゆる時代・地域にほかの人間が経験した記憶を体験することができるだけでなく、これからおこるであろう出来事に関する記憶を体験することもできるという。ここでは明言されてはいないが、このような体験をもたらす力を有するエメラルドとは、クリアーヌが「システム」とよぶ超次元的存在に参与できるようになるアイテムであると考えられる。『透明な羊皮紙』に収録されたそれぞれの物語は、このエメラルドやおそらくそれを所有したであろう人間をめぐってストーリーが展開する。

「トズグレク」もそのうちの短編小説のひとつである。本編の舞台は「南アメリカの忘れられたある国における、エメラルド湾の近くで珍しい松や小さなヒノキ科の樹木が散在している高原(46)」であり、時代はジョルマニアの「革命」からおよそ一〇年後という設定である。その高原には古ぼけた建物があり、そこにはトズグレクという謎の人物が住んでいる。トズグレクは世界でおこったあらゆる出来事を知ることができ、同時にいくつもの場所に出現することができた。トズグレクの能力を知った人びとは彼を聖人として崇めるようになり、巡礼や悩み事の相談で訪れるようになったために、トズグレクの噂はしだいに世界中に広まっていった。しかしトズグレクが市井の人びとの些細な秘密ばかりではなく、国家機密までをも把握していることがしだいに明らかとなった。事態を重くみた諸国家は、機密事項をもらされることをおそれて、トズグレクを抹殺することにした。マクリスト帝国を中心とする秘密警察の工作員が派遣された。しかしトズグレクはすべてのことを把握できる上にあらゆることを予見できたので、秘密警察が保持する国家機密を暴露することで報復し、秘密警察を解体させるにいたった。さらにトズグレクがマクリスト帝国に関するあらゆる情報を暴露したために、「マクリストの事業局長は彼らの経済システムが壊滅的であることを認めざるを得なくなった(47)」。トズグレクの暴露によってマクリスト帝国がおちいった窮地について、以下のように描写されている。

マクリスト体制においては、自己批判によって、すなわちある種の告白によって〔トッグレクの暴露に〕応じることしかできなく、そのことによる影響はマクリストに抗する多くの革命の時代を生み出すことになった。マクリストの軍部は〔革命軍に対する〕戦争に踏み切ろうとしたが、政党が軍部に思いとどまるように説得したことはたしかである。――トッグレクがマクリストの計画をただちに世界に向けて暴露してしまうので――当然の効果として、ヨーロッパの弱小国に対してさえもマクリストが戦争で勝利することは不可能になった。それゆえに〔マクリスト〕体制は再構築されざるを得なくなったが、私有財産が必要悪として受け入れられて以降、それはますますうまく機能しなくなった。(48)

ここでは、動物兵器ツォラブを用いてゴロガン政権をいとも簡単に解体してしまった恐ろしい秘密警察BEDEKERを有するマクリスト帝国が、あらゆる情報を引き出せるトズグレクの前では無力であることが述べられている。マクリスト体制にとって都合のよい情報のみを流していたマクリスト帝国がトズグレクによって解体されるという描写は、クリアーヌが「システム」とよぶ超次元的存在がソヴィエトやイリエスク政権による情報操作を否定するものであることを示唆していると考えられる。

第五節　政治的言論におけるエリアーデとクリアーヌの比較

以上、ルーマニア人亡命者組織におけるクリアーヌの言論活動の特徴を明らかにしてきた。最後に、前章までに明らかにしたルーマニアや亡命者組織に関するエリアーデの言論とクリアーヌの言論とを比較することによって本章を締めくくりたい。

ルーマニア人亡命者組織におけるエリアーデの主張は、さまざまな利害関係を有していた亡命者たちに対して、ルーマニアの神話やフォークロアから抽出した民族的「精神」を共通価値として提示することにより、社会主義政権の文化破壊から民族文化を防衛するための連帯をよびかけるものであった。さらに、そのような連帯が偏狭な民族主義運動へおちいることのないように、他地域や他民族の文化と共有可能な「普遍的」文化の提示に努めたことも確認した。これらのエリアーデの主張をクリアーヌとの比較という点から再考すると、ソヴィエトやルーマニアの社会主義政権を批判することよりも、ルーマニア民族を存続させることに力点をおいていると考えられる。

一方クリアーヌは、「エリ・ヴィーゼル」に関する考察で確認したように、過激な言葉を用いて敵対勢力が隠蔽した不正を明るみに出すことに力点をおいた。その矛先は、チャウシェスクやイリエスクの政権、ソヴィエトだけではなく、鉄衛団に関する情報を隠蔽しようとしたルーマニア人亡命者に対しても向けられた。いわばクリアーヌは、社会主義政権だけではなく、ルーマニア人亡命者の共同体をも敵にまわしたといえる。このようなクリアーヌの政治的活動が亡命者の連帯を重視した師エリアーデの活動と衝突することは必然であった。

エリアーデが亡命者に団結をよびかける際に用いた「精神」や「フォークロア」といった概念は、前章で述べたように、ルーマニアの民族主義運動である鉄衛団の思想を特徴づけるものでもあった。戦後、エリアーデは鉄衛団との関係について沈黙を守り、明確な説明をすることはなかった。しかしエリアーデは、鉄衛団と自身の関係を曖昧にしたまま放置する一方で、鉄衛団との関係が指摘される諸概念を用いてルーマニア民族に連帯をよびかける政治活動を行なった。クリアーヌは、エリアーデが鉄衛団問題に関して明確な説明をしなかったことによって、師の政治活動に対する懐疑を深めたのではないだろうか。さらに、過激な民族主義運動との関係が指摘される諸概念を、宗教研究においても亡命者組織においても依然として使い続けるエリアーデの姿勢に対して強い不信感をもったのではないだろうか。それゆえにクリアーヌは、エリアーデの死後、師とは異なる政治活動の方向を模索しはじめたと考えられる。

クリアーヌが「エリ・ヴィーゼル」において宣言した「沈黙に抗して声をあげる」という闘いは、周知のように、そのおよそ七ヵ月後にクリアーヌがシカゴ大学構内にて何者かによって殺害される結果に終わった。クリアーヌの殺害が、彼の政治的言論活動と関連があったのかは不明である。クリアーヌが声をあげることによって、不都合が生じる人間がいたのであろうか。いずれにせよ、宗教学者エリアーデが歩まなかった道に歩を進めることは、クリアーヌにとって命を奪われるほどの危険な行為であったと考えられる。しかし、アメリカの捜査機関によっても解明できなかった殺人事件の調査を行なうことが本研究の目的であるのではない(49)。

クリアーヌがあげていくつもりであった声をきくことは、彼の死によって、もはや不可能となった。しかしクリアーヌが不当な権力に対する闘いを展開しようとする際に、まず対決しなければならなかったのは、鉄衛団問題について沈黙したまま亡命者に連帯をよびかけた師エリアーデであったことが想定される。クリアーヌとエリアーデの関係性についてさらに考察を進めることは、クリアーヌが「エリ・ヴィーゼル」の発表後に発言していくつもりであった事柄の一部だけでも明らかにすることを可能にすると考える。

第六節　小　結

本章では、亡命者組織の機関誌に掲載された論説や短編小説を読解することによってクリアーヌの政治的見解を確認するとともに、その見解と宗教理論の関連性を明確化した。彼の政治的言論活動と宗教理論の相互関連性を明らかにする作業は、これからさらに取り組んでいかなければならない課題である。しかし、本章で取りあげた論説や短編小説を読解するだけでも、クリアーヌが故国の政治動向を強く意識しながら言論活動を行なったことがわかる。クリアーヌは、チャウシェスク政権、イリエスク政権に対する批判が自身の身を危険にさらすことをはっきりと自覚していた。(50) それにもかかわらず故国の政権に抗する批判的言論を公にすることに踏み切った理由を解明することは、クリアーヌの思想を解釈する上で重要な作業となろう。

社会主義国家の誕生と消滅という出来事は、二〇世紀という時代を強く特徴づけるものである。クリアーヌはその社会主義国家に翻弄された人生をおくった思想家といえる。その意味において、クリアーヌはきわめて二〇世紀らしい、二〇世紀を代表する思想家ともいえよう。そのクリアーヌが残した言葉を読み解く作業は、二〇世紀の宗教学だけではなく、二〇世紀という時代そのものを再考することにも繋がっていくに違いない。

(1) Culianu, *Pergamentul diafan • Ultimele povestiri*, (Iași, Polirom, 2002), pp. 93-107.
(2) *Ibid*., pp. 121-142.
(3) Culianu, *Păcatul împotriva spiritului, Scrieri politice*, (Iași, Polirom, 2005), pp. 14-16.
(4) *Ibid*., pp. 71-81.
(5) *Ibid*., pp. 82-86.
(6) *Ibid*., pp. 94-98.
(7) *Ibid*., pp. 133-135.
(8) *Ibid*., pp. 222-227.
(9) Mircea Eliade and Ioan P. Couliano, *The Eliade Guide to World Religions: Authoritative Comendium to the 33 Major Religious Traditions*, (New York, Harper Collins, 1991). 奥山倫明訳『エリアーデ世界宗教事典』せりか書房、一九九四年。
(10) Russell T. McCutcheon, *Manufacturing Religion: The Discourse on Sui Generis Religion and the Politics of Nostalgia*, (Oxford and New York, Oxford University, 1997), pp. 52-53, pp. 113-114.
(11) エリアーデはこの三ヵ月後の四月二二日に死去する。一方クリアーヌは、エリアーデの死を境として、政治的見解を公の場にて発表することが多くなったように思われる。エリアーデの死とクリアーヌの政治的発言の増加とのあいだに関連があるのかは不明であるが、ルーマニアの政局をめぐるエリアーデとクリアーヌの見解の異同を明らかとする作業はこれからの課題となろう。
(12) 本論に登場する地名や人物名は以下のとおりである。ジョルマニア：ルーマニアに相当する国。独裁的な大統領ゴロガンの統治を受けていた。ジョルジャン：ジョルマニアの首都。マクリスト帝国：ソヴィエトに相当する国。マクラトゥス（マルクス）によって提唱された思想・経済体制を掲げている。ゴロガン政権の転覆をもくろむ。マクルブルク：マクリスト帝国の首都。ボルビシュハン：マクリスト帝国によって動物兵器ツォラブの実験が行なわれた国。アフガニスタンに相当する。BEDEKER：マクリスト帝国の秘密警察。セカン：ジョルマニアの秘密警察。ババン：ゴロガン大統領の親衛隊。ツォラブ：マクリスト帝国によってジョルマニアに送り込まれた動物兵器。ババ：ゴロガン大統領を殺害したツォラブ。ゴロガン：ジョルマニア大統領。モルトゥ：ゴロガンの妻。ジャカン：ゴロガンとモルトゥの息子。ゴロガンのあとを継いでジョルマニア大統領となる。七八氏族：ジャカンのとりまきとなって政権の運営を担った一群。ボバ：ジョルマニア労働者自由組合の創設者で作家。ゴロガン政権によってジョルマニアを追放されるが、ゴロガンの死亡後に帰国。四二グループを組織して、ジャカン＝七八政権への抵抗運動を展開した。しかし四二グループ内部での権力闘争に敗れてふたたび亡命。国外にてBEDEKERかブラン政権によって殺害されたと思われる。四二グループ：ボバによって率いられてジャカン政権への抵抗運動を展開した一群。のちに、内部分裂をおこす。ボロヴァン：四二グループの一員。過激な反マクリスト的政策を唱え、グズガンと対立。選挙で破れて亡命した。グズガン：四二グループの一員。マクリスト帝国との対立を避ける穏健な政策を提唱した。ボスタン：ボルヴァンの協力者だったが、裏切って首相となった。マクリスト帝国の監視下で親マクリスト的政策を行なうことを強要され、結局、ブランのクーデタによって失脚した。国外にてBEDEKERかブラン政権によって殺害されたと思われる。モタン：ボロヴァンの側近。ボロヴァンとともに亡命した。ソルカン：ボスタンの側近。しかしBEDEKERの指示によって活動していた。ブラン：マクリスト帝国からの支援を受けて、ボスタン政権に対するクーデタをおこした将軍。

(13) Culianu, 2002, p. 96.

(14) *Ibid.*, pp. 96-97.

(15) ルーマニア本国では、ジョルマニアに関する物語と実際の「革命」の過程を比較する研究が行なわれている。代表的な研究には、Ana Chelaru and Florentina Maftei, "Scenariul jormanez intre ficțiune și realitate" in Coordonator Nicu Gavriluță, *Ioan Petru Culianu, Memorie și Interpretare: Lucrările Simpozionului ieșean dedicat împlinirii a 10 ani de la moarte*, (Iași, Editura T, 2002), pp. 177-187 や Dorin Tudoran, "Rinoceri jormanezi?" in Culianu, 2005, pp. 256-263 がある。

(16) Culianu, 2005, p. 15.

(17) *Ibid.*, p. 16.

(18) *Ibid.*, p. 72.

(19) アンドレイ・プレシュとは、ルーマニア生まれの思想家でジャーナリスト、芸術批評家、政治家である。一九七一年にブカレスト大学で芸術史の学位を取得、一九七五—七七年にアレクサンダー・フォン・フンボルト財団からの奨学金を受けてボンとハイデルベルクへ留学、一九八〇年からはブカレスト大学の芸術史学講座で教鞭をとった。一九八三—八四年には、アレクサンダー・フォン・フンボルト財団からふたたび支援を受けて留学し、帰国後は芸術史研究所(Institute of Art History)に勤務する。しかし一九八四年に、反体制派の詩人であったミルチア・ディネスク(Mircea Dinescu)を支持したために芸術史研究所を解雇される。そのためTescaniでの潜伏生活を余儀なくされた。一九八九年のルーマニア革命後は、文化大臣(一九九〇—九一年)や外務大臣(一九九七—九九年)を歴任した。

(20) Culianu, 2005, p. 83.

(21) *Ibid.*, p. 84.

(22) *Ibid*.
(23) *Ibid*., p. 82.
(24) *Ibid*., p. 86.
(25) チャウシェスク政権崩壊前後の出来事に関しては、伊東孝之・他編集『東欧を知る事典』(平凡社、二〇〇一年)やジョルジュ・カステラン著、萩原直訳『ルーマニア史』(白水社、二〇〇一年)などを参照。
(26) Culianu, 2005, p. 94.
(27) *Ibid*., pp. 94-95.
(28) *Ibid*., pp. 97-98.
(29) *Ibid*., p. 133.
(30) Eliade, *Fragments d'un Journal 1, 1945-1969*, (Paris, Gallimard, 1973), p. 317.　石井忠厚訳『エリアーデ日記(下)』未來社、一九九〇年、六一頁。
(31) Couliano, *Out of this World: Otherworldly Journey from Gilgamesh to Albert Einstein*, (Boston and London, Shambhala, 1991), p. 116.
(32) 邦訳には村上光彦訳『死者の歌』晶文社、一九七〇年、村上光彦訳『夜』みすず書房、二〇一〇年などがある。
(33) Culianu, 2005, pp. 133-134.
(34) *Ibid*., p. 135.
(35) *Ibid*., p. 226.
(36) *Ibid*., p. 222.
(37) *Ibid*., p. 223.
(38) *Ibid*., p. 225.
(39) 本論説には記号(semn, sign)という語が多数用いられている。クリアーヌによるこの語彙の用い方に関しては、構造主義からの影響を含め、あらためて考察する必要があろう。しかし本研究においては、知や情報を伝達するものと解釈するにとどめる。
(40) *Ibid*., pp. 226-227.
(41) クリアーヌの宗教理論における伝播仮説批判については、佐々木啓「I・P・クリアーノはなぜ宗教史学派が嫌いなのか」(『クリアーノ研究』創刊準備号、http://sapporo.cool.ne.jp/hokusyu/アクセス二〇〇五年当時、二〇〇五年、五一一八頁)や拙稿

「ルーマニア・フォークロア研究におけるエリアーデとクリアーヌ」(『基督教学』第四四号、二〇〇九年、二四—四八頁)を参照。

(42) Couliano, *The Tree of Gnosis: Gnostic Mythology from Early Christianity to Modern Nihilism*, (New York, Harper Collins, 1992), p. xiv.

(43) Culianu, 2002, p. 10.

(44) H教授がエメラルドを集めるようになった経緯については、同じく『透明な羊皮紙』に収録されている「ミス・エメラルド」("Miss Emeralds")において語られている。クリアーヌの文学は、それぞれの作品の内容を重ね合わせることでひとつの大きな世界観を構成している。クリアーヌ文学の全体像を把握するためには、諸作品間に存在する相互関連性の整理が重要な作業になるであろう。

(45) Culianu, 2002, pp. 11-12.

(46) *Ibid.*, p. 121.

(47) *Ibid.*, p. 140.

(48) *Ibid.*, p. 140.

(49) クリアーヌの殺害を主題としたルーマニア本国における研究には、Adrian Poruciuc, "Despre împuşcătura din Swift Hal" in Coordonator Nicu Gavriluţă, *Ioan Petru Culianu, Memorie şi Interpretare: Lucrările Simpozionului ieşean dedicat împlinirii a 10 ani de la moarte*, (Iaşi, Editura T, 2002), pp. 55-62, Mihael Veronica Miron, "Adevăr şi minciună în asasinarea lui Ioan Petru Culianu" in Coordonator Nicu Gavriluţă, 2002, pp. 63-70がある。

(50) Ted Anton, *Eros, Magic, and the Murder of Professor Culianu*, (Evanston, Northwestern University Press, 1996)には、クリアーヌがどれほどルーマニアの秘密警察を恐れ警戒していたのかが記されている。

第八章　クリアーヌからみたエリアーデ宗教学批判の再考

第一節　問題の所在

エリアーデの宗教理論が日本で広く知られるようになったのは、一九五八年に開催された国際宗教学・宗教史学会東京大会での来日を契機としてであった。一九六〇年代、七〇年代には、東北大学や東京大学で宗教民俗学を研究した堀一郎が中心となってエリアーデ宗教学の日本への紹介が行なわれた。シカゴ大学に客員教授として招かれた際にエリアーデと知り合った堀は、『永遠回帰の神話』(*Myth of the eternal return*)や『生と再生』(*Birth and Rebirth*)をエリアーデから直接受け取り、その翻訳を行なった。そのあと、堀が監修を担当した『エリアーデ著作集』(せりか書房、一九七二―七五年)が出版されると、エリアーデの宗教理論は宗教学だけではなく、民俗学や文化人類学、哲学、社会学、芸術学などのさまざまな分野で議論の対象とされるようになった。

エリアーデの宗教理論が広く認知されるようになると、エリアーデ宗教学の問題点を指摘する研究もしだいに増大していった。早い時期には田川建三が、緒言で確認したように、エリアーデの提示する「宗教」は西洋の特殊な思想潮流のなかでつくられた偏見にみちた抽象的概念であり、実体的な宗教現象の分析にはそぐわないと批判した。また一九九

○年代ころから海外では、レジオナール運動への関与を指摘する研究や、ポストコロニアル、ポスト構造主義の諸理論を用いた批判が数多くなされるようになったが、日本でもそれに呼応するようにエリアーデを批判的に評価する研究が多数派へと転じた。

本章はこのようなエリアーデ研究の動向において、アンドレイ・オイシュテアヌ(Andrei Oisteanu)やダン・ペトレスクに代表されるルーマニア人のエリアーデ研究者による成果を参照しながら、エリアーデとクリアーヌの思想的関連を明らかにすることを試みる。具体的には、ルーマニア・フォークロア研究における両者の研究方法を比較することにより、クリアーヌがエリアーデ宗教学から継承した側面、および継承しなかった側面を明確化する。この試みは、エリアーデとクリアーヌの思想的関係に関するルーマニアにおける研究成果をわが国に紹介する意義も有する。

エリアーデとクリアーヌの思想上の関係性については、既述のとおり、未解明の状況が継続している。とくにわが国においては、両者の関係に注目した研究は皆無とさえいえる。しかしルーマニアでは、オイシュテアヌやペトレスク、ミルチア・ハンドカ(Mircea Handoca)、ソリン・アントヒ(Sorin Antohi)などを中心として、両者の思想的関係を主題とした研究が進められている[1]。それらの研究は、未翻訳のルーマニア語資料を用いて、ルーマニア思想史における両者の位置づけなどを考察したものが多く、英語圏の研究とは別途に発展してきたといえる。わが国のエリアーデ研究は北米の研究に牽引される傾向にあるが、ルーマニアの研究成果に注意を向けることで、従来とは異なったエリアーデ―クリアーヌ像の提示が可能になる。

上記の作業を実施するために、つぎの手順にしたがって考察を進める。(1)まずエリアーデとクリアーヌの方法論における見解の異同を、クリアーヌの著書『ミルチア・エリアーデ』を読解することによって確認する。(2)1で確認した事柄を、ルーマニア・フォークロア研究における両者の見解を比較することにより明確にする。(3)クリアーヌによるエリアーデ批判が、今日の宗教学において有する意義について考察する。

第二節　エリアーデに対する反抗者としてのクリアーヌ

一　エリアーデの弟子クリアーヌ

一般にクリアーヌは、エリアーデの忠実な弟子とみなされている。そして、そのようにみなされる原因は、クリアーヌ自身の言葉によるところが大きい。たとえば英語版の『エリアーデ世界宗教事典』の序文でクリアーヌは、ジョルジュ・デュメジルやエミール・デュルケームと比較しながらエリアーデの宗教理論の特徴を論じている。クリアーヌによれば、デュメジルやデュルケームはある人間集団が有する根本的イデオロギーや社会的諸関係に宗教を還元したのに対し、エリアーデはいかなるものにも還元不可能な宗教の性質を論じることを試みた。クリアーヌは、エリアーデによるこの大胆な試みは宗教学という学問分野の礎である根本的諸問題に接近するものと評して、その業績を讃えている。(2)

またクリアーヌは、一九八四年にフロニンゲン大学でオイシュテアヌと行なった対談において、以下のように発言した。

私は常に、先生が認めてくださるかぎりにおいて、自分はミルチア・エリアーデの弟子であると公言してきました。〔中略〕。いわば私の全存在は、ミルチア・エリアーデに結びついているのです。というのも私は、多くの者が体験するようなアイデンティティの危機のまっただなかにいた学部の一年目のときに、エリアーデの著書を手に取ったことによって宗教学者になろうとしたのです……。私は、エリアーデと交遊をもつ機会を得ることができました。また、アメリカにて彼のかたわらで研究する機会を得ることができました。そのほかにも、数え切れないほどの恩恵——私の最初の論文に助言をくださったことから私を擁護する序文を私の著書に書いてくださったことにいたるまで——をエリアーデから受けました。これらのことによって私の夢は実現したのです。(3)

ここからは、エリアーデこそが自分の生き方を決定づけてくれたのであり、宗教学者として現在の地位があることもエリアーデに全面的に負っているという感謝の念を確認できる。エリアーデに対する忠実な態度は、一九八六年に発表したエリアーデの臨終記においても確認できる。この臨終記に、クリアーヌは以下のように記している。

私は金曜日の午後五時に、ミルチア・エリアーデの存在が私にとっては世界の秩序の保証となったすでに遠い彼方のあの年以来、おそらくもっとも気が動転した瞬間を味わったのである。〔中略〕。先生は昏睡状態におちいっていた。そして彼の死は数日の、もしかしたら数時間の問題であった。このときから、ミルチア・エリアーデの死の秘密が露になる「大伽夜」がはじまったのである。これはひとりの仏陀の死、すなわちマハーバリニルヴァーナであった。[4]

この臨終記には、死を前にしたエリアーデの様子が、エリアーデの宗教理論や短編小説の内容と所々で重ね合わせるように記されているほか、クリアーヌとエリアーデ夫人クリスティネルとの交遊なども描かれている。これらの記述は、学問上だけでなくプライベートにおいても、エリアーデともっとも深い関わりをもった高弟クリアーヌという印象を読者に強くあたえる。

そのほか、エリアーデに直接語られたクリアーヌの言葉によっても同様の姿勢は確認できる。クリアーヌがパリ滞在中のエリアーデに書き送った一九七八年九月二六日の手紙は書評に対する礼状であるが、そこには以下のように記されている。

最近、学術誌『境界』を読みましたが、（そもそも、そのような値もないのに……）私について頁を割いてくださったことに関して、先生とイエルンカ氏には感謝の念にたえません。〔中略〕。（おそらく先生はお気付きであると存じますが）私が青春時代になした数々の愚行や誤り、熱狂をそのままにした状態で仕事をしたり、その仕事によって名を馳せたいなどと願うことはまったくお恥ずかしいのですが、あのように書いてくださったことにはいたく感動いたしました。要するに、すべてに対して才能があったがとりわけ数学に秀でていた、完璧な知性をもった一七歳の少年のすべての幻想は、『マノーレ親方伝説の注解』を読んだことからはじまったのです。そして同様に、私のすべては、先生の著書、つぎに先生の著書で引用されている著書、そして今現在は『世界宗教史』のあとをたどることによって形成されているのです。――このことは、私をルーマニアに結びつける唯一の事柄なのです。(5)

これらの資料を読むかぎりクリアーヌは、エリアーデから多大な学恩をこうむっており、そのことに対する強い感謝と尊敬の念を公の場でもプライベートな場でも表明していたことが確認できる。

二　反抗者としてのクリアーヌ

しかし、エリアーデとクリアーヌの『往復書簡』に収録された序文の執筆者であるマテイ・カリネスクは、一九八八―八九年に再会した際のクリアーヌについて、エリアーデを尊敬し続けてはいたものの、「慎み深く、師の道から遠ざかろうとしていた」(6)と伝えている。クリアーヌは、エリアーデの学問的業績はポスト構造主義に代表されるあたらしい知的潮流からの批判にたえられるものではなく、乗り越えていかなければならないものと考えるようになっていたとカリネスクは述べている。(7)

オイシュテアヌは、エリアーデとクリアーヌの学問上の対立について指摘している。オイシュテアヌによれば、クリアーヌの遺作となった『この世の外』では、エリアーデの名はほとんど言及されていない。(8)言及された箇所でも、エリアーデによるシャーマニズムの定義を批判するといった否定的なかたちでわずかになされる程度である。はじめて出版されたクリアーヌの著書が一九七八年の『ミルチア・エリアーデ』であり、そのあとの出版物でもエリアーデに序文の執筆を依頼するなど、エリアーデとの繋がりを強調する傾向があったことを考慮すると、『この世の外』でのエリアーデの取りあげ方は、師からの弟子の離反を象徴しているとオイシュテアヌは論じている。(9)

エリアーデとクリアーヌ両者と交遊をもったペトレスクも同じく、クリアーヌはエリアーデの死後、エリアーデの弟子というレッテルを邪魔に感じはじめ、師の影響下から抜け出そうと試みていたと述べる。(10)ただしペトレスクは、エリアーデとクリアーヌの学問的見解の相違は、ふたりの交遊がはじまったきわめて早い時期から確認できると主張する。(11)すなわち、クリアーヌによる最初の著書である七八年『エリアーデ』において、エリアーデに対する批判的記述がすでに二カ所で確認できるとペトレスクは指摘する。一カ所目はエリアーデの始源型(archétypes)を論じた箇所であり、二カ所目は「精神」を論じた個所である。次節ではペトレスクの指摘を踏まえた上で、七八年『エリアーデ』を概観してみたい。

三　七八年『エリアーデ』におけるエリアーデ批判

一九七八年にアッシジで出版された『ミルチア・エリアーデ』は、当時出版されたばかりであったエリアーデの『世界宗教史』第一巻や『日記断章』、またルーマニア時代に刊行された『アジアの錬金術』(*Alchimia asiatica*, 1935)、『バビロニアの宇宙論と錬金術』(*Cosmologie şi alchimie babiloniană*, 1937)などを資料として用いることによって、エリアーデの宗教理論を通時的かつ体系的に整理することを試みた著書である。ルーマニア人がエリアーデ宗教学について論じたはじめての研究書ということもあり、この著書はエリアーデ本人から高い評価を受けた。七八年『エリアーデ』の草稿をクリアーヌから受け取ったエリアーデは、一九七七年五月三日に以下の礼状を書き送っている。(12)

一九七七年五月三日　シカゴ

親愛なるヨアン・クリアーヌ

お返事が遅れてしまったこと、誠に申し訳ありません！……。私はパリでまちぼうけをくらってしまったあなたのタイプ原稿の残りをシカゴにて受け取りました。受け取ってすぐにざっと目をとおしていましたが、昨夜ようやく(「注意深く！」)最初から最後まで読みとおしました。私は嬉しくなり、あなたを褒め称え、感謝を伝えたいと思います！　少なくともイタリアにおいては、私はいままでのように曲解されることが少なくなるでしょう(英語版やフランス語版も出版されることを望みます)。なによりも嬉しかったのは、あなたは「エリアーデ主義者」として知られていながら、(私が一九三六年にハスデウの選集への序文においてなしたような)聖人伝という誤りにおちいることがなかったということです。とくに、歴史についてのあなたの考察には興味をそそられました(pp. 68sq., 99sq.)。それについては、いつの日にかゆっくりと考えてみなければなりません(「始源型」に対する批判についても同様です。この語は、私が指し示そうとしたことには不適切なものです。範型)。「奇跡の認識不可能性」についてのすばらしい解釈(pp. 74sq.)。あなたがゲーテの形態学の重要性を強調してくれたことには嬉しく思いました(pp. 87sq.)。プロップの形態学はあとになってから発見したのですが、ゲーテの形態学と錬金術に対する執着は、私が高校のころから親しんできたものです(まさに高校時代に、私は『種の起源』のフランス語版とリンネの伝記を読んだあと、リンネによって洗練された形態学がなかったならばダーウィンは種の歴史を「みる」ことはできなかったであろうと思いました。より正確に述べましょう。リンネの fundatā axiomatic。結局リンネが昆虫を定義することがなかったならば、すなわちすべての種は形態学的にいって頭部・胴体・肢体の三つに「分解すること」ができると定義しなかったならば、いったいだれがチョウやミツバチ、南京虫、蚊のあいだの類似を「みた」でしょうか？　あなたはドゥエイング〔Dennis Doeing〕のように、一三―一四歳以来、私がなにも「発見して」いないなどとはお思いにならないでしょうが！……)。

ほかにも話したいことがたくさんあります……。私は、幸薄いわれわれの分野を「擁護し、説明する」ことを可能にするすべての道具立てをあなたがすでにもっていることに大変喜びをおぼえます。私個人は、グラネやデュメジルと同じように、方法論によって悩まされることはありませんでした。しかしながらわれわれ三人は、体系だった資料を解釈しようとしてきたのだと思います。現在では、(大文字の)危機の時代に身をおくことで、宗教学者(宗教現象学者など)は方法論的挑戦〔the methodological challenge〕に立ち向かわなければならないのです。宗教学者としてこの問題に立ち向かうためには、たとえば、少なくとも三つの未開宗教とすべての「歴史」宗教の原典と文献目録を知る必要があるのです。〔中略〕。

だれが私の「師」または「モデル」であるかとの質問に対しては、常にR・ペッタッツォーニと答えて、以下のように説明しています。私は彼から、いかになすかではなく(彼は歴史主義者です)、なにをなすのかを学んだのです。ペッタッツォーニはその生涯をかけて、宗教の普遍史を築こうとしました。このことは偉大な教訓でした。それゆえに、イタリアには幾人かの宗教学者がいるのです。フランスやドイツ、イギリスにはいまだにいないにもかかわらず。若い世代では、当面、あなたやブルース・リンカン〔Bruce Lincoln〕の名があげられます(ジョナサン・スミス〔Jonathan Smith〕は四〇歳近い……)。

今日はあなたに、航空便にて文献表の批評を送ります。しかしあなたの文献表に手を加える必要はありません。あなたの文献表は十分に網羅的です。パリで偶然にも、M・E〔ミルチア・エリアーデ〕に関する六―七編の論文を知りました。しかし当地では、まだそのうちの四―五編の論文を確認しただけです。すべてアメリカの論文(以下のものしか入手していません。一九七七年三月一五日：R. W. Kraay, *Symbols in Paradise: A Theory of Communication Based on the Writings of Mircea Eliade*, Iowa University. 若くきわめて好意的なこの著者は、電子工学を研究したあとに神学を研究しました。詩人でもあります……)。

いくつかの注意点。プルーストについて論じた数頁には、段落がありません。たとえばpp. 11-12, pp. 60-62など。「履歴書」では、『マイトレーイ』のエピソードに触れる必要があると思いませんか。錬金術についての節はいまいちのように思えます(しかし思い悩む必要はないでしょう。それは問題の核心部分ではないからです)。『神話と夢想と秘儀』は去年出版されました。

……『(世界)宗教史』第二巻を六月一五日までに完成させたいと思います。いまとなってはこの書に着手したことを後悔しています(いつものことながら、あとの祭りでしょうか?)。この書は(『資料集』[13]と同じように)学者や学生の役に立つでしょうが、あまり「私的」なものではありません。私がこの著書の完成にこだわるとしたら、それが共同執筆者や秘書さえもなしで編集された最後の普遍史であることを確信しているからです。シオラン風にいえば、「完成させるべきときに!」……。

友情をもった抱擁をもって、
ミルチア・エリアーデ

この手紙は、のちにエリアーデの承諾を得て、七八年『エリアーデ』の序文として掲載された。ここから確認できるように、クリアーヌは、エリアーデの高校時代におけるゲーテへの関心や、錬金術に関する戦前の著作に着目することで、エリアーデが用いる諸概念の形成過程をたどろうとした。クリアーヌによるこの試みはエリアーデをとても喜ばせ、エリアーデは幾度もa plăcea(嬉しく思う)やa bucura(喜ぶ)という語を使って感動を伝えようとしている。しかしエリアーデも言及しているように、クリアーヌはこの著書のすべてをエリアーデに対する賛同や賞賛にあてたわけではなかった。とくに始源型に言及した箇所では、クリアーヌによる明確なエリアーデ批判が確認できる。

この著書の序章においてクリアーヌは、J・A・サリバ(J. A. Saliba)によるエリアーデ批判を概観したあと、エリアーデの宗教理論には今日でも利用できる部分と修正を加えなければならない部分があると指摘している[14]。しかしクリアーヌは、ある理論が誤りであると証明することはその理論が正しいと証明するのと同じくらい困難な作業であるため、本書ではエリアーデの理論における「検証不可能であるもの」(ceea ce nu este verificabil)を指摘するにとどめると述べる。そしてクリアーヌは、検証不可能なものとして始源型をまっさきにあげ、あとの章でゲーテやプロップ、ユング等との思想的関連のなかに始源型の形成過程を探ろうと試みている[15]。

クリアーヌが検証不可能と評する始源型は、エリアーデの初期の作品で多用された概念であり、「祖型」、「元型」などと訳されることもある[16]。ダグラス・アレンによれば、この概念は戦前戦中のテキストにおいてすでに使用されていた[17]。たしかに一九四三年に出版された『マノーレ親方伝説の注解』(*Comentarii la Legenda Meşterului Manole*)においてエリアーデは、始源的人間(omul arhaic)の行動や彼らが使用する事物に存在意義を付与する宇宙的本源(principii cosmice)とこの概念を説明している[18]。

始源型は、パリ時代に出版した『宗教学概論』においてもしばしば用いられた概念である。この著書の第一二章「神話の形態と機能」の「神話の堕落」と題された節では、始源型的直観は神話的シンボルや儀礼的意味にみちたコスモスをつくり出す原動力であり、宗教が後退したとみなされる現代世界においても消えることなく機能し続けていると説明されている。なぜならば、人間がコスモスにおける自己の状況を自覚して、そのコスモスを宗教的意味やシンボルでみたすという行為は普遍的な営みだからである。エリアーデは、「人間経験のあらゆるレベルにおいて、たとえそのレベルがいかに目立たぬものであれ、始源型〔archétype〕は依然として存在を価値づけ、「文化的な価値」を創造し続ける。〔中略〕。言葉を換えていえば、人間はたとえそれ以外のものからはまぬがれ得たとしても、まさに宇宙における自身の状況を自覚した瞬間につくり出した、その始源型的直観〔intuitions archétypales〕の、抗うことのできない虜になるのである」と述べている[19]。

『宗教学概論』と同年に出版され、“Archétypes et repetition”という副題が付された『永遠回帰の神話』では、始源的人間の世界観における始源型の中心的役割について詳述されている。すなわち、ある事物や行為が始源的人間によって真実なるものと認識されるのは、それらの事物や行為が始源型に倣っているかぎりであって、始源的人間は始源型の模倣をとおすことで俗なる時間を撤廃する、つまりみずからが聖なる時間に身をおいていることを自覚する、とエリアーデは述べている。[20]

後年になるとユング派の元型と混同されることを避けるために、エリアーデは始源型の使用を意識的に避けるようになった。しかし、複数の宗教現象を研究対象とする宗教学者としての立場を確立したパリ時代のエリアーデにとっては、始源型は方法論の中心に位置する概念であり、また始源型の性質を明らかにすることがもっとも重要な課題であったと考えられる。その始源型を検証不可能なものといい放つクリアーヌの評価は、エリアーデの方法論に対するきわめて厳しい批判と考えられる。

ペトレスクが指摘するふたつ目の批判は、エリアーデの「精神」概念に対するものである。この概念についてはすでに本書の第二章、第五章において検討を加えたが、エリアーデの言論において頻出する語である。既述のように、文学作品における用例は亡命体験を経ることで変化がみられたが、政治的・経済的要因の対極に位置づけて用いる点においては戦前のルーマニア時代からシカゴでの晩年にいたるまで、一貫しているといえる。たとえば、師ナエ・イオネスクと共同で編集していた文芸雑誌『言葉』(*Cuvântul*)にエリアーデが一九二七年九月六日から一一月一六日の期間に掲載した連載記事は、「精神的旅程」(“Itinerariu spiritual”)と題されていた。[21] この連載記事においてエリアーデは、若者世代に対して、安易に政治運動に参加することなく宗教的・知的営みに専念することによって、「精神」を鍛錬する必要性を訴えた。ここで用いられている「精神」とは、政治的・経済的・物質主義的生活と相対する知的・宗教的生活を意味する。マック・リンスコット・リケッツによれば、戦前のエリアーデは多くの記事において、物質的・政治的目的よりも精神的な目的の方が優先されるべきであると主張していた。[22] この「精神」を自己の内面で自覚するために、東方正教会の信仰や東洋の宗教について考察することをエリアーデは訴えたのであった。

後年の著作においても、「精神」概念は数多く確認できる。とくに宗教の普遍的・非歴史的性質を論じる際に、この概念は用いられた。たとえば一九六一年に『宗教学』(*History of Religions*, The University of Chicago)で発表された論文「新しいヒューマニズム」(“A New Humanism”)では、spirit, spiritual という語が多用されている。カーゴカルトに代表される千年王国的運動を例にとって、政治的・経済的要因に還元不可能な宗教の性質を強調した箇所では、「精神」概念が以下のように用いられた。

これらの運動は、それらがあるところのもの、つまり単なる抗議と反抗の身振りではなく宗教運動になったという意味で、やはり精神のひとつの創造行為をとおした〔through a creative act of the spirit〕人間的精神の産物〔creations of the human spirit〕である。〔中略〕。もし宗教学があたらしいヒューマニズムの誕生を促進したいと願うのであれば、これらのあらゆる未開宗教運動の自律的価値、精神的創造としての価値〔the value as spiritual creation〕の解明こそ、宗教学者の責務なのである。[23]

ここでエリアーデは、政治的・経済的要因に還元不可能である宗教の性質を指し示す言葉として「精神」を用いた。あらゆる宗教運動に潜在するこの「精神」を現代人に認識可能なかたちにして提示することが、宗教学者の責務であるとエリアーデは主張したのである。この主張は宗教の還元不可能性や現代世界における聖の残存の議論に関わるがゆえに、「精神」はエリアーデ宗教学の中心に位置する概念であると考えられる。

しかしながらクリアーヌは、エリアーデの「精神」を、厳密な定義がなされていないために検証不可能な概念と批判する。[24] その際にクリアーヌは、ヴィトゲンシュタインの『論理哲学論考』からつぎの文章を引用している。「語りうること以外はなにも語らぬこと。自然科学の命題以外は――それゆえ哲学とは関係のないこと以外は――なにも語らぬこと。そしてだれか形而上学的なことを語ろうとするひとがいれば、そのたびに、あなたはその命題のこれこれの記号にいかなる意味もあたえていないと指摘する」。[25] クリアーヌによれば、エリアーデが用いる「精神」なる概念は、意味が曖昧できわめて不明確なものである。そのため、歴史や経済的要因に還元できない宗教独自の性質を「精神」によって指し示そうとするエリアーデの論法は、論じ得ぬものについて論じる空論に等しいとクリアーヌは批判したのである。

以上、クリアーヌの七八年『エリアーデ』におけるふたつのエリアーデ批判を確認した。いずれの批判もわずかな紙面しか割かれておらず、論の中心に位置づけられているわけではない。しかしながら始源型も「精神」も、確認したように、歴史や地域を横断していくつもの宗教現象を研究対象とするエリアーデの方法論にとって重要な概念である。それゆえに、クリアーヌが七八年『エリアーデ』においてこれらふたつの概念に疑問を呈したことは重要な意味をもつと思われる。すなわちこのエリアーデ批判に着目すると、一九七八年という早い時期からクリアーヌはエリアーデの方法論に対して根本的な懐疑をもっていたのではないか、そしてエリアーデから独立しようとする後年の試みはこの一九七八年段階の懐疑の延長線上に位置づけられるのではないか、との仮説が立てられる。

以下ではこの仮説の妥当性を検討するために、エリアーデと晩年のクリアーヌの方法論上の異同を明確にする。具体的には、ルーマニアの宇宙創造神話研究における両者の見解の異同を明らかにする。この研究テーマは、クリアーヌの主要研究領域でもあった二元論的宗教が主題となっており、エリアーデとの比較を行ないやすいためである。

第三節　エリアーデとクリアーヌによるルーマニア・フォークロア研究

オイシュテアヌは「悪魔と善なる神：東南ヨーロッパにおける二元論的宗教の問題——ガステル、ハスデウからエリアーデ、クリアーヌへ」（“Diavolul şi bunul Dumnezeu. Problema dualismului religios în Europa de Sud-Est: de la Gaster şi Hasdeu la Eliade şi Culianu”）という論文において、この宇宙創造神話に関するルーマニアでの学説史をまとめており、そのなかでエリアーデとクリアーヌの研究についても言及している。(26) 以下ではオイシュテアヌの論文にしたがって、まずルーマニアの宇宙創造神話に関する学説史を概観し、つぎにエリアーデとクリアーヌそれぞれの見解を順にたどっていく。

一　ルーマニアの宇宙創造神話

ルーマニアのトランシルヴァニア地方には、以下のような宇宙創造神話が伝承されているという。[27] 宇宙創造以前には、はてしのない一面の水しか存在していなかった。その水の上を神と悪魔がただよっていた。あるとき、神は大地をつくることを決心した。そこで神は、海の底に行って神の名において大地の種を採ってくることを悪魔に命じた。悪魔は命令にしたがわず、最初の二回は自分自身の名において大地の種をもってこようと試みた。その悪魔の試みは失敗した。悪魔は三度目には、神の名を唱えながら大地の種を採取したので、無事にもち帰ることに成功した。神はその種から小さな丘を創造した。その丘の上で、神は一休みしようと横になっていると眠ってしまった。悪魔は、神が眠っているあいだに溺死させることを企て、水のなかに落とそうと神の身体を転がした。しかし神の身体を転がすと、その転がした場所に大地が広がっていった。このようにして現在の大地がつくられたのである。そのあと、目を覚ました神は、大地が必要以上に広がっており、もはや水の占める割合がないことに気がついた。[28] 神は事態の解決策がわからなかったので、蜜蜂をハリネズミのもとへ遣わして意見をきいてくるように命じた。ところがハリネズミは「神は全知全能でいらっしゃるではありませんか」といって神に協力することを拒んだ。しかし蜜蜂は、ハリネズミが独り言をいう癖があることを知っていたので、隠れて見張っていた。すると案の定ハリネズミは、水の場所を確保するには山や谷をつくらなければならないと独り言を口にした。蜜蜂はそのことを神に報告した。そのあと、蜜蜂を恨んだハリネズミは、蜜蜂が排泄物しか口にできないように呪いをかけた。しかし神は蜜蜂に感謝して、蜜蜂が食べなければならなくなった排泄物を蜜に変えてやった。

この宇宙創造神話の異伝は、南東ヨーロッパの広い範囲において確認できる。たとえば、トランシルヴァニアのボヘミア系住民ツイガン人のあいだでは、以下のような異伝が伝わっているという。[29] 一面に広がる水以外、なにも存在しなかった時代に神は世界をつくることを決心した。しかし神はそのための手段もわからず、自分に兄弟も友人もないことに苛立った。興奮した神は手にしていた杖を水めがけて投げつけた。すると杖は一本の樹へ姿を変えた。神は、その樹の下にいる悪魔の存在に気がついた。悪魔は兄弟になろうと神に提案した。神は悪魔の提案に喜ぶが、自分は兄弟をもってはいけないと語り、友人になることを提案した。そのあとには、神の命令による悪魔の潜水、世界の創造と悪魔の裏切りなど、トランシルヴァニア地方の伝承と同様の話が続く。そのほか、ブルガリアやポーランド、バルト海沿岸、ウクライナ、ロシア、ほかのヨーロッパ地域においても、神と悪魔の対立や水への潜水をともなう宇宙創造神話は、登場人物を預言者エリヤと悪魔、洗礼者ヨハネとディオクレティアヌス帝などに変えることによって広く分布しているという。

オイシュテアヌによれば、この宇宙創造神話は、ルーマニアやその近隣諸国の学界では一三〇年にわたって研究されてきたテーマである。まずその研究史の口火を切ったのは、ハスデウ(B. P. Hasdeu)とガステル(Moses Gaster)というルーマニアを代表するふたりの歴史学者であった。ハスデウもガステルも、神話の伝播過程や起源を特定しようとするドイツとロシアの研究者から大きな影響を受けていた。そのため両者は、ルーマニア宇宙創造神話の起源を探究することに腐心した。ふたりのあいだにはいくつかの見解の相違はあるが、ボゴミール派にこの宇宙創造神話の起源をみる点では意見が一致しているとオイシュテアヌは述べる[30]。周知のようにボゴミール派には、悪魔が父なる神の創造を模倣しようとして、神がつくった原材料から世界をかたちづくる神話が伝承されている。すなわちハスデウとガステルは、世界の原材料を創造した神とデミウルゴス的な悪魔というボゴミール派における対立する超越的存在が、南東ヨーロッパの善き神と悪魔の対立を物語る宇宙創造神話の原型になったと考えたのである。

ハスデウとガステルのボゴミール派起源説は、そのあと、民俗学者N・カルトージャンヌ(N. Cartojan)によって大きく修正されながらも踏襲された。二元論的宗教のイラン起源を主張するドイツの宗教史学者デーンハルトから大きな影響を受けたカルトージャンヌは、ボゴミール派起源説にイランとインドからの伝播仮説を組みこんだ。カルトージャンヌは、この宇宙創造神話の特徴を以下の二点に分析した[31]。(1)原初には一面の水が広がっており、その底に大地の種が存在するという点。(2)互いに敵対し合うふたつの存在が協力することによって世界は創造されたという点。このふたつの神話モチーフは、それぞれ異なる伝播過程を経て南東ヨーロッパにまで伝わったとカルトージャンヌは主張する。カルトージャンヌによれば、まず(1)の神話モチーフの起源はインドである。(2)の二元論的モチーフの起源は、デーンハルトの見解にしたがって、イランである。そして(1)のモチーフがイランへ伝わり、そこで二元論的モチーフと結びついた。つぎにはそれが、小アジアへ伝播し、そこに存在していたグノーシス派やマニ教によってキリスト教的形態をあたえられた。さらに、このキリスト教化されたインド・イラン的モチーフがボゴミール派へ伝わったという。カルトージャンヌによるこの説は、弟子のエミール・テュルデアヌ(Emile Turdeanu)によって引き継がれ、さらに多くの研究者によって踏襲される定説となった。

二　エリアーデの説

カルトージャンヌの研究から約三〇年後の一九六二年に、エリアーデは同じ宇宙創造神話について論じた「創造主とその〈影〉」をエラノスの学会誌に掲載し[32]、それに手を加えた論文「悪魔と「善なる神」――ルーマニア民間信仰における〝宇宙創成神話〟成立の前史」を『ザルモクシスからジンギスカンへ』に収録した[33]。そこでエリアーデは、ボゴミール派説やインド・イラン説の双方に一定の妥当性を認めながらも、起源や伝播をめぐる従来の研究を乗り越えようと努めている。

まずボゴミール派起源説の問題点として、エリアーデは以下の三つを指摘する[34]。(1)セルビアやボスニア、ヘルツェゴビナなどのボゴミール派の重要な拠点であった地域において、この宇宙創造神話のモチーフを確認することができないこと。また、ボゴミール派からの影響を受けたカタリ派やパタリーニ派の勢力が強かったドイツ、南フランス、ピレネー周辺においても同様である。(2)ボゴミール派の信仰が浸透することのなかったウクライナやロシア、バルト海沿岸諸地域において、この宇宙創造神話のモチーフが確認できること。(3)この宇宙創造神話のモチーフはトルコ・モンゴル系諸種族においてもかなりの程度浸透しているが、それをすべてボゴミール派の影響によって説明することは困難であること。

インド・イラン説については、エリアーデはより慎重に対処している。まず二元論的モチーフのイラン起源説について、エリアーデはイランにおける以下のふたつの神話を提示することで南東ヨーロッパの宇宙創造神話とイランの宇宙創造神話の影響関係を認めている。

ひとつ目は、創造神の無力を主題とする神話である(35)。オフルマズドは、世界を創造する方法は知っていたが、太陽や月を創造する方法は知らなかった。他方アーリマンは、その方法を知っていて、そのことを悪魔たちに語った。すなわちアーリマンがいうには、太陽をつくるためには自分の母親と性的関係をもたなければならず、月をつくるためには自分の妹と関係をもたなければならない。ひとりの悪魔が大急ぎでこの方法をオフルマズドに知らせた。

ふたつ目は、善なる神と悪魔の血縁を主題とする神話である(36)。なにも存在しなかったとき、ズルヴァンはひとりの息子をもちたいと願い、一〇〇〇年のあいだにわたって供儀を行ない続けた。そしてみずからが捧げる供儀の効力を疑ったとき、ふたりの息子が母胎に宿った。すなわち、捧げた供儀の効力によってオフルマズドが誕生し、供儀への疑いのためにアーリマンが誕生した。ズルヴァンは第一子を王にしようと決心した。オフルマズドはこの考えを知って、それをアーリマンに伝えた。アーリマンは、母胎を割いて外界に出た。ズルヴァンはオフルマズドを王にすることを望んでいたが、みずからの誓いのために最初の九〇〇〇年間はアーリマンを王にせざるを得なかった。そのあと、オフルマズドとアーリマンは、さまざまな被造物をつくり出していくのであるが、オフルマズドが創造したものはすべて善なるものになり、アーリマンが創造したものはすべて悪なるものになったという。

エリアーデは、以上のふたつの神話伝承を提示することにより、善なる神と悪魔が役割分担をして宇宙を創造する点、両者が兄弟関係にある点、オフルマズドが月や太陽を創造する方法を知らずその無能を露呈する点などにおいて、ルーマニアをはじめとする南東ヨーロッパの宇宙創造神話と共通するモチーフがイランに存在したことを確認する。しかしながら、エリアーデは以下のように結論づける。

イランの影響が、この神話の現在の姿をとるのに寄与したとするのはあり得ることである。けれども同時に、それが既存の宗教的観念の二元論的意味を強め、拡大しただけであって、対照的な人物相互の敵対と緊張に本質的な役割をあたえたにすぎないということもできる。(37)

ここでエリアーデは、イランの神話と南東ヨーロッパの宇宙創造神話の影響関係の可能性を認めながらも、伝播仮説では説明できない宗教の性質へ論の対象を移していると考えられる。

伝播仮説に対するエリアーデの同様の姿勢は、「原初の水」や潜水に関する神話のインド起源説において、より顕著なかたちで確認できる。まずエリアーデは、インドにおける潜水神話の分布を紹介する。エリアーデによれば、『タイティリーヤ・サンヒター』(*Taittirīya Saṃhitā*)には、原初の海上をただようプラジャーパティが大地をみつけると、一頭の猪に姿を変えて深処に降りていってその大地をもちあげるという伝承が記されているという。(38) さらにエリアーデは、『タイティリーヤ・ブラーフマナ』(*Taittirīya Brāhmaṇa*)や『ラーマーヤナ』、『リグ・ヴェーダ』などにおける同様の神話モチーフを分析することで、この神話伝承がアーリア以前の原住民の伝承まで起源をたどれると主張する。その根拠としてエリアーデは、L・ワルク(L. Walk)が収録したチョタ・ナグプールのビホール族による以下の創造神話を提示する。

至高の霊シングボーンガーは下界にいたのであるが、一本の白蓮の中空の茎をとおって水面に上がってきた。彼は、その白蓮の花の上に座り、亀に向かって水底から少量の泥土をもってくるように命じた。亀はその命令を実行しようとするが、水面にもどってくる途中で泥土がことごとく流失してしまう。そこでシングボーンガーは、蟹に水にもぐるようにと命じた。蟹は泥土を足にくっつけてもち帰るが、亀と同じように、水面に浮き上がる際にそれを失ってしまった。最後にシングボーンガーは蛭を遣わした。蛭は少量の泥土を飲みこみ、それを至高の霊の手に吐き出した。至高の霊はその泥土によって大地をつくった。(39)

同様の神話モチーフは、インドやマレーシア半島の原住民のあいだに広く伝わっているとエリアーデはいう。すなわち、ひとりの神が猪の姿をとって潜水するというヒンドゥー教の神話伝承は、宇宙の創造者が水生動物に命じて泥土を取ってこさせるアーリア以前の原住民の宗教文化に源泉をもつとエリアーデは結論している。(40)

インドにおける以上の神話群を考察対象とする一方で、エリアーデは宇宙創造のための潜水という神話モチーフが北アメリカにおいても存在することに注目している。(41) 北アメリカでは、創造者または最初の人間による命令を受けた鴨が潜水する創造神話が数多く確認できる。したがってこの潜水神話の起源をめぐる議論は、インドから北アメリカという幅広い地域に伝播した過程をいかに説明するかということが論点となったという。この問題に関する代表的な伝播仮説として、エリアーデはヴィルヘルム・シュミットをはじめとするいくつかの学説を紹介している。(42)

シュミットは、宇宙創造のための潜水という神話モチーフの起源を北アジアに求めた。シュミットによればこの潜水神話は、旧石器時代から北アジア原住民のあいだに伝承されてきたのであり、ベーリング地峡の決壊以前の紀元前二万五〇〇〇年から一万五〇〇〇年にかけて、北アジアからの第一波の民族移動とともに北アメリカへ伝わった。また、オーストラリアなどの南方へもこの潜水神話は伝播したとシュミットは主張した。

エリアーデは、シュミットによる仮説の当否を裁くのは古代民族学者であるとして判断を保留しつつも、「けれどもW・シュミットが、北アメリカにおける文化伝統の年代学のなかで、ベーリング地峡の決壊に過大な重要性をあたえたことは注目に値しよう。両大陸間の連絡はほぼ間断なく続き、アジアの影響は新石器時代およびずっとあとの鉄器時代にいたるまで続いたのである」と述べ、シュミットの伝播仮説を評価した。(43) しかしながらそのあとで、エリアーデは以下のことを述べている。

原初の水はほぼ普遍的に流布するモチーフであり、その起源を正確な地理空間に見出そうとするのは無用である。問題なのは、神話地理学をつくりあげている範型的イメージ〔ein exemplarisches Bild, exemplary model〕のほうである。(44)

この引用文における範型的イメージとは、始源型の代わりとしてエリアーデが後年使用するようになった概念である。つまり潜水神話に関してもエリアーデは、伝播仮説に一定の理解を示しつつも、最後的には伝播仮説では説明不可能な範型的イメージに論の対象を移していると考えられる。

結論としてエリアーデは、無数の二項対立的関係から成り立つ総体として世界や人間を理解する神話的思考や原初の水という神話モチーフは、多くの時代・文化に共通する普遍的な文化的営為であるため、その起源をインドやイランという一地域に求める必要はないと主張する。それよりも重要であるのは、特定の神話伝承がそれぞれの地域においていかなる文化的意味や役割をになってきたのかを究明することであるとエリアーデは述べる。南東ヨーロッパの宇宙創造神話がになった文化的役割については、原初の水への潜水や神と悪魔からなる二元論的構造ではなく、神の疲れやその深き眠り、無能という否定的要素に着目することで明らかになるという。すなわち、そのような否定的要素を有した創造神が登場する宇宙創造神話は、ルーマニアをはじめとする南東ヨーロッパの人びとにとっては、神義論としての役割をはたしたとエリアーデは主張する。

この神話の意義とは、これこそが、南東ヨーロッパの「民間信仰的」宇宙創造説を表象している唯一のものである、という事実にあると思われる。この始源的神話が、たえずあらたに解釈され直し、再評価されながら南東ヨーロッパの人びとによって伝承されてきたという事実は、それが民衆の精神〔Volksseele〕の深奥より発せられる必要性に見事に応えたことを証明している。一方では、それは創造の不完全性と世界における悪の存在を説明してきたのである。(45)

エリアーデが「民衆の精神」とよぶものの性質については詳述されていない。おそらくは、『永遠回帰の神話』で示されたような、歴史の恐怖に常にさらされ続けているため悪の存在から目を背けることができない南東ヨーロッパの民衆の心性と考えられる。しかしいずれにしても、論の最後においてエリアーデは、ルーマニアの宇宙創造神話の本質を歴史的・経済的要因の対極に位置する「精神」と範型的イメージの次元に求めたと考えられる。

三　クリアーヌの説

以上のエリアーデの見解に対してオイシュテアヌは、神話伝承の起源や伝播過程を論究する歴史的考察と、範型的イメージや「精神」という概念を用いることで宗教的シンボルの普遍的意味を論及する宗教学的考察を折衷した中途半端な議論と評した。(46)エリアーデは、南東ヨーロッパやロシアの宇宙創造神話だけではなく、イランやインド、北アメリカ大陸、中央アジアなどの諸地域の神話伝承を比較考察している。そしてそれによって導き出される潜水神話や二元論的神話の共通性を範型的イメージと表現している。また、南東ヨーロッパの宇宙創造神話が伝承されてきた原因を、「民衆の精神」なる曖昧な概念に帰している。その一方でエリアーデは、インド・イラン起源説に関する議論で確認したように、伝播仮説を完全に否定しているわけではない。オイシュテアヌがエリアーデを中途半端と評したのは、伝播仮説に対するこの曖昧な態度を根拠としてであった。

エリアーデが伝播仮説に関して明確な評価をくだすことがなかったのとは対照的に、クリアーヌははっきりとした態度を示したとオイシュテアヌは述べる。前述した一九八四年の対談において、オイシュテアヌはクリアーヌに、ルーマニアの宇宙創造神話をめぐる議論についていかなる考えをもっているかと質問した。この質問に対してクリアーヌは、「ボゴミール派によるルーマニアの民衆文化への影響は不明確で、正確に検証することができない」と返答した。[47] オイシュテアヌによればクリアーヌは、神と悪魔が共同で世界を創造するような二元論的神話の起源や伝播経路を論じることにはまったく関心を示さず、そのような神話モチーフが人間の精神において常に創造され続ける原因を明らかにしようと努めたという。

オイシュテアヌによるこの評価が的確であることは、クリアーヌの二元論的宗教研究の集大成である『グノーシスの樹』において確認することができる。『グノーシスの樹』の第八章でクリアーヌは、ボゴミール派と南東ヨーロッパの宇宙創造神話の影響関係について言及している。しかしそれは、本論とは直接の関係をもたない、簡単な言及にとどまっている。すなわちクリアーヌは、「ボゴミール派の神話は、東ヨーロッパ全体で大衆的二元論的伝説と影響しあった。しかし、それらの大衆的資料はある段階では明確なボゴミール派によって影響を受けたが、それらはボゴミール派そのものよりもはるかに前のものだったようだ」と述べた。[48] そして宇宙創造神話の起源や伝播については、この一文に付された脚注において、伝播仮説論者であったジョルダン・イワノフ（Jordan Ivanov）の著書を時代遅れと一蹴しているのみである。[49] クリアーヌが『グノーシスの樹』で論じようとしたことは、宗教の起源や伝播といった歴史上の出来事、換言すれば歴史的世界における宗教の顕れではないのである。

『グノーシスの樹』におけるこのような研究目的は、とくに序文において詳述されている。

人類学者たちは、神話が無数の変種のなかに存在し、それらの神話は互いが互いの変換〔transformations〕であり、しかもそういった変換が人間精神の作用においていかなる状況下でも独立して生じ得ることをずっと以前に認めていたのである。このかぎりでグノーシス神話は、「二元論的」として知られる広い範囲の一連の神話に属するひとつの特殊な変換なのである。したがって、グノーシス主義神話の「起源」を曖昧なところがないように確立しようとするはてしなくまた欲求不満をおこさせる探求は、余計なものとして打ち捨てられる。なぜなら神話のあらゆる変換はどれも、定義上、認知的起源〔cognitive origin〕を有しているからである。西洋二元論の「起源」からグノーシスのシステム〔system〕それ自体へ強調を根本的に移動させることが必要となるのであり、本書はそのような移動をなしとげることを意図している。(50)

この一文で示された「システムそれ自体」とは、いったいなにを意味しているのであろうか。結論をさきに述べるならば、それは、クリアーヌが宗教現象を共時的に考察するために確立した方法論である。クリアーヌは、キリストの性質をめぐる議論を例にとってそれを説明している。(51)クリアーヌによると、神の子イエス・キリストという命題が設定された瞬間に、以下のような選択肢が人間の意識において必然的かつ共時的に成立する。まず、イエスは神のみである(キリスト仮現説)と、イエスは人のみである(エビオン派)という両極端な考えが生じる。この両極のあいだには、ただ神のみであるわけではないし、ただ人のみであるわけではない、という中間的な選択肢が成り立つ。そして中間のふたつの選択肢からは、イエスは神でもあり人でもあるという選択肢と、イエスは神でも人でもない(キリスト天使論)という選択肢が派生する。つぎに前者からは、両性が分離している(ネストリウス派)と両性が分離していないという選択肢が派生する。両性が分離していないという選択肢からは、両性が区別できる(正統派)と両性が区別できない(単性論)という選択肢が導き出される。

クリアーヌは、これらの選択肢は神の子イエス・キリストという命題が設定された瞬間に、人間の意識において共時的に派生する点を強調する。そして多数の選択肢によって構成される全体を、システムとしての宗教とクリアーヌは表現するのである。このシステムにおいては、歴史上の個々の宗教現象は、選択肢のひとつをあらわすことができるのみである。しかしシステムの全体をみとおすことができれば、そのシステムにおいて過去におこったことから未来におこることまでを共時的に把握することが可能になる。キリスト論についていえば、システムの全体を把握した人間がいたならば、アリウスやネストリウスという人物が歴史に登場するよりも前に、アリウスやネストリウスがあらわれるはずだということを知ることができるという。なぜならば、アリウスやネストリウスが提示する選択肢は、システムにおいては共時的に存在するからである。クリアーヌによるこのシステム的方法論は、歴史上へ顕現するのに先立つ宗教の様態へ接近することを目的としている。歴史に顕れた個々の宗教をたどることで、システムそのものへ接近することが宗教研究における重要な課題であるとクリアーヌは考えたのである。

クリアーヌは二元論的宗教について、それは世界や人間存在の不完全性を宇宙の善なる創造者と調和させようとする試みによって必然的に要求される解決策と述べている(52)。この解決策には、創造者に敵対する者は創造者に匹敵するほどの力をもつのか否か、創造者と敵対者は世界の創造を同時に行なうのか、または創造者が世界をつくり上げたあとに敵対者が世界を不完全なものへ変容させるだけなのか、など多数の選択肢が含まれる。そしてルーマニアの宇宙創造神話は、クリアーヌによれば、この二元論的宗教のシステムにおけるひとつの選択肢である。したがってクリアーヌにとっては、ルーマニアの宇宙創造神話の起源や伝播過程をめぐる議論は時代遅れで見当違いな研究方法であるため、システム的方法論によって再考されるべき対象となったのである。

ではクリアーヌは、いかなる目的によってこのようなシステム的方法論の立場をとるにいたったのであろうか。換言すれば、システム的方法論を用いることによって、クリアーヌは伝播仮説のいかなる点に異を唱えたのであろうか。結論を先取りすると、クリアーヌは、ドイツ宗教史学派を中心とする伝播仮説に潜在するアーリア民族中心主義というイデオロギーに異を唱えることを目的としたと考えられる(53)。

クリアーヌは『グノーシスの樹』において、しばしばドイツ宗教史学派による伝播仮説を厳しく批判している。クリアーヌによれば、「ドイツ宗教史学派は今世紀のもっとも大規模に組織された、またもっとも学問的に賞賛された学者たちによる重大な誤り、ドイツ哲学と評判高い徹底さ〔Gründlichkeit〕という強力な道具とによって裏打ちされた重大な誤りであるように思える(54)」ものであり、「汚染したとはいわないが、長いあいだすべての比較研究に影響を与え、一九七〇年代に再版された彼らドイツ宗教史学派の諸著作を購入したいくつかの公共図書館で彼らの怪物じみた著作に出くわした好事家たちによって、手っ取り早く整理された情報が必要なためにまとめられた教科書や論文のなかで、依然として再生産されている」[55]ために、現代の学界においても依然として影響力を有しているものである。ここで述べられたドイツ宗教史学派の「重大な誤り」とは、前述したように、ナチズムのアーリア民族中心主義に通じるイデオロギーと考えられる。クリアーヌは以下のように述べている。

一九世紀から二〇世紀への変わり目、ワイマール共和国の時期に、ドイツの歴史家たちの一団は彼らの先達たちの「歴史の神話学」を暴くことに成功した。〔しかし〕はっきりいえば、彼らドイツ宗教史学派の隠された願望は、ヘレニズム・ユダヤ教、グノーシス主義、そしてそれら同根のものの最後に位置するキリスト教について、西洋のイデオロギーや制度の東方起源を示そうということであったと確認してよいだろう。西洋思想史の「源流」の役割をはたす候補は、もっともありそうもなく、またもっとも理解されがたいもの、それゆえに、どうにでもあつかうことが容易なもの、すなわち、イランの宗教ということになったのである。[56]

すなわちクリアーヌは、ドイツ宗教史学派の研究者たちがグノーシス主義の起源を東方に求めることにより、キリスト教や西洋文化の源流をユダヤから引き離そうとしたことを厳しく断罪したのである。クリアーヌのシステム的方法論は、伝播仮説に潜在するこのようなイデオロギーに異を唱えることを目的として確立されたと考えられる。

『グノーシスの樹』では、クリアーヌは「認知的伝播」(cognitive transmission)や「思想体」(ideal objects)という独自の概念を用いることで、このシステム的方法論についてさらに詳述している。本章では、そのすべてについて言及することはせずに、クリアーヌのシステム的方法論が伝播仮説に潜在するイデオロギー性を否定する過程で生み出されたことを確認するのみにとどめる。

第四節　小　結

以上、エリアーデとクリアーヌの研究方法を並置することで、両者がとった方法論の相違を確認してきた。ここから浮かび上がってくるのは、伝播仮説を完全に否定するにまでは踏み切らなかったエリアーデと、それを完全に否定するクリアーヌとの違いであった。クリアーヌは、エリアーデの共時的な方法論の不徹底を批判して、それをさらにラディカルに押し進めたといえる。換言すれば、後年のクリアーヌによるエリアーデからの離反は、ドイツ宗教史学派の伝播仮説に潜在するイデオロギー性をはっきりと批判しないエリアーデに対する苛立ちをあらわしていると考えられるのではないだろうか。

しかしながら、クリアーヌによって批判されたエリアーデの共時的方法論も、宗教研究における西欧中心主義への偏向に異を唱えることを目的としたものであった。エリアーデは『永遠回帰の神話』の冒頭でつぎのように述べていた。

われわれが「始源型と反復」〔archétypes et répétition〕とよぶものの意義と機能とは、具体的な時間を拒否するこれら伝統社会の意志、自立した「歴史」、すなわち始源型によって制御し得ないような歴史におけるあらゆる試みに対する敵意を理解したときにのみ、はじめて明らかなものになる。〔中略〕。私の意見では、歴史、すなわち超歴史的モデルを欠いた出来事に対する軽視と俗的な継続的時間を拒否することとのうちに、人間存在の形而上学的価値化を読み取ろうとすることは妥当である。しかしこの価値化は、ヘーゲル以後のある種の哲学的動向——とくにマルクスクシズム、歴史主義、および実存主義——が「歴史的人間」、すなわち歴史のうちで自己形成するかぎりにおける人間の発見以来、人間存在にあたえようと探求してきたものではまったくないのである。[57]

エリアーデの共時的方法論は、西欧の主流文化におけるものとは別種な人間観・歴史観を提示するための試みであったといえる。

近年のエリアーデ批判における論法は、エリアーデの共時的方法論は普遍主義的で本質主義的、それ自体が宗教的かつ理念的であるため、ポスト・エリアーデ時代の宗教学者は政治的・経済的利害関係が生じる社会や歴史における諸実体のうちに宗教を位置づけることでエリアーデ的普遍主義の構図を解体していかなければならないと主張する傾向にある。しかしこのような主張はややもすると、歴史的・社会的領域のなかに宗教を位置づけさえすれば客観的研究がなされ得るという単純な考えに行き着いてしまうように思える。

それに対してクリアーヌは、エリアーデの普遍主義的方向を解体するどころか、むしろそれをさらに大胆なかたちで押し進めることによってエリアーデを批判的に継承することを試みた。この試みは、システム的方法論によって提示される非歴史的領域に宗教を位置づけることによってはじめて、偏向やイデオロギーを徹底的に廃絶した宗教研究が可能になるというクリアーヌの信念に基づくものであった。一九九一年の早すぎる死によって、クリアーヌ本人がその方法論を押し進める道は断たれてしまった。

もちろん、特定のイデオロギーからの影響をうけない、偏向をまったくもたない宗教研究は理想ではあるが、実現することはきわめて難しい。本研究で確認してきたように、クリアーヌも冷戦体制下の歴史や政治に参与しながら「宗教」に関する思索を深めた。その思索過程において、クリアーヌは社会主義政権に抗する政治性を「宗教」に意識的に付与したといえる。それゆえに、クリアーヌの宗教理論に関しても、宗教概念再考論や宗教間対話、死後生研究など、宗教学において継続的に議論されている諸問題のうちに位置づけ、学説としての有用性と偏向を精査する必要があろう。このことは今後の課題としたいが、上記の諸問題に取り組む過程で、クリアーヌがエリアーデからなにを受け継ぎなにを受け継がなかったかを明確化することは、宗教を「客観的」に研究するとはいかなることか、という問題を再考する契機になるであろう。

（1）オイシュテアヌの代表的研究には、*Religie, Politică, şi Mit: Texte despre Mircea Eliade şi Ioan Petru Culianu*, (Iaşi, Polirom, 2007)がある。ペトレスクの論文には、“Ioan Petru Culianu şi Mircea Eliade: prin labirintul unei relaţii dinamice” in *Ioan Petru Culianu・Omul şi opera*, ed. by Sorin Antohi, (Iaşi, Polirom, 2003), pp. 410-458などがある。カリネスクの研究には、*Despre Ioan P. Culianu şi Mircea Eliade*, (Iaşi, Polirom, 2002)や“Culianu: Eliade: Culianu,” in ed. by Sorin Antohi, 2003, (pp. 234-259)などがある。また、Sorin Antohiによる“Culianu şi Eliade. Vestigiile unei iniţieri” in Culianu, *Mircea Eliade*, Translated by Florin Chiriţescu, and Dan Petrescu, (Iaşi, Polirom, 2004), pp. 351-369やEduard Iricinschi, “În căutarea unei ştiinţe universale a religiei: Mircea Eliade, Ioan Petru Culianu şi Enciclopedia religiei” in Culianu, *Cult, magie, erezii, Articole din enciclopedii ale religiilor*, (Iaşi, Polirom, 2003, pp. 199-262)などの研究もある。

（2）Mircea Eliade and Ioan P. Couliano, *The Eliade Guide to World Religions: Authoritative Comendium to the 33 Major Religious Traditions*, (New York, Harper Collins, 1991).

（3）Oişteanu, 2007, p. 91.

（4）Culianu, 2004, pp. 313-314.　石井忠厚訳『エリアーデ回想(下)』未來社、一九九〇年、二四四―二四五頁。

（5）*Dialoguri întrerupte: Corespondenţă Mircea Eliade—Ioan Petru Culianu*, ed. by Dan Petrescu, (Iaşi, Polirom, 2004), p. 151.

（6）Călinescu, 2003, p. 251.

（7）*Ibid*., pp. 250-251.

（8）Oişteanu, 2007, pp. 111-113.

（9）クリアーヌは、『この世の外』の第六章においても、エリアーデがシャーマニズムのエクスタシー(ecstasy)とヨーガのエンスタシー(enstasy)を区別していることに疑問を投げかけている(Culianu, 1991, p. 89)。しかしクリアーヌは、エリアーデがゴーラクナートの伝承について『ヨーガ』で示している見解を、ヨーガにおける魂の異世界への旅の事例としてほとんどそのままのかたちで踏襲している。そのため、クリアーヌの『この世の外』が、どの程度エリアーデの宗教理論から独立した内容であるのかについては慎重な考察が必要である。ゴーラクナートの伝承に関するエリアーデの考察については、Eliade, *Yoga: Unsterblichkeit und Freiheit*, (Suhrkamp, 1985, ss. 321-322)、立川武蔵訳『ヨーガ②』、せりか書房、一九九五年、一七七―一七九頁、を参照。

（10）Petrescu, 2003, pp. 412-413.

（11）*Ibid*., pp. 416-418.　ただしオイシュテアヌも七八年『ミルチア・エリアーデ』における始源型に対する批判については言及している(Oişteanu, 2007, p. 113)。

(12)　*Corespondenţă*, pp. 96-98.

(13)　Eliade, *From Primitives to Zen*, (New York, Harper and Row, 1977)のことであると思われる。

(14)　Culianu, *Mircea Eliade*, Translated by Florin Chiriţescu, and Dan Petrescu, (Iaşi, Polirom, 2004), p. 25.

(15)　*Ibid*., pp. 25-26.

(16)　奥山倫明は「始源型」の訳語をあてており(『エリアーデ宗教学の展開―比較・歴史・解釈―』二〇〇〇年)、本研究も奥山倫明の訳にならった。

(17)　Douglas Allen, *Myth and Religion in Mircea Eliade*, (London and New York, Routledge, 2002), pp. 162-168.

(18)　Eliade, *Meşterului Manole. Studii de etnologie şi mitologie*, ed. by Magada Ursache and Petru Ursache, (Cluj-Napoca, Editura Eikon, 2007), p. 140.

(19)　Eliade, *Traité d'histoire des religions*, (Paris, Payot, 1949), p. 427.　久米博訳『聖なる空間と時間』せりか書房、一九九六年、一五三―一五四頁。

(20)　Eliade, *Le mythe de l'éternel retour: Archétypes et répetition*, (Paris, Gallimard, 1969), pp. 48-51.　堀一郎訳『永遠回帰の神話』、未來社、二〇〇〇年、四九―五一頁。

(21)　Eliade, *Profetism Românesc 1*, ed. by Dan Zanfirescu, (Bucureşti, Roza Vînturilor, 1990), pp. 19-62.

(22)　Mac Linscott Ricketts, *Mircea Eliade: The Romanian Root, 1907-1945*, volume 1, (New York, East European Monographs, Distributed by Columbia University Press, 1988), p. 115.

(23)　Eliade, *The Quest: History and Meaning in Religion*, (Chicago and London, The University of Chicago Press, 1969), pp. 6-7.　前田耕作訳『宗教の歴史と意味』せりか書房、一九九二年、一二一―一二三頁。

(24)　Culianu, 2004, p. 85, p. 118.

(25)　ヴィトゲンシュタイン『論理哲学論考』岩波書店、二〇〇三年、一四八―一四九頁。クリアーヌによる引用は、Culianu, 2004, pp. 85-86.

(26)　Oişteanu, 2007, pp. 153-164.

(27)　Eliade, *Von Zalmoxis zu Dschingis Khan: Religion und Volkskultur in Südosteuropa*, (Insel Verlag, 1990), ss. 85-86.　斎藤正二訳『ザルモクシスからジンギスカンへ―ルーマニア民間信仰史の比較宗教学的研究①―』せりか書房、一九九五年、一八一―一八二頁。

(28) *Ibid.*, s. 94.　前掲書、一九四頁。
(29) *Ibid.*, ss. 88-89.　前掲書、一八六―一八八頁。
(30) Oişteanu, 2007, p. 155.
(31) *Ibid.*, pp. 156-158.
(32) Eliade, "Le Createur et son 'Ombre'," in *Eranos-Jahrbuch* 30, 1962, pp. 211-239.　中村恭子編訳『宗教学と芸術』せりか書房、一九八五年、二〇四―二三九頁。
(33) Eliade, 1990の第三章に収録。
(34) *Ibid.*, ss. 98-102.　前掲書、二〇二―二〇四頁。
(35) *Ibid.*, ss. 115-116.　前掲書、二二七―二二八頁。
(36) *Ibid.*, ss. 117-118.　前掲書、二三〇―二三一頁。
(37) *Ibid.*, s. 120.　前掲書、二三五頁。
(38) *Ibid.*, s. 124.　前掲書、二三八頁。
(39) *Ibid.*, s. 126.　前掲書、二四二頁。
(40) *Ibid.*, s. 129.　前掲書、二四五―二四六頁。
(41) *Ibid.*, ss. 121-123.　前掲書、二三五―二三八頁。
(42) *Ibid.*, ss. 130-131.　前掲書、二四七―二四九頁。
(43) *Ibid.*, s. 131.　前掲書、二四八―二四九頁。
(44) *Ibid.*, s. 133.　前掲書、二五一頁。
(45) *Ibid.*, s. 136.　前掲書、二五六頁。
(46) Oişteanu, 2007, p. 161.
(47) *Ibid.*, p. 93.
(48) Couliano, *The Tree of Gnosis: Gnostic Mythology from Early Christianity to Modern Nihilism*, (New York: Harper Collins, 1992), p. 199.
(49) *Ibid.*, p. 211.
(50) *Ibid.*, p. xiv.

(51) *Ibid*., pp. 14-15. そのほか、Eliade and Couliano 1991, p. 81(『エリアーデ世界宗教事典』、一八二頁)における図表も参照。

(52) Couliano, 1992, p. 24.

(53) クリアーヌとドイツ宗教史学派の関係を論じた研究には、佐々木啓「I・P・クリアーノはなぜ宗教史学派が嫌いなのか」(『クリアーノ研究』創刊準備号、二〇〇五年、http://sapporo.cool.ne.jp/hokusyu/アクセス二〇〇五年当時)五―一八頁、がある。本章の以下の議論は、引用箇所も含め、佐々木の論文に依拠している。

(54) Couliano, 1992, p. 26.

(55) *Ibid*., p. 53.

(56) *Ibid*., p. 52.

(57) Eliade, 1969, pp. 11-12.『永遠回帰の神話』、一―二頁。

結言

ここまで本研究は、ミルチア・エリアーデとヨアン・ペトル・クリアーヌの亡命者としての在り方と宗教学者・小説家としての在り方との関連性を、三つの部にわたって考察してきた。以下で、本研究によって明らかにできた事柄と課題について要約することで結言としたい。

第Ⅰ部においては、「歴史の恐怖」、「宗教」、「精神」、「残存・擬装」といった主要概念に関するエリアーデの思索過程を、ルーマニアの敗戦や社会主義政権の樹立、ルーマニア人亡命者がかかえた諸問題などとの関連において明らかにすることを試みた。その結果、「歴史の恐怖」の思索過程にはソヴィエトのルーマニア侵攻や社会主義政権の樹立に対する恐怖心と危機感が強く影響したこと、「宗教」と「精神」の思索過程には社会主義政権によって抑圧された祖国の宗教文化を国外にて存続させるための文化共同体を創設するという理念が大きく影響したこと、現代世界における宗教の積極的な役割を論じる「残存・擬装」概念は抑圧的な宗教政策をとったソヴィエトに対する批判を目的のひとつとしたことを明らかにした。

第一章では、とくに、亡命者としてのエリアーデの問題意識と宗教理論の形成過程の関連性を明確化するために、亡命者として生きなければならない現実を突きつけられたポルトガル滞在期における『日記』を、「歴史の恐怖」への言及に着目しながら読解した。その結果、ソヴィエトによってルーマニアが占領され、生まれ育った故国の環境や価値観が根底から覆された経験が「歴史の恐怖」の概念形成過程に強く影響したこと、また、「歴史の恐怖」は同じく亡命者として生きなければならなくなった同胞たちの助けになることを目的のひとつとする概念であることを明らかにした。カルロ・ギンズブルクに代表される先行研究においては、「歴史の恐怖」はユダヤ教の歴史観と相反するものとして解釈され、反ユダヤ主義という視点から批判されてきた。それに対して本章は、現在にいたるまで研究がほとんど行なわれていない期間であったポルトガル滞在期における概念形成過程を明らかにすることで、「歴史の恐怖」に関するあらたな解釈を提示した。

ポルトガル滞在期の『日記』を参照するかぎり、当時のエリアーデにとって、ソヴィエトの侵攻からルーマニアを防衛することが焦眉の課題であった。そのため、エリアーデはソヴィエトと同盟を結んだイギリス、アメリカではなく、ソヴィエトと戦うドイツの勝利を願うにいたった。大戦中におけるこのような政治姿勢は、鉄衛団への関与の問題と相まって、ナチス・反ユダヤ主義支持という批判に拍車をかけることになろう。そして、そのような批判を受けることはやむを得ないといえる。しかし、戦中におけるエリアーデの言論の多くは、いまだに未解明の状況が継続している。在ポルトガル・ルーマニア大使館の動向、ルーマニアやポルトガルの文化人との交遊、サラザール政権との関係などに関する解明をさらに進めなければ、大戦期ポルトガルにおけるエリアーデの言論活動に対する最終的な評価はくだせないと考える。

第二章では、フランスへの亡命直前の時期、およびルーマニア人亡命者組織創設時におけるエリアーデの活動を解明するために、故国の家族と交わした書簡や機関誌に掲載した政治的論説で「精神」概念に付与された意義・役割の特定を行なった。家族と交わした書簡からは、不安定な政治情勢におかれたルーマニアに家族を残して海外で活動することについて、エリアーデが強い自責の念をもったことがみてとれる。さらに、国土を防衛するためにソヴィエトと戦う同世代の人間に対して負い目を感じていたことも確認できる。そのような状況にあったエリアーデがフランスへの亡命直後にまず着手したのが、ルーマニア人亡命者組織の設立であった。海外に身をおく亡命者が連帯して、存亡の危機にあるルーマニアの民族や宗教、文化をソヴィエトから防衛することが目的であったと考えられる。しかし、フランスに亡命していたルーマニア人たちのあいだには、さまざまな政治的・経済的利害関係に基づく対立があった。そのような状況に対してエリアーデは、個々のルーマニア人亡命者たちがかかえていた多種多様な政治的信条や経済的状況を抱合する文化共同体の創設を可能にする共通価値として、政治的・経済的要因に還元不可能な普遍的「精神」をルーマニアのフォークロアや神話から抽出したといえる。先行研究では、エリアーデの用いる概念が西欧中心主義やキリスト教中心主義によって歪められている可能性を批判的に指摘する傾向にあった。それに対して本章は、ルーマニア人亡命者のあいだに反ソヴィエト的な連帯をつくり出す「精神」概念の役割を明らかにした。

今後の課題としては、エリアーデとほかのルーマニア人亡命者の関係性をより詳細に解明する必要がある。亡命者組織の設立と運営には、さまざまなルーマニア人亡命者との協力が不可欠であった。エリアーデが組織の理念やルーマニア文化、宗教の在り方について、ほかの亡命者と議論を重ねることにより自説を確立した可能性が考えられる。実際に、ルーマニア文化を海外で伝えることの必要性については、亡命者組織の設立で協力したアレクサンドル・ブスイオティアヌやヴィンティラ・ホリアなどとポルトガル滞在時から議論した問題でもあった(1)。亡命者組織の理念をめぐる議論を整理することは、エリアーデの思索過程のみならず、ルーマニア人亡命者間におけるエリアーデの言論の受容と評価を明らかにすることに資すると思われる。

第三章では、エリアーデが亡命者組織を設立した理念を精査することにより、亡命者に団結をよびかける自身の言葉が自民族の利益ばかりを追求する偏狭な民族主義を誘発することのないように、ルーマニアの伝統文化と他地域のさまざまな文化にとって共有可能な「普遍的」文化を提示しようとした言論的特徴を明らかにした。とくに、『世界宗教史』で多くの頁を割いて説明されている「宇宙的キリスト教」と「遊牧民的宗教」が、亡命者組織の機関誌において、ルーマニアの伝統文化を「普遍的」文化に組みいれる目的で用いられた可能性を示した。「宗教」を普遍性と直結させて論じるエリアーデの方法論に対しては、『宗教学概論』の刊行から現在にいたるまで、ペッタッツォーニをはじめとする数多くの研究者が問題点を指摘してきた。そしてそれらの指摘は、視点や論拠とする文献はさまざまであるが、学問的検証にたえ得る根拠を問うことで、普遍性へのエリアーデの志向が独断性の強いものであることを示してきた。マッカチオンに代表される一部の研究者は、エリアーデの独断性が鉄衛団や反ユダヤ主義との親和性を帯びたものであることを主張した。しかし、普遍性に関するエリアーデの言論をルーマニア人亡命者に向けられたものとして読むと、それは亡命者たちをより広い文化領域に組みいれる効果を狙ったものと解釈できる。たしかにエリアーデの言論は、ルーマニア民族性の「普遍的」側面を過大に評価し、さらに農耕民的宗教や遊牧民的宗教などの言葉を用いて議論を単純化する側面を有する。しかしそれは、鉄衛団への共感に裏打ちされた祖国愛というよりは、ルーマニア人亡命者が西欧社会で発言できる場をつくり出し、ルーマニアの文化を後世につたえる状況を整えたいという祖国愛の表明と考えられる。エリアーデの普遍性を帯びた「宗教」がルーマニア人亡命者のあいだではたした役割・受容状況については、さらなる解明を進める必要がある。

第II部においては、エリアーデの文学創作活動を亡命者としての政治的問題意識との関連において考察することに取り組んだ。とりわけ、エリアーデの文学作品がほかのルーマニア人亡命者たちによって、ルーマニア社会主義やソヴィエトに対抗する文化創作とみなされた可能性を示した。

第四章では、エリアーデがクリアーヌとルーマニアの政治や文学論に関して意見を交換しあった『往復書簡』を読解することで、クリアーヌがエリアーデの文学作品を、社会主義政権によって弾圧されたルーマニアのフォークロアや神話を後世のルーマニア人たちにつたえるための文化的手段とみなしたことを明らかにした。エリアーデの文学作品は、従来、エリアーデの宗教研究と重ね合わせ、作品中の描写をシンボル解釈論にしたがって読み解くといったかたちで研究が行なわれてきた。しかし、エリアーデは文学作品をルーマニア語で執筆することにこだわり、その多くを亡命者組織の機関誌で発表するなど、ルーマニア人を第一の読み手として創作した。そのため、エリアーデの文学作品はほかのルーマニア人亡命者との関係性において読み解く必要があると考えられる。本章で着目したクリアーヌは、エリアーデとの個人的な交遊をとおして、エリアーデの宗教理論や文学作品だけではなく亡命者組織における活動までをも熟知していた。そのため、エリアーデ思想の包括的な解明を試みる際には、クリアーヌの見解はきわめて重要な先行研究になると同時に貴重な資料となる。

今後は、ほかのルーマニア人亡命者についても同様の作業を行なう必要がある。エリアーデ文学に対する亡命者たちのさまざまな見解を類型化することにより、亡命者が形成した広い思想領域のなかでエリアーデが位置した場所を特定することができるであろう。

第五章では、戦前と戦後それぞれの文学作品における「精神」概念の用例を比較することにより、亡命体験を経ることによって、この概念が社会主義政権によって抑圧された宗教文化を後世のルーマニア人たちにつたえるという目的にそって用いられるようになる過程を明らかにした。また亡命者組織の機関誌に掲載されたエリアーデの文学論を精査することにより、「精神」概念を含む自身の文学作品がソヴィエトの作家やフランスの左派的知識人の活動の対極に位置するものであることをエリアーデが強く意識していたことを示した。既述のように、戦前のルーマニアでは、エリアーデは『マイトレーイ』を代表作とする小説家として認知されていた。亡命後もエリアーデは文学作品を継続的に発表することにこだわり続けた。エリアーデにとって、文学創作は同郷の人間に自身の見解や信条をつたえるための重要な手段であったと考えられる。とりわけ亡命後に発表した作品は、ルーマニア人亡命者、さらに可能ならば故国のルーマニア人に言葉をつたえるために手放すことのできない手段であったといえる。本研究はエリアーデのすべての文学作品を網羅していないが、エリアーデ文学の言葉を亡命者たちとの関係性のうちにおいて解釈するための萌芽的研究として本章の考察を位置づけたい。

第Ⅲ部においては、エリアーデの思想は鉄衛団、ソヴィエトやルーマニアの社会主義政権に抗する運動といかなる関係にあるのか、換言すればエリアーデの思想における規範的側面はそれらの政治的推進力との親和性を有するのか、有する場合にエリアーデはそれを自覚していたのかといった問題に取り組んだ。とりわけクリアーヌとのあいだにおける見解の異同を明確化することで、エリアーデの言論の特徴をより鮮明に浮かびあがらせることを目指した。

第六章では、ルーマニアの政治動向に関するエリアーデの見解を解明するために、戦中の民族主義運動であり戦後ファシズム運動であると批判された鉄衛団をめぐって交わされたエリアーデとクリアーヌの議論をたどることを試みた。既述のように、イエルサレムのユダヤ系雑誌『トラドート』に、エリアーデは鉄衛団の一員であったと糾弾する記事が一九七二年に掲載された。この記事は多くの事実誤認を含むものであったが、エリアーデをファシストと断ずる批判がイタリアやアメリカを中心にまきおこる契機となった。エリアーデは生前、鉄衛団への自身の関与について明確に説明することなく、鉄衛団への関与を追及する批判者に対しても直接反論したことはなかった。しかし本研究では、ルーマニアの歴史における鉄衛団の功罪についてエリアーデとクリアーヌが書簡によって多くの議論を重ねていたことを発見した。それらの書簡を整理することで、鉄衛団をルーマニアの伝統文化に基づく宗教運動とみなすエリアーデの見解が、過激なファシズム運動とみなすクリアーヌの意見と異なることを明らかにした。

鉄衛団へのエリアーデの参与は、今日、疑いようのないものとみなされている。しかしそれをただ糾弾するのではなく、エリアーデを含めたルーマニア人のあいだにおける鉄衛団に関する議論を整理する研究が、現在まで未整理の状況にあるルーマニアの政治史および宗教史研究に取り組むことになるゆえに、今後行なわれなければならないと考える。

第七章では、ルーマニアの政治体制をめぐるエリアーデとクリアーヌの見解の異同を整理した。その結果、エリアーデがルーマニア民族の連帯と存続に力点をおいたのに対して、クリアーヌは社会主義政権の情報統制への徹底した抵抗に力点をおいていたことを明らかにした。クリアーヌに関する研究は、わが国やアメリカではほとんど行なわれておらず、ルーマニア本国でも着手されたばかりの状況にある。一九八九年以降の革命政権を激しく批判し、その批判との因果関係は不明であるがシカゴ大学構内で殺害された人物の思想は、関係者も存命であるゆえに、慎重な考察が要請される。そのことは、いうまでもなく、エリアーデ、クリアーヌ両者の世代の違いに起因するところが大きい。クリアーヌは社会主義政権下で生まれ、大学卒業まで教育を受けたあとに亡命した。エリアーデがやむを得ず亡命したのとは対照的に、クリアーヌは家族を故国において亡命することをみずから進んで選んだ。クリアーヌは、故国に残した人間に対する罪責意識や社会主義政権に対する恐怖心を、エリアーデ以上に感じながら、宗教研究や政治的言論にたずさわった可能性が想定される。クリアーヌに関する研究はいまだ萌芽的なものであるが、エリアーデをはじめとするルーマニア文化人、さらにウゴ・ビアンキ、ジャンパオロ・ロマナートなどのイタリア人研究者との関係を含め、いっそうの解明に取り組む必要がある。

第八章では、エリアーデとクリアーヌに関するルーマニア本国での先行研究を紹介しつつ、ルーマニア・フォークロア研究における両者の見解の異同を明確にした。ルーマニアの宇宙創造神話は、アーリア民族中心主義という政治的イデオロギーを反映するドイツ宗教史学派が提唱する伝播仮説に基づいて研究が行なわれてきたのであるが、エリアーデはその伝播仮説を部分的に継承する方向性をとったのに対し、クリアーヌは完全に否定する立場で研究を行なった。ルーマニア本国におけるエリアーデに関する研究は日本やアメリカでは知られていないものであったが、エリアーデとルーマニアの思想家たちとの結びつきを重視する点などで、英語圏や仏語圏の研究とは異なる展開をみせている。そのルーマニア本国の研究成果に基づいて研究を進めることにより、アメリカの研究成果に依拠してきたわが国のエリアーデ研究にあらたな視点を提示することを試みた。

本研究においては、たしかに、エリアーデのルーマニア語文献のすべてを網羅することはしていない。また、フランスやイタリアにおけるエリアーデ研究の成果に言及することもほとんどできなかった。今回取りあげることのできなかった資料や研究成果を用いてさらに研究を進めることは、これからのエリアーデ研究における課題となろう。しかしこのような課題はあろうとも、本研究は、ルーマニアの政治動向やほかのルーマニア人亡命者との関係性のなかでエリアーデの言葉を考察するための視点を提示することはできたと考える。

緒言で述べたように、近代的宗教概念に関する歴史的、系譜学的研究が一九八〇年代、九〇年代ころから急増した。それらの研究では、「宗教」概念によってある文化現象を表象することにより、その対象を政治や法などから分断する効果があることを批判する傾向にある。「宗教」概念に関するフーコー的系譜学といえる分析を行なった人類学者アサドは「宗教」を、歴史的に多種多様な現象を一般化する強制力の産物とみなし、「宗教」の普遍的・本質的定義など不可能であることを強調した。その上で、「宗教」が包摂する諸要因を、歴史的・政治的諸要因へ解体していく作業が必要であると主張した。

本書で幾度も言及したマッカチオンは、「宗教」概念の破棄を提唱するアサドの見解を早急と評しながらも、還元不可能な本質的要素を「宗教」に付与しようとする一部の宗教学者の試みは放棄されるべきものと批判した。そのような宗教学者の代表としてマッカチオンが批判したのがエリアーデであった。既述のようにマッカチオンは、エリアーデが現象の差異や歴史的・政治的要因を過度に軽視する一方で、ルーマニア農村の伝統宗教を理想化し、本質主義的言論を敷衍したと指摘する。そして、そのことは鉄衛団運動の反近代的、反ユダヤ主義的でルーマニア民族至上主義的である言論の敷衍をも意味したという。

これらの議論は、現象の多様性・異質性を学説理論によってあつかうことの諸問題を指摘した意味で重要な提言であると思われる。また、エリアーデに関しては、過度の一般化、本質主義的言論に対する批判は首肯できる部分も多い。しかしエリアーデの「宗教」に関する分析において、とりわけマッカチオンがその歴史的・政治的位置を詳細に分析したかというと、首肯することは到底できない。本研究で確認したように、亡命後のエリアーデは、さまざまな政治的利害関係にあったルーマニア人亡命者にとって共有可能であり、対社会主義政権抵抗運動の基盤となり得るものとして、非政治的・非歴史的「宗教」を提示したと考えられる。さらに、その「宗教」がルーマニア民族主義におちいることのないように、普遍的性質を有することを強調したのであった。エリアーデは、アサドやマッカチオンが批判した差異の軽視や一般化を、少なくとも亡命者組織においては、その政治的効果を意識しながら確信的に行なったと考えられる。マッカチオンはエリアーデの政治性を鉄衛団に結びつけ分析を行なったが、亡命者組織での言論を軽視するその分析は、自身が重視する必要性をうったえた歴史的・政治的位置をかえりみることなく、丹念な資料調査も行なっていないきわめて不十分なものといわざるを得ない。

たしかにエリアーデの「宗教」概念の学問的有用性は批判的に検証されるべきであり、既述の問題点をもつことは否めない。現代の宗教学において、エリアーデ宗教学の諸概念が分析概念として批判的検証にたえることが困難であることは常識であるとさえいえる。しかしエリアーデの非還元的「宗教」概念が、エリアーデが身をおいた歴史的・政治的領域ではたした役割については、未解明の状況が継続してきた。

本研究で明らかになったように、エリアーデは「宗教」がになうべき文化的役割について、ルーマニア人亡命者や東ヨーロッパ諸国、ソヴィエトの状況を見据えながら思索した。ポルトガル期のエリアーデは、「宗教」をソヴィエトの侵攻にさらされるルーマニア民族が存続するための礎とみなした。フランスへ亡命後のエリアーデは、ルーマニア人亡命者が連帯するための核として「宗教」を提示し、ルーマニア文化を後世につたえることに尽力した。エリアーデにとって「宗教」に関する思索は、ルーマニアやソヴィエトなどの東方諸国に関する思索と不可分であったといえる。

エリアーデの言論に対してはルーマニア人亡命者のあいだにおいてもさまざまな異論が向けられた。とりわけ、クリアーヌに代表される社会主義政権下の生活を経験した若い世代から厳しい批判を受けたことは確認したとおりである。クリアーヌとエリアーデは、社会主義政権に抗する手段として宗教の文化的役割を重視していた点では共通する。しかしエリアーデが民族的連帯を強めるために亡命者間に存在した見解の相違を捨象し、一般化することに力点をおいたのに対して、クリアーヌは亡命者がもち得る思考の選択肢を減らすことに対する異議申し立てに力点をおいた。このような見解の相違は、社会主義政権批判の方法にとどまることなく、「精神」や「始源型」といった宗教の本質を重視するエリアーデと、無限の思考パターンにアクセス可能な「システム」を重視するクリアーヌというように宗教研究上の相違へとつながった。宗教的本質、民族的本質を強調するあまり現象の差異を軽視することなく、時代・地域横断的な「宗教」が冷戦体制下でになえる文化的役割を明示しようとしたクリアーヌの試みは、エリアーデの問題点を克服する可能性を秘めていたと思われる。クリアーヌの死によって、その試みは断たれてしまった。クリアーヌの死から二十年以上経過した現代の宗教学において、クリアーヌ的方法論がどれほどの意義をもつのか検討することはこれからの課題である。しかし奥山倫明が『世界宗教史』の「解説にかえて——学問継承の一つの形」において述べているように、クリアーヌの言論はエリアーデ宗教学とエリアーデ文学、さらにエリアーデの政治的言論の継承の一事例であるとみなせよう。

本研究で取り組むことのできなかった主題は数多くあるが、「歴史の恐怖」に亡命者として立ち向かったエリアーデの姿を少しでも明らかにできたのではないだろうか。エリアーデは第二次世界大戦を含む二〇世紀の歴史を、時には強大な力の前に信念を曲げ、時にはいかなる力にも屈することなく信念を貫き、葛藤や迷いをいだきながら生きたはずである。エリアーデが生きる過程でいだいたそれらの葛藤や迷いは、彼の学術研究や文学作品とは違い、時の流れとともに消え去ってしまう。後世にエリアーデを読む人間の責務のひとつは、エリアーデが残した資料から彼の葛藤や迷い、信念の痕跡を拾いあげる作業を行なうことであろう。そうして拾いあげたものと、現代宗教学におけるエリアーデ批判を照らし合わせ、エリアーデの言葉の意味をあらためて再考することからエリアーデ後の宗教学がはじまると考える。

(1) Eliade, *Europa, Asia, America... Corespondență, volumul 1*, (București, Humanitas, 1999), pp. 439-484. *volumul 3*, (2004), pp. 419-427.

和訳資料　『エリアーデークリアーヌ往復書簡』からの抜粋

参考資料として本研究で取りあげた『エリアーデークリアーヌ往復書簡』(*Dialoguri întrerupte: Corespondenţă Mircea Eliade—Ioan Petru Culianu*, ed. by Dan Petrescu, Polirom, 2004)から、未紹介である数通の書簡の和訳を付す。既述のとおり、『往復書簡』はクリアーヌの亡命直後からエリアーデの死直前におよぶ期間に両者が交わした書簡を編集したものである。そこには、亡命直後のイタリアにおける体験、ルーマニアの政治動向、アメリカやオランダでの活動について、宗教研究と文学創作に関する話題とともに記されている。そのため『往復書簡』は、エリアーデとクリアーヌに関する研究および、亡命史、亡命文学、東欧地域などに関する研究領域においても資料としての価値を有すると考える。各和訳には、書簡が交わされた時期に関する簡単な解説文を添えてある。

一九七三年二月五日付けのエリアーデの手紙

私は胸せまる想いであなたの最新の手紙を読みました。あなたが、けっきょく、カナダ……行きのビザなどを取得するため、それほどの地獄のような生活を強いられることになるとは信じられません(思うにそこでなにをするのか、だれと仕事をするのか……)。あなたの要望にお応えして、きわめて真剣に助言を与えます。「飢えることなく」、そして健康を損なうことなくイタリアで勉強できるほんのわずかな機会でもあるならば、その機会を利用しなさい。最初は著名なオリエント学者とは仕事をできないかもしれませんが、徐々に彼らと接触することができるでしょう。また、関心のある人物の名前を教えてくれたならば、すぐに私からも彼・彼女らに手紙を書いてみます。イタリアでの学位、あるいはイタリアの研究者と何年か仕事をしたという実績は、アメリカでは大いに役立ちます。

代案(a)フランスへの移住を試みること。あなたの友人はその経験があります。彼は、外国人学生のための「支援」(奨学金ではありません)をあなたが受けられるように助けてくれるでしょう。(b)それでもなお、カナダへ亡命しなければならないのなら、アメリカへ行くことをみこんでいなさい。アメリカでは、はじめのうちだけでも、飢えによって死ぬ可能性は低いでしょう(亡命者を支援するためのルーマニア人組織のことをいっているのです。私の親しい友人ブルトゥス・コステ氏が務めています。住所は、325 East 57 Str. New York, N. Y. 10022です)。

「霊感」がおもむくままに決めてください……。幸運を心から願っています。

この手紙が出された日付を含む一九七二年一一月から一九七三年四月までの五カ月間、クリアーヌはパスポートの不所持により、トリエステとラティーナの難民収容所に収監された。一九七三年四月以降は、ローマの「労働の権利統一のためのヨーロッパ機構」(Istituto Europeo per l'Unificazione del Dirito del Lavoro)の研究員として採用された。手紙の最後で言及されているブルトゥス・コステとは、既出であるが、ルーマニア人亡命者に大きな影響力をもったニコラエ・ラデスクの参謀役を務め、亡命者組織設立においてエリアーデの最大の協力者のひとりであった人物である。

一九七三年十月三〇日付けのエリアーデの手紙

十月二〇日付けのお手紙で喜ばしいニュースを知らせてくれて感謝します。ようやく、あなたは、このさき幾年かの「安全」を得たのです! そしてウゴ・ビアンキ〔Ugo Bianchi〕とともに研究できるという幸運も……。

私は、不本意ながらも、旅行の計画を断念しました。シカゴへ十日ほど早く帰らなければならなかったのです(私の同僚で親友の「栄光」の場に出席するためです)。パリで私は、大変幸運にも、セルジウ・アル〔=〕ジェオルジェ〔Sergiu Al[-]George〕と(一週間)話し合うことができました。なんとすばらしい人物なのでしょう! 運命が許すならば、もっと長い時間をともにすごしたいものです。

前回の手紙を受け取ってもらえたでしょうか。その手紙で私は、出版のチャンスを高めるために、小説をフランス語に訳すようにいいました(同じ手紙で、一九七三年三月にトリノのサオ・パオロ銀行で現金化できるようにした、一九七二年一一月付けの小切手のコピーを同封したはずです)。
あなたが選んだ論文のテーマは興味を惹きます。成功を心から願っています！　そしてまた、あなたの健康と幸運も！

一九七三年一〇月にクリアーヌはミラノのサクロ・クォレ大学に奨学金研究生として採用され、ウゴ・ビアンキの指導のもとで研究する機会を得た。一九七五年一一月五日に審査を受けた博士号学位申請論文の題目は『グノーシス主義と現代思想――ハンス・ヨナス』(*Gnosticismo e pensiero contemporaneo: Hans Jonas*)であった。同年六月に文学の博士号を取得したあとも、ビアンキのもとで助手や講師を務めた。エリアーデがパリで会談したセルジウ・アル＝ジェオルジェとはルーマニア人のインド学者である。エリアーデはのちに、中世以降のインドに関する原稿を『世界宗教史』第四巻に寄せることをアル＝ジェオルジェに依頼したが、ジェオルジェの死によってそれは実現しなかった。後年、一九八四年七月に、エリアーデは亡命雑誌『ルーマニア文学』にアル＝ジェオルジェをしのび、功績を讃える記事を載せている。フランス語に翻訳することをエリアーデが勧めている小説のタイトルを特定することは困難である。しかしペトレスクによれば、クリアーヌはミラノ滞在中にフランス語やルーマニア語で数編の短編小説を完成させ、短編小説集としてまとめる計画を立てていたという。

一九七七年三月七日付けのエリアーデの手紙

無数の用事と倦怠(どうにもならない風邪、書きあげるべき無益な文書、ブリュッセルへの「遠征」など)によって、二月八日と二五日付けのあなたの手紙にお返事を書くことができませんでした。遅くなりすぎましたが、ここでお返事いたします。〔遅くなりすぎた〕というのは、しばらく前、あの大災厄、シオランが「一瞬でルーマニアを滅ぼした……」というような地震がおこったからです(シオランは、「地震は「破壊した」が、それを信じることはできない」といいます)。もはや望みはまったくない。三十年来われわれに不幸がつきまとったままだということに気が滅入ります。そして、あらたなこの悲劇も(何年か前の洪水と同じように)、チャウシェスクの幸運を華々しく示しています。〔この地震のおかげで〕チャウシェスクは、ゴマやそのほかの「異議申し立て者たち」が引きおこした混乱をやりすごせました。そしてなによりも、これから五年のあいだ、カオスや貧困や恐怖の申し開きができるのです……。

この手紙が交わされた時期、クリアーヌはオランダのフロニンゲン大学でルーマニア語、ルーマニア文学の教職に就いていた。フロニンゲン大学からの招聘を受ける際に、クリアーヌはイタリアにとどまるかオランダに赴くかについて悩み、エリアーデや友人のロマナートに度々相談をしていた。ロマナートによれば、当時のイタリアにおいて左派政党が多くの支持を集めていたこともクリアーヌがイタリアを離れる一因になったという。手紙で言及されているゴマとは、本書第六章で取りあげた、ルーマニア人亡命者の小説家ポール・ゴマである。フロニンゲン滞在中にクリアーヌはゴマと会談し、彼の反体制運動を高く評価した。そしてゴマの運動を西欧社会に広く知らしめるために、ジャーナリストを紹介してくれるようにロマナートに依頼していた。

一九七七年六月二一日付けのクリアーヌの手紙

先生が六月一三日にシカゴから送ってくださったお手紙を本日受け取りました。まことにありがとうございました！　最近私は、先生がパリに到着なさったかどうかを知るために、パリへ手紙を送り、数え切れないほどの電話をかけました。しかしいずれもお返事をいただくことができませんでした。そのために残念ながら、ミラノ行きの航空券をすでに取って、二五日の土曜日に出発することにしてしまいました。どうしても先生にお会いしたいのです。九月にもまた先生がパリにいらっしゃることは承知しております。万が一、オランダにお立ち寄りくださって、私のところでお迎えさせていただければ、この上なく幸いに存じます。残念ながらこのことは、八月一日以降は不可能になります。というのも八月一日以降、小さなアパートに移るからです。かろうじで息ができるほどの場所です（貯金のために！）。七月五日ころにオランダに帰る予定です。

シビル夫人の容態が落ち着いているときいて嬉しく思います。もしかしたらシビル夫人も当地まできてくださるでしょうか？

五分前（いまは六時）に三回目のお電話を差し上げましたが、つながりませんでした。明日以降も試してみます。

オランダは相変わらず面白い国です。私やほかの外国人の言語学的な体験をお話することをおゆるしください。

私：バーにて、「氷〔ijs〕なしのウイスキー」ではなくて「グラス〔glas〕なしのウイスキー」を注文します。

リニアナ・アレクサンドロス〔Liliana Alexandrescu〕：彼女の学生に、「手伝い」〔hulp〕ではなくて「ズボンの前あき」〔gulp〕を頼みます。

現代ギリシア語の助手：精肉店にて、挽肉〔gehakt〕ではなくて「c…」（ルーマニア語でもっとも卑猥な言葉です）〔hehakt〕を頼みます（オランダ語の g は喉頭濁音の h ＝ γ です）。

英語の助手：駅にて、切符〔biljet〕ではなくて「尻」〔billetje〕を頼みます（同性愛者だと思われます）。

イタリア人の女性労働者（又聞きの話です）：月給を受け取る際に、今月は自分の娼婦〔hoer〕にお金を支払うことができるといったそうです。当然、家賃〔huur〕のことなのですが……。

真面目な話にもどります。六月二八日にウルビノにて、ミルチア・エリアーデに関する著書の編集者に会いました。その編集者は、八月に原稿を印刷にまわすといっていました。年末前に出版できるという希望がもてそうです。

クリアーヌは一九七八年に、はじめての著書となる『ミルチア・エリアーデ』を刊行した。本書には、エリアーデ本人からの好意的なコメントが記された手紙が序文として付してある。一九七七年六月二一日付けの手紙でクリアーヌがエリアーデと連絡をとろうと努めたのは、既述の手紙を掲載する許可を得るためである。さらにクリアーヌはオランダ滞在中に、ロマナート、M・G・ロンバルドとの共著『宗教と力』や主著『ルネサンスのエロスと魔術　一四八四』を刊行するほか、諸学会でハンス・G・キッペンベルク、H・コルバン、ブルース・リンカンなどと交遊する機会を得た。しかしその一方、鉄衛団問題をめぐりエリアーデとの関係に亀裂が生じるだけでなく、ルーマニア人亡命者の共同体においても批判を受けるにいたった。

一九七七年七月五日付けのエリアーデの手紙

ヴィルジル〔・イエルンカ〕やモニカ〔・ロヴィネスク〕、マリー＝フランス〔Marie-France〕、ヨアン・クシャ、I・ネゴイテスク〔I. Negoițescu〕（立派なメンツです！）らとともに、オランダ語の発音に関する体験を読んで大いに楽しみました。"prohab"〔ズボンの前空き〕がなにを意味するのかわかりませんでした。クシャが家にある辞典のなかから調べて、電話で知らせてくれました。

私とクリスティネルは、あなたの本が年内に出版されることをとても嬉しく思っています。私の手紙に関しては、あなたの役に立ちそうな部分を翻訳して掲載してもらってまったくかまいません。

私は一週間ほど前から、ベルフォン出版のために『ミルチア・エリアーデとの対談』〔Entretiens avec M. E.〕の録音に着手しました（このシリーズの出版済みのものには、『ウージェーヌ・イヨネスコとの対談』などがあります）。今回は、タイプ打ちされた原稿を大幅に書き直すこと、すべてを書き直すことさえできると約束してもらったので同意したのです。しかしながら、少なくとも私にとっては意外に辛い仕事です。テープレコーダーがあると私は集中できないのです。おそらく最終的には、手紙のやり取りによって「対談」を完成させることになるでしょう……。

シビルは化学療法と必死に闘っています。八月八日から三〇日まで、私たちは全員でトゥロンの広くて快適にすごせそうな別荘に行きます。その前後はパリにいます。

クリスティネルがあなたによろしくと、またよい休暇をとのことです。

友情をこめた抱擁をもって。

この手紙は、前掲のクリアーヌの手紙に対するエリアーデの返信である。ヴィルジル・イエルンカ、モニカ・ロヴィネスク、ヨアン・クシャは、既述のとおり、ルーマニア人亡命者の中心メンバーであり、エリアーデの協力者であった。さらに名があげられているイヨネスコは、ルーマニア人亡命者の戯曲家として知られる人物であり、エリアーデの古い友人である。イヨネスコは戯曲家として活躍するだけでなく、ルーマニアや西欧の政治情勢に関わる言論活動も行ない、ルーマニア人亡命者に対して大きな影響力をもっていた。クリアーヌはイヨネスコの政治活動に関して、「イヨネスコ——救世主」("Ionescu, mîntuitorul")という論説を一九九一年に執筆し、賛美をおくっていた。

一九八五年一〇月二一日付けのクリアーヌの手紙

お約束していたミルチア・エリアーデについての論文を同封してお送りいたします——これは、シカゴ〔大学での〕最初の講演で発表したいと思っているものの草案で、〔発表内容を〕簡潔に要約したものです。フランス語版では不明瞭な点がいくつかあります——かなり拡大した英語版ではそれをすっかり明らかにしたいと思います。

アンドレイからも、彼が特別に先生のために感謝をこめて描いた絵をお送りいたします（彼の年齢にしては、世界でもっとも稼げる芸術家といえます……）。

この絵については説明が必要です。

左側の騎士、いちばん左に楯がみえる騎士はミルチア・エリアーデです。彼は共産主義に対して精神的戦い（盾にある本が象徴です）を挑んでいます（真ん中で崩れ落ちている騎士の上にはSU＝ソビエト連邦と書かれています）。右側には東ヨーロッパの化身がおり、騎士ミルチア・エリアーデが奴隷状態から解放しています（「私は自由だ」〔Oh, I am free〕と東ヨーロッパはいっています）。エリアーデ夫人は群集を背にして最前列にいて、「私のヒーロー！」〔My hero!〕といっています（それが騎士エリアーデに対してなのか、描き手自身に対しての言葉なのかわかりません）。背後には騎士ミルチア・エリアーデの付き人として私がおり、最前列の人物を示して、「みよ、こちらがエリアーデ夫人だ！」〔Look, it's Mrs. Eliade!〕と大雑把な英語でいっています。おわかりになると思いますが、描き手は、非常にゆっくりとした彼のペースに苛立った軍曹（私）の鞭に急き立てられながら、これを熱心に頑張って書きました。

私たち一同は、尊敬をもって先生のことを想っております。また私は、きわめてたくさんの不十分な点がまだまだありますが、敬愛と情熱をもって同封した論文を書きました（たしかに、最後の部分で、専門知識のない読み手は、私がデューラーとミルチア・エリアーデを実質的に比較していると考えてしまうと思いましたが、それは的外れな理解です）。先生が私の論証についてどのようにお考えになるのか楽しみにしております。

奥さまのルルドへの旅が無事で充実したものであったことを願っております。先生と奥さまがご健康におすごしになられ、またシカゴへの旅が快適であられますことを心から祈っております。

この手紙で言及されているアンドレイとは、妻カルメンの連れ子である。この時期クリアーヌは、翌年五月五日、八日にシカゴ大学で行なうことになっていたハイラム・トーマス・レクチャーの講演準備などで多忙をきわめていた。講演は「危急にある魔女と女性トリックスター」("The Witch and the Trickstress in Dire Straits")という共通テーマのもとで、「I・魔女――だれが魔女狩りを行ない、それを終わらせたか」("I. The Witch: Who Did the Hunting and Who Put an End to it?")、「II・女性トリックスター ――再来した宗教的二元論」("II. The Trickstress: Religious Dualism Revisited")というふたつの発表にわけて行なわれた。

一九八六年一月一四日付けのクリアーヌの手紙

一昨日のお電話での会話で、私は少し不安になりました――私は、先生のご健康についての事情を知らないポギルク氏に無用な注意を喚起させないために、多くのことをおたずねしたくはありませんでした。それが一時的なもので、春とともにすべての活力がもとにもどることを心から願っております。先生のおそばにいけることをとても嬉しく思っております。適正証明書が送られてきましたが、有効になるのは四月一日からです。それゆえに、希望していた三月二五日にお伺いすることはできなくなりました。また同様に、アンドレイとカルメンも休暇中にお伺いすることはおそらくできなくなりました。と申しますのも、私たちには、年末までに終わらせなければならない仕事が山のようにあるからです(博士論文、『宗教事典』、ミルチア・エリアーデについての著書。一方カルメンは、一九八七年九月一日までに終わらせなければならない博士論文)。

アンドレイが、先生に切手を送り、彼の「英雄」である奥さまには丁重なご挨拶を送ります。私たちは先生のことを、敬愛をこめて想っており、また先生のご健康を心から祈っております。先生にふたたびお会いできることを心待ちにしております。パリに向かうために空港で、先生を(お車に)お乗せするのをまちわびる自分の姿を思い浮かべております。さらに六月一五日ころにアムステルダムへ直接飛ぶのです。そのあいだ、先生に頻繁にお会いできるという栄誉にあらためて与ることができるわけです。

火事の件はショックでした(火事の街としてシカゴをイメージしてしまいます)。原因はわかったのでしょうか? 詳細についておきかせいただくために、近いうちにお電話させていただきます。
　心からの尊敬の念をこめて、ご健康をお祈りしております。

ヨアン

追伸：一月一日付けで、私は文学部の助教授に任命されました。移住する機会がなくフローニンゲンにとどまった場合には、数年後に助教授という肩書きが教授へ変わるでしょう。

クリアーヌはこの手紙の記述に反して、三月二五日にフローニンゲンからシカゴへ出発した。シカゴでは火災に遭ったエリアーデの書斎の整理などを手伝った。同年四月二二日におけるエリアーデの死にも立ち会うことになる。

文献解題

エリアーデとクリアーヌのルーマニア語文献は、未翻訳であるものが多いため、本書でとくに取りあげた資料を収録する文献の解題を付しておく。エリアーデのルーマニア語文献に関する網羅的な概説については、『エリアーデ幻想小説全集』第三巻(作品社、二〇〇五年)に収録された住谷春也による「ミルチャ・エリアーデ年譜」、さらに佐藤慎太郎による研究ノート「ルーマニア期エリアーデ研究の現状と課題」(『東北宗教学』四巻、二〇〇八年、七七—一〇〇頁)を参照されたい。

『絶望に抗して』(*Împotriva Deznădejdii: Publicistica exilului*, ed. by Mircea Handoca, Bucureşti, Humanitas, 1992).

『明星』や『運命』、『ルーマニア作家雑誌』、『ルーマニア文学』、『境界』などのパリ、マドリード、ミュンヘンで刊行されていた亡命雑誌に掲載された六七本の論説をミルチア・ハンドカが編集した論説集。一九四九年にソヴィエト軍によってルーマニアの王政は完全に廃止され、両大戦間期に王政下で活躍した多くの文化人の作品が出版・発表禁止とされた。エリアーデは、ブルトゥス・コステやニコラエ・ラデスク、ヴィンティラ・ホリア、ヴィルジル・イエルンカ、エミール・シオラン、ジョルジェ・ウスカテスク、ヨアン・クシャなどと協力することで、各地に亡命者組織や文学サークルを設立した。戦後に発表されたエリアーデの小説のほとんどは、これらの組織やサークルの機関誌で発表された。さらにエリアーデは、政治的論説も多く執筆し、故国で抑圧されている宗教文化を国外にいる亡命者が中心となって後世に伝える必要性をうったえた。これらの論説のほか、ルチアン・ブラガ、B・P・ハスデウ、ジョルジェ・ラコヴェアヌ、ナエ・イオネスク、セルジウ・アル=ジェオルジェなどの戦間期の文化人、亡命知識人を讃える記事なども収録されている。

『ポルトガル日記とそのほかの作品』(*Jurnalul portughez şi alte scrieri, volumul 1, volumul 2*, ed. by Sorin Alexandrescu, Bucureşti, Humanitas, 2006).

一九四一年から一九四五年までのポルトガル滞在期間に執筆した『ポルトガル日記』、ルーマニアの家族や知人に宛てた書簡、エミネスクやカロル国王、マノーレ親方伝説などを主題とする諸論説、サラザールに関するインタビュー記事、さらに『サラザールとポルトガルの革命』、『ルーマニア人』の二冊をソリン・アレクサンドレスクが編集した作品集。『日記』には、『宗教学概論』や『永遠回帰の神話』の執筆状況のほか、第二次世界大戦の動向、妻ニーナの死、ソヴィエトのルーマニア占領などに関する思索が綴られている。書簡からは、家族や知人の安否を気遣う様子や、大戦中における在ポルトガル・ルーマニア大使館の動向が読み取れる。諸論説は大使館刊行の雑誌『動向』に掲載されたものであり、ルーマニア、ポルトガル両国の文化や歴史を主題としている。それらの論説においてエリアーデは、ルーマニア文化の代表として、エミネスクやイオルガの作品、マノーレ親方伝説などを紹介している。『サラザールとポルトガルの革命』は、文化参事官であったエリアーデがサラザール政権を称讃するプロパガンダとして執筆した著書である。本書においてエリアーデは、「精神の革命」(revoluţie spiritual)を実現した人物とサラザールを称えている。エリアーデの政治関与については、鉄衛団との関わりに注意が向けられる傾向にあるが、資料の不足などにより、エリアーデの立場を明確にすることが困難であることは本研究で確認したとおりである。それに対してサラザール政権との関わりについては、エリアーデがサラザールのプロパガンダに協力したことは本書の内容から明らかである。ポルトガル期のエリアーデにおける政治的活動と宗教学的営為、文学創作活動の関連性を明確にする上で、本書『ポルトガル日記とそのほかの作品』は重要な資料となる。

『ヨーロッパ、アジア、アメリカ……書簡集』(*Europa, Asia, America…Corespondenţă Volumul 1, A-H*, ed. by Mircea Handoca, Bucureşti, Humanitas, 1999. —— *Volumul 2, I-P*, ed. by Mircea Handoca, Bucureşti, Humanitas, 2004. —— *Volumul 3, R-Z*, ed. by Mircea Handoca, Bucureşti, Humanitas, 2004).

一九二一―八六年の期間にエリアーデが交わした書簡をミルチア・ハンドカが編集した書簡集。書簡を交わした相手には、スレーンドラナート・ダスグプタ、ジュセッペ・トゥッチ、ジョルジュ・デュメジル、カール・グスタフ・ユング、ファン・デル・レーウ、ゲルショム・ショーレム、ヘンリー・コルバン、ラッファエーレ・ペッタッツォーニ、ポール・リクールなどの文化人のほか、ナエ・イオネスク、ミハイル・セバスティアン、アレクサンドル・ロセッティ、ヴィルジル・イエルンカ、モニカ・ロヴィネスク、ヴィンティラ・ホリア、ブルトゥス・コステ、マテイ・カリネスクなどのルーマニア人まで多岐にわたる。取りあげられている話題も、ルーマニア時代の文化活動やインド留学、鉄衛団運動、フランス亡命時代における借金の申請、亡命者組織の設立、学術活動、文学創作などさまざまである。第三巻には、鉄衛団へのエリアーデの関与を告発した『トラドート』に掲載された記事と、編集者ミルチア・ハンドカによるその記事に関する注解も収録されている。

『ルーマニアの啓示』(*Profetism Românesc 1*, ed. by Dan Zanfirescu, Bucureşti, Roza Vânturilor, 1990. *Profetism Românesc 2*, ed. by Nicolae Georgescu, Bucureşti, Roza Vânturilor, 1990).

一九二〇年代、三〇年代に『言葉』や『時代』などの文芸雑誌に掲載された「精神の旅程」や「地方に宛てた手紙」、「ルーマニア文化の運命」をはじめとする論説、記事を収録した論説集。第一巻はダン・ザンフィレスクによる編集。第二巻はニコラエ・ジェオルジェスクによる編集。西欧文化、インド文化に関する見解や文学創作、フォークロアを論じた論説のほか、外来の共産主義や全体主義、民主主義ではなくルーマニア土着の農村文化に基づく改革の必要性をうったえる論説が数多く含まれる。エリアーデの思想形成前史、政治運動への関与を研究する上で重要な資料となる。

『中断された対話――ミルチア・エリアーデ―ヨアン・ペトル・クリアーヌ書簡集』(*Dialoguri întrerupte: Corespondenţă Mircea Eliade—Ioan Petru Culianu*, ed. by Dan Petrescu, Iaşi, Polirom, 2004).

一九七二―八六年の期間にエリアーデとクリアーヌが交わした一〇八通の書簡をダン・ペトレスクとテレザ・クリアーヌ・ペトレスクが編集した往復書簡集。一〇八通のうち、クリアーヌ宛てのエリアーデの手紙が七〇通、エリアーデ宛てのクリアーヌの手紙が三八通である。両者が書簡を交わした一四年間でクリアーヌの身分は、イタリアの難民収容所に収監された放浪者からウゴ・ビアンキのもとで博士論文を執筆する学生を経てフロニンゲン大学でルーマニアの言語・文化を教える助教授へと変わった。そのあいだエリアーデとクリアーヌは、苦しい生活状況、ほかのルーマニア人亡命者の情報、『世界宗教史』や『ルネサンスのエロスと魔術　一四八四』、『宗教百科事典』などの両者の代表作の執筆状況などさまざまなことについて言葉を交わした。本書からは、エリアーデ晩年の活動とクリアーヌの思想形成過程、さらにふたりの周囲にいたルーマニア人亡命者の動向などを知ることができる。

『ミルチア・エリアーデ』(*Mircea Eliade*, Translated by Florin Chiriţescu, and Dan Petrescu, Iaşi, Polirom, 2004).

一九七八年にイタリアのアッシジから出版されたクリアーヌ最初の著書『ミルチア・エリアーデ』、一九八二―八三年に書き上げたが未出版であった『知られざるミルチア・エリアーデ』、一九八〇年代はじめにエリアーデとの対談の準備としてクリアーヌが作成した二一の質問リスト、エリアーデの死への追悼文、鉄衛団問題を取りあげた「ブルジョワと反ブルジョワのあいだにおけるエリアーデ」などを収録した作品集。巻末にはソリン・アントヒによる解説が収録されている。一九七八年の『ミルチア・エリアーデ』やそれ以前に書かれた資料は、エリアーデのヨーガ論や錬金術論、シャーマニズム論、神話論、シンボリズム論などを主題としている。それに対して、一九八〇年代に書かれた『知られざるミルチア・エリアーデ』をはじめとする資料は、エリアーデと鉄衛団の関係、ルーマニアに関するエリアーデの政治的見解を主題としている。本書に収録された資料からは、エリアーデに対するクリアーヌの関心の変化を読み取れる。

『精神に対する罪』(*Păcatul împotriva spiritului, Scrieri politice*, Iași, Polirom, 2005).

『自由なる世界』や『広場』などの亡命雑誌に一九八九年から一九九〇年一二月までの期間に掲載されたクリアーヌによる四九編の政治的論説とインタビュー記事、およびクリアーヌの死を追悼するダン・ラウレンティウ、ドリン・トゥドランらによる六編の記事が収録された論説集。クリアーヌの晩年にあたるこの時期、ルーマニアの政治体制はチャウシェスク政権の崩壊により大きく転換した。クリアーヌはチャウシェスク政権のみならず革命政権をも激しく批判し、民主主義の完全な実現をもたらす改革の遂行をうったえた。さらに、社会主義政権を支えた文化人を罰すると同時に、社会主義政権に反対した文化人を中心とする文化創作活動を提唱した。クリアーヌの死を追悼する記事には、このようなクリアーヌの活動に対するほかのルーマニア人による評価の一端が記されている。

参考文献

参照した版が初版とは異なる場合には（　）内に記してある。

【エリアーデの学術書・文学作品】

Eliade, Mircea（ミルチア・エリアーデ）

Alchimia Asiatică, Bucureşti, Humanitas, 1991.

Australian Religions: An Introduction, Ithaca and London, Cornell University Press, 1973.

Contribuţii la Filosofia Renaşterii. Itinerar Italian. Supliment'84 la Revista de istorie şi teorie l iterară, ed. by Constantin Popescu-Cadem, Bucureşti, Editura Ştiinţifică şi Enciclopedică, 1984. 石井忠厚訳『ルネサンス哲学　付：イタリア紀行』未來社、一九九九年。

Cosmologie şi Alchimie Babiloniană, Iaşi, Editura Moldova, 1991.

Despre Eminescu şi Hasdeu, ed. by Mircea Handoca, Junimea, 1987.

The Forbidden Forest, Translated by Mac Linscott Ricketts and Mary Park Stevenson, Nortre Dame, University of Nortre Dame Press, 1978.

Forgerons et Alchimistes, Paris, Champs Flammarion, 1956. 大室幹雄訳『鍛冶師と錬金術師』せりか書房、一九七三年。

Fragmentarium, Bucureşti, Humanitas, 2004 (2008).

From Primitives to Zen: A Thematic Sourcebook of the History of Religions, New York, Harper and Row Publishers, 1967 (1977).

Geschichte der religiösen Ideen III/2, Verlag Herder Freiburg im Breisgau, 1991. エリアーデ原案、クリアーヌ／ヘルダー社編、奥山倫明・木塚隆志・深澤英隆訳『世界宗教史7』『世界宗教史8』筑摩書房、二〇〇〇年。

Das Heilige und Profane, Frankfurt am Main und Leipzig, Insel Verlag, 1988.　風間敏夫訳『聖と俗』法政大学出版局、一九六九（一九九八）年。
Histoire des croyances et des idées religieuses 1, De l'âge de la pierre aux mystères d'Eleusis, Paris, Payot, 1976 (1978).　中村恭子訳『世界宗教史１』筑摩書房、二〇〇〇年。松村一男訳『世界宗教史２』筑摩書房、二〇〇〇年。
——— *2, De Gautama Boudda au triomphe du christianisme*, (1978).　島田裕巳訳『世界宗教史３』筑摩書房、二〇〇〇年。柴田史子訳『世界宗教史４』筑摩書房、二〇〇〇年。
——— *3, De Mahomet à l'âge des Réformes*, (1983).　鶴岡賀雄訳『世界宗教史５』『世界宗教史６』筑摩書房、二〇〇〇年。
Images et Symboles: Essais sur le symbolisme magico-religieux, Paris, Gallimard, 1952.　前田耕作訳『イメージとシンボル』せりか書房、一九七一（一九九四）年。
Insula lui Euthanasius, București, Humanitas, 1992 (2008).
Isabel și apele diavolului, București, Humanitas, 2003 (2006).
Împotriva Deznădejdii: Publicistica exilului, ed. by Mircea Handoca, București, Humanitas, 1992.
În curte la Dionis, București, Humanitas, 2004 (2008).
Mademoiselle Christina, Roman traduit du roumain par Claude Levenson, Paris, L'Herne, 1978.
Maitreyi・Nuntă în Cer, București, Minerva, 1986.
Mephistopheles and the Androgyne: Studies in Religious Myth and Symbol, translated by J. M. Cohen, New York, Sheed and Ward, 1965.　宮治昭訳『悪魔と両性具有』せりか書房、一九七三（一九八五）年。
Meșterul Manole. Studii de etnologie și mitologie, ed. by Magda Ursache and Petru Ursache, Cluj-Napoca, Editura Eikon, 2007.
Mircea Eliade. File despre Nae Ionescu, ed. by Gabriel Stănescu, București, Criterion Publishing, 2008.
Morfologia religiilor: Prolegomene, ed. by Manuela Tănăsescu, București, Editura Jurnalul Literar, 1993.
The Mysteries of Birth and Rebirth, New York, Harper and Brothers, 1958.　堀一郎訳『生と再生』東京大学出版会、一九七一（一九九八）年。
Myth and Reality, Wavelandpress INC., 1963 (1998).　中村恭子訳『神話と現実』せりか書房、一九七三（一九九二）年。
Le mythe de l'éternel retour: Archétypes et repetition, Paris, Gallimard, 1969. *The Myth of the Eternal Return: Cosmos and History*, translated from the French by Willard R. Trask, Princeton and Oxford, Princeton University Press, 2005.　堀一郎訳

『永遠回帰の神話——祖型と反復』未來社、一九六三(二〇〇〇)年。

Myths, Dreams and Mysteries: The Encounter between Contemporary Faiths and Archaic Realities, translated by Philip Mairet, New York, Hagerstown, San Francisco, London, Harper and Row, 1960.　岡三郎訳『神話と夢想と秘儀』国文社、一九七二(一九九四)年。

Nouăsprezece trandafiri, București, Humanitas, 2004 (2008).

Occultism, Witchcraft and Cultural Fashions: Essays in Comparative Religions, Chicago, The University of Chicago Press, 1976.　楠正弘・池上良正訳『オカルティズム・魔術・文化流行』未來社、一九七八(二〇〇二)年。

Oceanografie, București, Humanitas, 1991 (2008).

Ordeal by Labyrinth: Conversations with Claude-Henri Rocquet, Chicago and London, The University of Chicago Press, 1984.　住谷春也訳『迷宮の試煉』作品社、二〇〇九年。

Profetism Românesc 1, ed. by Dan Zanfirescu, București, Roza Vînturilor, 1990.

Profetism Românesc 2, ed. by Nicolae Georgescu, București, Roza Vînturilor, 1990.

Proză fantastică, volumul 1, volumul 2, București, Tana, 2007.

The Quest: History and Meaning in Religion, Chicago and London, The University of Chicago Press, 1969.　前田耕作訳『宗教の歴史と意味』せりか書房、一九七三(一九九二)年。

Shamanism: Archaic Techniques of Ecstasy, translated from the French by Willard R. Trask, Princeton and Oxford, Princeton University Press, 1964.　堀一郎訳『シャーマニズム(上)(下)』筑摩書房、二〇〇四年。

Symbolism, the Sacred, and the Arts, ed. by Diane Apostolos-Cappadona, New York, Crossroad Publishing Company, 1986; Reprint edition, New York, Continuum International Publishing Group, 1992.　奥山倫明訳『象徴と芸術の宗教学』作品社、二〇〇五年。

Solilocvii, București, Humanitas, 1991 (2008).

Textele "legionare" și despre "românism", ed. by Mircea Handoca, Cluj-Napoca, Editura Dacia, 2001.

Traité d'histoire des religions, Paris, Payot, 1949.　久米博訳『太陽と天空神　宗教学概論１』『豊饒と再生　宗教学概論２』『聖なる空間と時間　宗教学概論３』せりか書房、一九七四(一九九三、一九九一、一九九六)年。

Two Strange Tales, Boston and London, Shambala, 1986.

Virilitate și asceză. Scrieri de tinerețe 1928, ed. by Mircea Handoca, București, Humanitas, 2008.

Le Yoga: Immortalité et liberté, Paris, Payot, 1954. *Yoga: Unsterblichkeit und Freiheit*, Suhrkamp, 1985.　立川武蔵訳『ヨーガ①』『ヨーガ②』せりか書房、一九七五(一九九三、一九九五)年。

De Zalmoxis à Gengis-Khan: Études comparatives sur le religions et le folklore de la Dacie et de l'Europe Orientale, Paris, Payot, 1970. *Von Zalmoxis zu Dschingis Khan: Religion und Volkskultur in Sudosteuropa*, Insel Verlag, 1990.　斎藤正二訳『ザルモクシスからジンギスカンへ　ルーマニア民間信仰史の比較宗教学的研究①』せりか書房、一九七六年。斎藤正二・林隆訳『ザルモクシスからジンギスカンへ　ルーマニア民間信仰史の比較宗教学的研究②』せりか書房、一九七七(一九九七)年。

中村恭子編訳『宗教学と芸術――新しいヒューマニズムをめざして』せりか書房、一九七五年。

直野敦訳『ムントゥリャサ通りで』法政大学出版局、一九七七(二〇〇三)年。

直野敦・住谷春也訳『ホーニヒベルガー博士の秘密』福武書店、一九九〇年。

住谷春也訳『一九本の薔薇』作品社、一九九三年。

住谷春也訳『令嬢クリスティナ』作品社、一九九五年。

住谷春也訳『妖精たちの夜Ⅰ・Ⅱ』作品社、一九九六年。

住谷春也訳『マイトレイ』作品社、一九九九年。

住谷春也編集、直野敦・住谷春也訳『エリアーデ幻想小説全集』第一、第二巻、作品社、二〇〇三、二〇〇四年。

住谷春也編・訳『エリアーデ幻想小説全集』第三巻、作品社、二〇〇五年。

【エリアーデの日記・自叙伝・書簡集】

Eliade, M.(ミルチア・エリアーデ)

Europa, Asia, America…Corespondență Volumul 1, A-H, ed. by Mircea Handoca, București, Humanitas, 1999.

——— *Volumul 2, I-P*, ed. by Mircea Handoca, București, Humanitas, 2004.

——— *Volumul 3, R-Z*, ed. by Mircea Handoca, București, Humanitas, 2004.

Fragments d'un Journal 1, 1945-1969, Paris, Gallimard, 1973.　石井忠厚訳『エリアーデ日記――旅と思索と人(上)(下)』未來社、一九八四(一九八七)、一九八六年。

Journal 3, 1970-1978, translated from the French by Teresa Lavender Fagan, Chicago and London, The University of Chicago

Press, 1989.

Journal 4, 1979-1985, translated from the Romanian by Mac Linscott Ricketts, Chicago and London, The University of Chicago Press, 1990.

Jurnalul portughez şi alte scrieri, volumul 1, volumul 2, ed. by Sorin Alexandrescu, Bucureşti, Humanitas, 2006.

Memorii, 1907-1960, ed. by Mircea Handoca, Bucureşti, Humanitas, 1991 (1997). *Autobiography, Volume I: 1907-1937, Journey East, Journey West*, Translated from The Romanian by Mac Linscott Rickets, San Francisco, Harper and Row Publishers, 1981. ———, *Volume II: 1937-1960, Exile's Odyssey*, Chicago and London, The University of Chicago Press, 1988. 石井忠厚訳『エリアーデ回想(上)(下)』未來社、一九八九、一九九〇年。

Mircea Eliade şi Corespondenţii săi, vol. 1, A-E, vol. 2, F-J, ed. by Mircea Handoca, Bucureşti, Editura Minerva, 1993, 1999.

———, *vol. 3, K-P*, ed. by Mircea Handoca, Bucureşti, Academia Româma, 2003.

———, *vol. 4, Q-S, vol. 5, Ş-Z*, ed. by Mircea Handoca, Bucureşti, Criterion Publishing, 2006.

The Porutugal Journal, Translated by Mac Linscots Ricketts, Albany, State University of New York Press, 2010.

Eliade, M. Pettazzoni, R.

L'histoire des religions a-t-elle un sens?, Correspondance, 1926-1959, ed. by Natale Spineto, Paris, Les Éditions Du Cerf, 1994.

Eliade, M. Culianu(Couliano), I. P.(ミルチア・エリアーデ、ヨアン・P・クリアーヌ)

Dictionnaire d'Histoire des religions, Avec la collaboration de H. S. Wiesner, Paris, Plon, 1990. *The Eliade Guide to World Religions*, with Hillary S. Wiesner, New York, Harper Collins, 1991. 奥山倫明訳『エリアーデ世界宗教事典』せりか書房、一九九四年。

Dialoguri întrerupte: Corespondenţă Mircea Eliade—Ioan Petru Culianu, ed. by Dan Petrescu, Iaşi, Polirom, 2004.

【クリアーヌの著書】

Culianu (Couliano), I. P.(ヨアン・P・クリアーヌ)

Arta fugii, Povestiri, Cu cinci desene ale autorului, Iaşi, Polirom, 2002.

La Collezione di Smeraldi, racconti, Translated by Cristina Cozzi, Annalaya Di Lernia, Marco Grampa, Maria Teresa, Milano, Jaca Letteraria, 1989.

Cult, magie, erezii, Articole din enciclopedii ale religiilor, Translated by Maria-Magdalena and Dan Petrescu, Iași, Polirom, 2003.

Éros et Magie a la Renaissance 1484, Paris, Flammarion, 1984. 桂芳樹訳『ルネサンスのエロスと魔術――想像界の光芒』工作舎，一九九一年。

Expériences de l'extase: extase, ascention et récit visionnaire de L'hellénisme au Moyen Âge, Paris, Payot, 1984. 桂芳樹訳『霊魂離脱とグノーシス』岩波書店，二〇〇九年。

Jocul de smarald, Traducere din limba engleză de Agop Bezerian, Iași, Polirom, 2008.

Mircea Eliade, Translated by Florin Chirițescu, and Dan Petrescu, Iași, Polirom, 2004.

Out of this World: Otherworldly Journeys from Gilgamesh to Albert Einstein, Boston and London, Shambhala, 1991.

Păcatul împotriva spiritului, Scrieri politice, Iași, Polirom, 2005.

Pergamentul diafan・Ultimele povestiri, scrise în colaborare cu H. S. Wiesner, Translated by Mihaela Gliga, Mihai Moroiu, Dan Petrescu, Iași, Polirom, 2002.

Studii românești 1, Fantasmele nihilismului・Secretul doctorului Eliade, Iași, Polirom, 2006. *Studii românești 2, Soarele și Luna・Otrăvurile admirației*, Iași, Polirom, 2009.

The Tree of Gnosis: Gnostic Mythology from Early Christianity to Modern Nihilism, New York, Harper Collins, 1992.

【その他の参考文献】

Alexandrescu, Sorin

Mircea Eliade, Dinspre Portugalia, București, Humanitas, 2006.

Allen, Douglas

"Mircea Eliade's Phenomenological Analysis of Religious Experience" in *Journal of Religion* 52, April, 1972, pp. 170-186.

Structure and Creativity in Religion: Hermeneutics in Mircea Eliade's Phenomenology and New Directions, The Hague, Mouton Publishers, 1978.

"Eliade and History" in *Journal of Religion* 68, October, 1988, pp. 545-565.

"Review of *Four Theories of Myth in Twentieth-Century History* by Ivan Strenski" in *Journal of the American Academy of*

Religion 59, Winter, 1991, pp. 874-877.
"Review of *Mircea Eliade: The Romanian Roots, 1907-1945* by Mac Linscott Ricketts" in *Journal of the American Academy of Religion* 60, Spring, 1992, pp. 174-177.
Myth and Religion in Mircea Eliade, London and New York, Routledge, 2002.

Allen, Douglas and Doeing, Dennis
Mircea Eliade: An Annotated Bibliography, New York and London, Garland Publishing, ING., 1980.

Antohi, Sorin
Ed. *Ioan Petru Culianu・Omul și opera*, Iași, Polirom, 2003.
Sorin Antohi în dialog cu Moshe Idel, Ceea ce ne unește: istorii, biografii, idei, Iași, Polirom, 2006.

Anton, Ted
Eros, Magic, and the Murder of Professor Culianu, Evanston, Northwestern University Press, 1996.

Araki Michio(荒木美智雄)
『宗教の創造力』法藏館、一九八七年。

Asad, Talal(タラル・アサド)
Genealogies of Religion: Discipline and Reasons of Power in Christianity and Islam, Boltimore and London, The Johns Hopkins University Press, 1993. 中村圭志訳『宗教の系譜――キリスト教とイスラムにおける権力の根拠と訓練』岩波書店、二〇〇四年。

Balibar, Étienne(エティエンヌ・バリバール)
松葉祥一・亀井大輔訳『ヨーロッパ市民とは誰か　境界・国家・民衆』平凡社、二〇〇七年。

Berger, Adreana
"Cultural Hermeneutics: the Concept of Imagination in The Phenomenological Approaches of Henry Corbin and Mircea Eliade" in *Journal of Religion* 66, April, 1986, pp. 141-156.
"Fascism and Religion in Romania" in *The Annals of Scholarship* 6, no. 4, 1989, pp. 455-465.
"Mircea Eliade: Romanian Fascism and the History of Religions in the United States" in *Tainted Greatness: Antisemitism and Cultural Heroes*, ed by Nancy A. Harrowitz, Philadelphia, Temple University Press, 1994.

Butnaru, I. C.

The Silent Holocaust: Romania and Its Jews, New York, Greenwood Press, 1992.

Capps, Walter H.

Religious Studies: The Making of a Discipline, Fortress Press, 1995.

Carrasco, Davíd and Marie Law, Jane

Ed. *Waiting for the Dawn: Mircea Eliade in Perspective*, Boulder and London, Westview Press, 1985.

Cave, David(デイヴィッド・ケイヴ)

Mircea Eliade's Vision for a New Humanism, New York and Oxford, Oxford University Press, 1993. 吉永進一・奥山倫明訳『エリアーデ宗教学の世界——新しいヒューマニズムへの希望』せりか書房、一九九六年。

Călinescu, Matei

"Creation as Duty" in *Journal of Religion* 65, April, 1985, pp. 250-257.

"The 1927 Generation in Romania: Friendship and Ideological Choices (Mihail Sebastian, Mircea Eliade, Nae Ionescu, Eugène Ionesco, E. M. Cioran)" in *East European Politics and Societies* 15(3), 2001, pp. 649-677.

Despre Ioan P. Culianu şi Mircea Eliade: Amintiri, lecturi, reflecţii, Iaşi, Polirom, 2002.

"Culianu: Eliade: Culianu," in *Ioan Petru Culianu・Omul şi opera*, ed. by Sorin Antohi, Iaşi, Polirom, 2003, pp. 234-259.

Chelaru, Ana and Maftei, Florentina,

"Scenariul jormanez intre ficţiune şi realitate" in Coordonator Nicu Gavriluţă, *Ioan Petru Culianu, Memorie şi Interpretare: Lucrările Simpozionului ieşean dedicat împlinirii a 10 ani de la moarte*, Iaşi, Editura T, 2002, pp. 177-187.

Cioran E. M.(エミール・シオラン)

篠田知和基訳『実存の誘惑』国文社、一九七五(一九九三)年。

Codreanu, Corneliu Zelea

Doctrina Mişcării Legionare—Prezentare concisă—, ed. by Lucian Borleanu, Bucureşti, Lucman, 2003.

Dubuisson, Daniel

Impostures et pseudo-science: L'oeuvre de Mircea Eliade, Villeneuve d'Ascq, Presses Universitaires du Septentrion, 2005.

Twentieth Century Mythologies: Dumézil, Lévi-Strauss, Eliade, London and Oakville, Equinox, 2006.

Dworschak, Francisc Ion
În Apărarea lui Mircea Eliade: Polemici şi comentarii, Bucureşti, Criterion Publishing, 2007.
Egawa Jyunichi(江川純一)
「イタリア宗教史学派とエリアーデ」『宗教研究』第六十九回学術大会紀要特集、三六七号、二〇一一年、一〇七―一〇八頁。
Ellwood, Robert
The Politics of Myth: A Study of C. G. Jung, Mircea Eliade, and Joseph Campbell, Albany, The State University of New York Press, 1999.
Fînaru, Sabina
Eliade prin Eliade, Bucureşti, Univers, 2006.
Fujimoto Takuya(藤本拓也)
「シオランとエリアーデにおけるエクスタシーと時間」『北陸宗教文化』二二号、二〇〇九年、一―一七頁。
「シオランの「空」概念について」『比較思想研究』三四号、二〇〇七年、四一―五三頁。
Fujisima Ryou(藤嶋亮)
「戦間期ルーマニアにおける軍団運動――その研究史に関する覚書」『東欧史研究』二二号、二〇〇〇年、三七―五二頁。
「戦間期ルーマニアにおける軍団運動の興隆」『国家学会雑誌』一一三巻五・六号、二〇〇〇年、五三〇―五九六頁。
Fujiwara Satoko(藤原聖子)
『「聖」概念と近代―批判的比較宗教学に向けて―』大正大学出版会、二〇〇五年。
Fukazawa Hidetaka(深澤英隆)
『啓蒙と霊性―近代宗教言説の生成と変容―』岩波書店、二〇〇六年。
Gavriluţă, Nicu
Coord. *Ioan Petru Culianu, Memorie şi Interpretare: Lucrările Simpozionului ieşean dedicat împlinirii a 10 ani de la moarte*, Iaşi, Editura T, 2002.
George Castellan(ジョルジュ・カステラン)
萩原直訳『ルーマニア史』白水社、一九九三(二〇〇一)年。

Ginzburg, Carlo

"Mircea Eliade's Ambivalent Legacy" in *Hermeneutics, Politics, and the History of Religions: The Contested Legacies of Joachim Wach and Mircea Eliade*, ed. By Christian K. Wedemeyer and Wendy Doniger, Oxford and New York, Oxford University Press, 2010.

Girardot, Norman J. Ricketts, Mac Linscott

Ed. *Imagination and Meaning: The Scholarly and Literary Worlds of Mircea Eliade*, New York, The Seabury Press, 1982.

Handoca, Mircea

Mircea Eliade. Contribuții biobibliografice, București, Societatea literară "Relief românesc", 1980.

Eliade și Noica: Eseuri, comentarii, evocări, Cluj—Napoca, Editura Dacia, 2002.

Ed. *"Dosarul" Mircea Eliade, vol. 2 (1928-1944), Cu cărțile pe masă*, București, Curtea Veche Publishing, 1999.

Heinen, Armin

Legiunea "Arhanghelul Mihail", Mișcare Socială și Organizație Politică: O Contribuție la Problema Fascismului Internațional, București, Humanitas, 2006.

Higasibaba Ikuo(東馬場郁生)

「一九六〇年代北米における宗教研究の発展――ミルチャ・エリアーデとシカゴスクール」『アメリカス研究』二号、一九九七年、一七九―一九七頁。

「宗教研究における還元の問題―ポストエリアーデ時代の論争から―」『宗教研究』三五二号、二〇〇七年、一―二二頁。

「比較宗教研究の課題とゆくえ――ポストエリアーデとポストモダン」『比較思想研究』三四号、二〇〇七年、八一―八七頁。

Ikegami Yosimasa(池上良正)

「エリアーデ宗教論の一考察――その理論的発展に向けて」『基督教文化研究所研究報告』一三号、一九八一年、五二―七八頁。

Ioanid, Radu

The Sword of the Archangel: Fascist Ideology in Romania, New York, East European Monograph, 1990.

Iricinschi, Eduard.

"În căutarea unei științe universale a religiei: Mircea Eliade, Ioan Petru Culianu și Enciclopedia religiei" in Culianu, *Cult, magie, erezii*, Iași, Polirom, 2003, pp. 199-262.

Isomae Jyunichi(磯前順一)

『近代日本の宗教言説の系譜——宗教・国家・神道』岩波書店、二〇〇三年。

King, O.

Orientalism and Religion: Postcolonial theory, India and "The Mystic East", London and New York, Routledge, 1999.

Laignel-Lavastine, Alexandra.

Cioran, Eliade, Ionesco: L'oubli du fascisme, Trois intellectuals roumains dans la tourmente du siècle, Paris, Presses Universitaires de France, 2002.

Leach, Edmund

"Sermons by a Man on a Ladder" in *New York Review of Books* 7 No. 6, 1966.

Marino, Adrian

L'Herméneutique de Mircea Eliade, Translated by Jean Gouillard, Paris, Gallimard, 1981.

McCutcheon, Russell T.(ラッセル・T・マッカチオン)

Manufacturing Religion: The Discourse on Sui Generis Religion and the Politics of Nostalgia, Oxford and New York, Oxford University Press, 1997.

磯前順一訳「「宗教」カテゴリーをめぐる近年の議論——その批判的俯瞰」『現代思想』二八巻九号、二〇〇〇年、二一〇—二二九頁。

Miron, Mihael Veronica

"Adevăr și minciună în asasinarea lui Ioan Petru Culianu" in Coordonator Nicu Gavriluță, *Ioan Petru Culianu, Memorie și Interpretare: Lucrările Simpozionului ieșean dedicat împlinirii a 10 ani de la moarte*, Iași, Editura T, 2002, pp. 63-70.

Nakamura Kyouko(中村恭子)

「M・エリアーデ研究の一試論—初期の体験と著作—」『川村短期大学研究紀要』二号、一九八二年、七五—九一頁。

「"Graces/Grâces"のシンボリズム—"Two or Three Graces"と"Le Trois Grâces"において—」『川村短期大学研究紀要』六号、一九八六年、二三—三二頁。

「M. Eliadeの『聖ヨハネスの夜』」『川村短期大学研究紀要』三号、一九八三年、一五一—一六五頁。

「『マイトレーイ』の一考察—M. Eliadeの自伝文学—」『川村短期大学研究紀要』七号、一九八七年、一六九—一八三頁。

「『天上の結婚』の一考察」『川村短期大学研究紀要』八号、一九八八年、一〇三—一一七頁。

Oişteanu, Andrei
Religie, politică şi mit: Texte despre Mircea Eliade şi Ioan Petru Culianu, Iaşi, Polirom, 2007.
“Mihail Sebastian and Mircea Eliade. Chronicle of a Broken Friendship” in *Studia Hebraica* 7, Editura universităţii din Bucureşti, 2007.

Okuyama Fumiaki(奥山史亮)

「エリアーデの死生観」『宗教と倫理』七号、二〇〇七年、二〇―三九頁。

「エリアーデのヨーガ研究における死の表象――死生学としてのエリアーデ思想」『哲学』四四号、二〇〇八年、一七一―一九二頁。

「エリアーデ文学における宗教思想―クリアーヌのエリアーデ文学論を通して―」『宗教研究』三五八号、一―二四頁、二〇〇八年。

「ルーマニア・フォークロア研究におけるエリアーデとクリアーヌ」『基督教学』四四号、二〇〇九年、二四―四八頁。

「大戦間期ルーマニアにおけるエリアーデの政治思想――エリアーデとクリアーヌとの往復書簡を通して」*Working Paper Series* Nr. 105, Center for Experimental Research in Social Science, Hokkaido University, 2009。

“The Exile Eliade and His Concept of “Religion”,” in *ANALELE ŞTIINŢIFICE ALE UNIVERSITĂŢII “ALEXANDRU IOAN CUZA” DIN IAŞI*, 2009, pp. 95-102.

「ルーマニア民族主義運動をめぐるエリアーデ批判とクリアーヌ」『宗教と倫理』一〇号、二〇一〇年、一九―三三頁。

「ポルトガル滞在期におけるエリアーデの思想形成」『哲学年報』五八号、二〇一一年、二一―四三頁。


Okuyama Michiaki(奥山倫明)

「エリアーデから大江健三郎へ――エピファニーをめぐって」『アカデミア・人文・社会科学編』七二号、二〇〇一年、四一九―四三八頁。

「解説にかえて――学問継承の一つの形」『世界宗教史8』筑摩書房、二〇〇〇年、三四五―三六二頁。

『エリアーデ宗教学の展開―比較・歴史・解釈―』刀水書房、二〇〇〇年、二八〇―二八八頁。

『エリアーデ宗教学の形成前史に関する基礎的研究――平成一四年度―平成一六年度　科学研究費補助金　基盤研究(C)(二)研究成果報告書』、二〇〇六年。

「解説　エリアーデを再読するために」『迷宮の試練』作品社、二〇〇九年。

Olson, C.
The Theology and Philosophy of Eliade: A Search for the Center, New York, St. Martin’s Press, 1992.

Pals, Daniel L.

Seven Theories of Religion, New York, Oxford University Press, 1996.

Petrescu, Dan

"Ioan Petru Culianu și Mircea Eliade: prin labirintul unei relații dinamice" in *Ioan Petru Culianu • Omul și opera*, ed. by Sorin Antohi, Iași, Polirom, 2003, pp. 410-458.

Poruciuc, Adrian

"Despre împușcătura din Swift Hall" in Coordonator Nicu Gavriluță, *Ioan Petru Culianu, Memorie și Interpretare: Lucrările Simpozionului ieșean dedicat împlinirii a 10 ani de la moarte*, Iași, Editura T, 2002.

Rennie, Bryan

Reconstructing Eliade: Making Sense of Religion, Albany, State University of New York Press, 1996.

Ed. *Changing Religious Worlds: The Meaning and End of Mircea Eliade*, Albany, State University of New York, 2001.

Ed. *Mircea Eliade: A Critical Reader*, London and Oakville, Equinox, 2006.

Ed. *The International Eliade*, Albany, State University of New York Press, 2007.

Reno, Stephen J.

"Eliade's Progressional View of Hierophanies" in *Religious Studies* 8, 1972, pp. 153-160.

Ricketts, Mac Linscott

Mircea Eliade: The Romanian Root, 1907-1945, volume1, volume2, New York, East European Monographs, Distributed by Columbia University Press, 1988.

"The United State's Response to Mircea Eliade's Fiction" in *Changins Religious Worlds: The Meaning and End of Mircea Eliade*, ed. by Bryan Rennie, Albany, State University of New York Press, 2001.

Said, W. Edward（エドワード・W・サイード）

Representations of the Intellectual: The 1993 Reith Lectures, New York, Vintage Book, A Division of Random House, INC., 1994.　大橋洋一訳『知識人とは何か』平凡社、一九九八（二〇〇四）年。

Saliba, John A.

"Eliade's View of Primitive Man: Some Anthropological Reflection", in *Religion* 6, 1976, pp. 150-175.

Stolojan, Sanda
Au Balcon, De L'Exil Roumain a Paris: Avec Cioran, Eugène Ionesco, Mircea Eliade, Vintila Horia……, L'Harmattan, 1999.
Sasaki Kei(佐々木啓)
「I・P・クリアーノはなぜ宗教史学派が嫌いなのか」『クリアーノ研究』創刊準備号、二〇〇五年、http://sapporo.cool.ne.jp/hokusyu/アクセス二〇〇五年当時
「I・P・クリアーノの宗教(史)学における方法の問題」『宗教研究』第六十六回学術大会紀要特集、三五五号、二〇〇八年、一六九—一七〇頁。
Satou Sintarou(佐藤慎太郎)
「エリアーデ宗教学とその学問的営為——聖なるものの探求と西洋近代」『宗教研究』三四六号、二〇〇五年、七〇一—七二二頁。
「日本におけるエリアーデ宗教学の意義と貢献」『論集』三三号、二〇〇六年、一七—三七頁。
「M・エリアーデにおける homo religiosus 観とその射程」『文化』七一巻一・二号、二〇〇七年、五四—七一頁。
「ルーマニア期エリアーデ研究の現状と課題」『東北宗教学』四号、二〇〇八年、七七—一〇〇頁。
「M・エリアーデにおけるブランクーシ解釈——「聖なるものの擬装」と現代芸術」『論集』三六号、二〇〇九年、一〇一—一一六頁。
Schutz, Alfred(アルフレッド・シュッツ)
中野卓監修、桜井厚訳『現象学的社会学の応用』御茶の水書房、一九八〇(一九八二)年。
Sebastian, Mihail
Cum am devenit huligan: Texte, Fapte, Oameni, Bucureşti, Humanitas, 2006 (2007).
Journal, 1935–1944, translated from the Romanian, by Patrick Camiller, London, Pimlico, 2003.
Segal, Robert A.
Theorizing about Myth, Amherst, University of Massachusetts Press, 1999.
Simazono Susumu, Turuoka Yosio(島薗進、鶴岡賀雄・編)
『〈宗教〉再考』ぺりかん社、二〇〇四年。
Strenski, I.
Four Theories of Myth in Twentieth-Century History: Cassirer, Eliade, Lévi-Strauss, and Malinowski, Iowa City, University of Iowa Press, 1987.

Tagawa Kenzou(田川建三)
『宗教批判をめぐる——宗教とは何か〈上〉[改訂増補版]』洋泉社、二〇〇六年。
Takezawa Shyouichirou(竹沢尚一郎・編著)
『宗教とモダニティ』世界思想社、二〇〇六年。
『宗教とファシズム』水声社、二〇一〇年。
『移民のヨーロッパ——国際比較の視点から』明石書店、二〇一一年。
Todorov, Tzvetan(ツヴェタン・トドロフ)
L'HOMME DÉPAYSÉ, Éditions du Seuil, 1996.　小野潮訳『異郷に生きる者』法政大学出版局、二〇〇八年。
Tsushiro Hirofumi(津城寛文)
『〈霊〉の探求　近代スピリチュアリズムと宗教学』春秋社、二〇〇五年。
Țurcanu, Florin
Mircea Eliade: Prizonierul Istoriei, traducere din franceză de Monica Anghel și Dragoș Dodu, București, Humanitas, 2003 (2007).
Turuoka Yosio(鶴岡賀雄)
「解説」『世界宗教史6』筑摩書房、二〇〇〇年、二〇一—二一七頁。
Wasserstrom, Steven M.
Religion after Religion: Gershom Scholem, Mircea Eliade, and Henry Corbin at Eranos, Princeton and New Jersey, Princeton University Press, 1999.
Wedemeyer, Christian K. and Doniger, Wendy
Ed. *Hermeneutics, Politics, and the History of Religions: The Contested Legacies of Joachim Wach and Mircea Eliade*, Oxford and New York, Oxford University Press, 2010.

あとがき

本書は、ルーマニア人亡命者の現状を見据えながら「宗教」の現代的役割について思索したエリアーデとクリアーヌの姿を明らかにすることを試みてきた。従来の研究では、エリアーデの「宗教学」は、非西欧地域における未知なる宗教の言語を、西欧の世俗的な読者層に理解可能な言語に翻訳することで、西欧文化の刷新を目的としているとみなされる傾向にあった。このような理解のもとでエリアーデの宗教学は、西欧文化が得る利益のみを重視している、宗教の負の側面を軽視しているなどの批判を受けてきた。それに対して本研究は、「西欧の世俗的な読者」を「ルーマニア人亡命者」におきかえることで、エリアーデ宗教学のあらたな解釈可能性を模索した。『ポルトガル日記』などの資料を読むかぎりでは、エリアーデはルーマニアの現状に注意を向けることのない西欧社会を快く思っていなかった。そのため、西欧文化の刷新のみを目的にしてエリアーデが「宗教」を語ったとは考えにくい。エリアーデにとって西欧は亡命者として生活しなければならない場所であったが、「宗教」が有する利益を本当にもたらしたかったのは、故国ルーマニアであったように思える。もちろんエリアーデは、西欧の世俗的な読者一般に向けても研究を発表したわけであるから、本研究は従来のエリアーデ像を否定するものではなく、補う試みといえる。

現代の宗教学は、スピリチュアリティの流行や宗教の復権が指摘される状況において、現象の多様性、差異を一般化する宗教概念の非自明化、宗教研究の系譜学的再検討などの問題に対する応答を迫られている。そのような研究動向において、宗教を普遍的なものとして語ったエリアーデを読み続ける意義を明示することは容易ではない。本文中で引用したクリアーヌ宛てのエリアーデの手紙に「危機にあるわれわれの学問」というフレーズがあったが、エリアーデ宗教学をめぐる状況は、今日、より一層厳しいものとなっている。本書もこうした危機を解決できたわけではない。しかしエリアーデ、さらに彼の「後継者」となろうとしたクリアーヌが語った「宗教」は、ソヴィエトの覇権や西欧への亡命など、二〇世紀の歴史を生きたさまざまな人間の姿を指し示してくれる。これら二〇世紀の歴史を踏まえつつ、宗教学者の語った「宗教」がはたしてきた役割や問題点を考える一助と本書がなれば幸いである。

本書は二〇一一年三月に北海道大学大学院文学研究科へ提出した博士号学位申請論文「エリアーデの思想における「亡命」と「宗教」」に加筆と修正を施したものである。本書刊行に際して、北海道大学大学院文学研究科より文学研究科研究叢書の出版助成を受けた。このような機会をあたえてくださった研究推進委員会と文学研究科の先生方、匿名で査読をしてくださった先生方に深く感謝を申し上げる。

同志社大学を卒業後、北海道大学大学院に進学してはじめて、「宗教学」を専門とするようになった。論文の書き方もわからず、ただエリアーデだのルーマニアだのと口走っていた筆者が、未熟・不足が多々あるものではあるが本書をまとめることができたのは、多くの方々から賜ったご指導のおかげである。北海道大学にてすばらしい先生方のもとで研究の基礎を学べたことは、なにものにもかえ難い財産となった。研究室の先輩方が私の拙い研究計画をきいてくださり、ご助言をくださったことは、本書執筆の一番の励みとなり、身に沁みて嬉しかった。深く感謝するしだいである。賜ったご教示を実現すべく、今後も研究に邁進したい。

学恩を被ったすべての方々のお名前をあげることができず大変心苦しいかぎりであるが、とりわけ、大学院在籍時よりご指導をいただき、博士論文の審査をしてくださった北海道大学の宇都宮輝夫教授、佐々木啓教授、櫻井義秀教授、日本宗教学会をはじめ諸学会でご指導を賜っている北海道大学の土屋博名誉教授、東京大学の鶴岡賀雄教授、エリアーデ研究の先達であられる南山大学南山宗教文化研究所の奥山倫明教授に衷心より感謝を申し上げたい。

また、北海道大学出版会の滝口倫子さんは拙い私の原稿を丹念に読んでくださり、たくさんのアドバイスをくださった。ここに御礼申し上げたい。

二〇一二年五月

奥山史亮

人名索引

あ　行

アサド, タラル(Talal Asad)　4
アメアル, ジョアン(João Ameal)　34
アリウス(Arius)　271
アル=ジェオルジェ, セルジウ(Sergiu Al-George)　293
アレクサンドレスク, コルネリア(コリナ, 旧姓エリアーデ)(Cornelia Alexandrescu)　64
アレクサンドレスク, ソリン(Sorin Alexandrescu)　53, 65
アレン, ダグラス(Douglas Allen)　3
アントネスク, イオン(Ion Antonescu)　32
アントヒ, ソリン(Sorin Antohi)　250
アンドレイ(Andrei)　297
イェシ, フリオ(Furio Jesi)　191
イエルンカ, ヴィルジル(Virgil Ierunca)　132, 195
イオネスク, ナエ(Nae Ionescu)　64
イオルガ, ニコラエ(Nicolae Iorga)　90
イカ(Ică)　187
池澤夏樹　140
イリエスク, イオン(Ion Iliescu)　19
イワノフ, ジョルダン(Jordan Ivanov)　270
ヴィーゼル, エリ(Elie Wiesel)　230
ヴィトゲンシュタイン, ルートヴィヒ(Ludwig Wittgenstein)　260
ヴェーバー, マックス(Max Weber)　167
ウスカテスク, ジョルジェ(George Uscătescu)　300
エヴォラ, ユリウス(Julius Evola)　191
エミネスク, ミハイ(Mihai Eminescu)　90
エリアーデ, アダルジザ(ジザ)(Adalgiza Eliade)　67
エリアーデ, クリスティネル(Christinel Eliade)　116
エリアーデ, ティク(Ticu Eliade)　69
エリアーデ, ニーナ(Nina Eliade)　30
エルウッド, ロバート(Robert Ellwood)　61
オイシュテアヌ, アンドレイ(Andrei Oișteanu)　250
奥山倫明　107
オットー, ルドルフ(Rudolf Otto)　4

か　行

ガステル, モーセス(Moses Gaster)　263
桂芳樹　179
カラジアレ, I・L(Caragiale)　90
カリネスク, アルマンド(Armand Calinescu)　32
カリネスク, マテイ(Matei Călinescu)　106
カルトージャンヌ, N(N. Cartojan)　263
カルメン(Carmen)　298
カロル2世(Carol II)　31
ギカ, マティラ(Matyla Ghica)　64
キッペンベルク, ハンス・G(Hans G. Kippenberg)　296
キュモン, フランツ(Franz Cumont)　121
ギンズブルク, カルロ(Carlo Ginzburg)　28
クシャ, ヨアン(Ioan Cușa)　114
クライニク, ニキフォル(Nikifor Crainic)　64
グラネ, マルセル(Marcel Granet)　256
グルジェフ, ゲオルギイ・イヴァノヴィチ(Georgei Ivanovitch Gurdjieff)　106
ケイヴ, デイヴィッド(Daivd Cave)　3
ゲーテ, ヨハン(Johann W. von Goethe)　255

コステ, ブルトゥス(Brutus Coste)　14
コトルシュ, アロン(Aron Cotruș)　184
コドレアヌ, コルネリウ・ゼレア(Corneliu Zelea Codreanu)　19
ゴマ, ポール(Paul Goma)　180
コルバン, ヘンリ(Henry Corbin)　296
コンスタン, ベンジャミン(Benjamin Constan)　10
コンスタンティネスク, コステル(Costel Constantinescu)　101
ゴンブリッチ・R(R. Gombrich)　112

さ　行

サイード, エドワード(Edward W. Said)　9
佐藤亜紀　140
佐藤慎太郎　300
サラザール, アントニオ(Antônio Salazar)　52
サリバ, ジョン・A(John A. Saliba)　257
サルトル, ジャン=ポール(Jean-Paul Sartre)　163
ジウレスク, G・G(Giurescu)　187
シオラン, エミール(Emil Cioran)　1
シビル(Sibylle)　295
シマ, ホリア(Horia Sima)　176
シュッツ, アルフレッド(Alfred Schütz)　7
シュミット, ヴィルヘルム(Wilhelm Schmidt)　267
ショーレム, ゲルショム(Gershom Sholem)　180
スカニョ, ロベルト(Roberto Scagno)　189
スタマトゥ, ホリア(Horia Stamatu)　196
スターリン(Staline)　30
ストイロヴ(Dl. Stoilow)　68
スミス, ジョナサン(Jonathan Smith)　256
住谷春也　105
セバスティアン, ミハイル(Mihail Sebastian)　52

た　行

ダーウィン, チャールズ・ロバート(Charles Robert Darwin)　255
田川建三　5
竹沢尚一郎　62
タゴール, ラビンドラナート(Rabindranath Tagore)　156
ダスグプタ, スレーンドラナート(Surendranath Dasgpta)　155
チャウシェスク, エレーナ(Elena Ceaușescu)　205
チャウシェスク, ニコラエ(Nicolae Ceaușescu)　19
チャーチル, ウィンストン(Winston Churchill)　30
ディクソン, P・J(P. J. Dixon)　176
ディネスク, ミルチア(Mircea Dinescu)　233
ティリッヒ, パウル(Paul Tillich)　4
ティレア, ヴィルジル・ヴィオレル(Virgil Viorel Tilea)　64
デヴィ, マイトレーイ(Maitreyi Devi)　155
デュメジル, ジョルジュ(Georges Dumézil)　2
デュルケーム, エミール(Emile Durkheim)　251
テュルデアヌ, エミール(Emile Turdeanu)　264
デーンハルト, オスカル(Oskar Dähnhart)　263
ド・マン, ポール(Paul de Man)　177
トゥッチ, ジュセッペ(Giuseppe Tucci)　119
トゥドラン, ドリン(Dorin Tudoran)　303
ドゥビュイッソン, ダニエル(Daniel Dubuisson)　28
トクヴィル, アレクシ=シャルル=アンリ・クレレル・ド(Alexis-Charles-Henri Clérel de Tocqueville)　10
トドロフ, ツヴェタン(Tzvetan Todorov)　10
ドニーニ, アンブロジオ(Ambrogio Donini)

188

な 行

直野敦　105
中村恭子　105
ナンディ, マニンドラ・チャンドラ (Manindra Chandra Nandy)　155
ニコラエスク, セルジウ (Sergiu Nicolaescu)　233
ニコルズ, フィリップ (Philip B. B. Nichols)　176
ニョリ, ゲラルド (Gherardo Gnoli)　112
ネゴイテスク, ヨアン (Ion Negoițescu)　296
ネストリウス (Nestorius)　271
ノイマン, エーリッヒ (Erich Neumann)　22

は 行

ハイデガー, マルティン (Martin Heidegger)　177
バウサニ, A (A. Bausani)　112
パウネスク, アドリアン (Adrian Păunescu)　233
バーガー, エイドリアナ (Adriana Berger)　176
ハスデウ (Bogdan P. Hasdeu)　255
パナイテスク, P・P (Panaitescu)　190
パヨー, ジャン=リュック・ピドゥ (Jean-Luc Pidoux-Payot)　142
バラシャ, サビン (Sabin Bălașa)　233
パリュイ, アラン (Alain Paruit)　143
バルバネアグラ, ポール (Paul Barbăneagră)　143
バルブ, エウゲン (Eugen Barbu)　233
ハンドカ, ミルチア (Mircea Handoca)　212
ビアンキ, ウゴ (Ugo Bianchi)　287
ヒトラー (Adolf Hitler)　30
ブスイオチアヌ, アレクサンドル (Alexandru Busuioceanu)　184
ブッサリ, マリオ (Mario Bussagli)　112
ブラヴァツキー, エレナ・ペトロヴナ (Eelena Petrovna Blavatsky)　106
ブラガ, ルチアン (Lucian Blaga)　300
ブラティアヌ, ジョオルジェ (George Brătianu)　187
プルースト, マルセル (Marcel Proust)　256
プレシュ, アンドレイ (Andrei Pleșu)　225
ブレリチ, アンジェロ (A. Brelich)　119
プロップ, ウラジミール (Vradimir Ja Propp)　255
ヘーゲル, ゲオルク (Georg W. F. Hegel)　49
ペッタッツォーニ, ラッファエーレ (Raffaele Pettazzoni)　55
ペトレスク, ダン (Dan Petrescu)　83
ヘレスク, ニコラエ・I (Nicolae I. Herescu)　31
ポギルク, チチェローネ (Cicerone Poghirc)　299
ポペスク, ミルチア (Mircea Popescu)　111
ホリア, ヴィンティラ (Vintilă Horia)　283
堀一郎　249

ま 行

マッカチオン, ラッセル (Russell T. McCutcheon)　4
マニウ, ユリウ (Iuliu Maniu)　187
ママリガ, レオニド (Leonid Mămăliga)　120
マリー=フランス (Marie-France)　296
マルクス, カール (Karl Marx)　49
マルゲスク, ミルチア (Mircea Marghescu)　116
ミハイ一世 (Mihai I)　175
ミルチア大帝 (Mircea cel Bătrân)　59
ムッソリーニ, ベニート (Benito Mussolini)　36
メラン, ミシェル (Michel Meslin)　120
モツァ, イオン (Ion Moța)　61
モレッタ=ペトラシンク, A (Moretta-Petrașincu)　111
モンテスキュー, シャルル=ルイ・ド (Charles-Louis de Montesquieu)　10

モンテーニュ, ミシェル (Michel Montaigne)　10

や　行

ユング, カール (Carl G. Jung)　22

ら　行

ラウレンティウ, ダン (Dan Laurențiu)　303
ラコヴェアヌ, ジェオルジェ (Gheorghe Racoveanu)　190, 300
ラデスク, ニコラエ (Nicolae Rădescu)　14
リクール, ポール (Paul Ricoeur)　301
リケッツ, マック・リンスコット (Mac Linscott Ricketts)　3
リンカン, ブルース (Bruce Lincoln)　256
リンネ, カール・フォン (Carl von Linné)　255
ルーズヴェルト, フランクリン (Franklin Roosevelt)　35
ルソー, ジャン=ジャック (Jean-Jacques Rousseau)　10
レーウ, ファン・デル (Gerardus van der Leeuw)　301
レーリッヒ, ニコライ (Nicholas Roerich)　106
レニー, ブライアン (Bryan S. Rennie)　3
ロヴィネスク, エウジェネ (Eugene Lovinescu)　90
ロヴィネスク, モニカ (Monica Lovinescu)　195
ローラー, ミハイ (Mihai Roller)　137
ロケ, クロード・アンリ (Claude-Henri Rocquet)　46
ロシュ, アリオン (Arion Roșu)　111
ローズ, P・L (P. L. Rose)　176
ロセッティ, アレクサンドル (Alexandru Rosetti)　64
ロマナート, ジャンパオロ (Gianpaolo Romanato)　196
ロング, チャールズ (Charles H. Long)　118
ロンバルド, マリオ (Mario Lombardo)　296
ロンメル, エルヴィン (Erwin Rommel)　32

わ　行

ワルク, L (L. Walk)　266

書名索引

(エリアーデとクリアーヌのものに限る)

あ 行

か 行

さ 行

た 行

は 行

ま　行

や　行

ら　行

わ　行

奥山史亮（おくやま ふみあき）

2011 年　北海道大学大学院文学研究科博士後期課程修了
　　　　博士（文学）取得
　　　　日本学術振興会特別研究員を経て
現在　　北海道大学大学院文学研究科専門研究員

主要論文

「エリアーデ文学における宗教思想――クリアーヌのエリアーデ文学論を通して――」，『宗教研究』第 358 号，日本宗教学会，2008 年，1-24 頁.

“The Exile Eliade and His Concept of “Religion”,” in *ANALELE ȘTIINȚIFICE ALE UNIVERSITĂȚII “ALEXANDRU IOAN CUZA” DIN IAȘI*, 2009, pp. 95-102.

「ポルトガル滞在期におけるエリアーデの思想形成」，『哲学年報』第 58 号，北海道哲学会，2011 年，21-43 頁.

北海道大学大学院文学研究科 研究叢書 21

エリアーデの思想と亡命
――クリアーヌとの関係において

2012 年 8 月 31 日　第 1 刷発行

著　者　奥山史亮
発行者　櫻井義秀

発行所　北海道大学出版会
札幌市北区北 9 条西 8 丁目　北海道大学構内（〒060-0809）
Tel. 011(747)2308・Fax. 011(736)8605・http://www.hup.gr.jp/

アイワード/石田製本

ISBN978-4-8329-6771-7

北海道大学大学院文学研究科
研究叢書

1	ピンダロス研究 ——詩人と祝勝歌の話者——	安西　眞著	A5判・306頁 定価 8500円
2	万葉歌人大伴家持 ——作品とその方法——	廣川晶輝著	A5判・330頁 定価 5000円
3	藝術解釈学 ——ポール・リクールの主題による変奏——	北村清彦著	A5判・310頁 定価 6000円
4	海音と近松 ——その表現と趣向——	冨田康之著	A5判・294頁 定価 6000円
5	19世紀パリ社会史 ——労働・家族・文化——	赤司道和著	A5判・266頁 定価 4500円
6	環オホーツク海古代文化の研究	菊池俊彦著	A5判・300頁 定価 4700円
7	人麻呂の方法 ——時間・空間・「語り手」——	身﨑　壽著	A5判・298頁 定価 4700円
8	東北タイの開発と文化再編	櫻井義秀著	A5判・314頁 定価 5500円
9	Nitobe Inazo ——From *Bushido* to the League of Nations——	長尾輝彦編著	A5判・240頁 定価 10000円
10	ティリッヒの宗教芸術論	石川明人著	A5判・234頁 定価 4800円
11	北魏胡族体制論	松下憲一著	A5判・250頁 定価 5000円
12	訳注『名公書判清明集』官吏門・賦役門・文事門	高橋芳郎著	A5判・272頁 定価 5000円
13	日本書紀における中国口語起源二字漢語の訓読	唐　煒著	A5判・230頁 定価 7000円
14	ロマンス語再帰代名詞の研究 ——クリティックとしての統語的特性——	藤田　健著	A5判・254頁 定価 7500円
15	民間人保護の倫理 ——戦争における道徳の探求——	眞嶋俊造著	A5判・186頁 定価 3000円
16	宋代官僚制度の研究	宮崎聖明著	A5判・330頁 定価 7200円
17	現代本格ミステリの研究 ——「後期クイーン的問題」をめぐって——	諸岡卓真著	A5判・254頁 定価 3200円
18	陳啓源の詩経学 ——『毛詩稽古編』研究——	江尻徹誠著	A5判・216頁 定価 5600円
19	中世後期ドイツの犯罪と刑罰 ——ニュルンベルクの暴力紛争を中心に——	池田利昭著	A5判・256頁 定価 4800円
20	スイスドイツ語 ——言語構造と社会的地位——	熊坂　亮著	A5判・250頁 定価 7000円

〈定価は消費税含まず〉

北海道大学出版会刊